# バブルと金融危機の論点

編 伊藤 修
　　埼玉大学金融研究室

日本経済評論社

## はしがき

　われわれは過去20数年の間にいくつものバブルと金融経済危機を経験した。1980年代後半に膨張して90年代初頭に崩壊し、その後10年以上に及ぶ辛苦の停滞をもたらした日本のバブル。そしてアメリカでの不動産バブルを震源の中心とする今回の金融経済危機。さらにその間に世界的にはいくつもの投機的ブームとそれに続く危機があった。こうした経験をしたわれわれは、それらを振り返って分析し、また今後どう対処すべきかを追求して、社会に発信しなければならない。そういう思いで共同執筆したのが本書である。

　内容の要約紹介は序章にゆずる。

　各章の見解は細部まで一致してはいない（それは不自然だし無理であった）が、市場の暴走に何とかして抑えをかけ社会への被害を防ぎたいという志向を共有している。また分析にあたって、特定の感情やドグマに強くとらわれて事物を一色に塗りつぶしがちな議論、社会的主流に追随して安住しようとする議論とは、一線を画そうとした。

　具体的にいえば、今次金融危機まで、市場機能とアメリカ型の実践に強い信頼を置き、それに精神的に依存する傾向があった。経済学を学んだとき、市場のもつ機能のみごとさ、力強さ、論理的な美しさという側面を知り、感動する者は多い。しかしそれは基本ではあってもあくまで一面であり、そののち経済問題のすべてをこの入門時の感動をもって一刀両断にし続けることは、ときとして人類に害を与えるという事実をわれわれは目にしてきた。市場メカニズムは偉大だがすべてをうまく処理することはできないのが事実である。過度の市場主義には、それによって利益を得る集団の強大な支持と、主流派でありたい膨大な追随者たちの群れが合流し、奔流となった。われわれはこれらには与しない。また逆に、今回の事態を機に、これまでの現実を十分吟味することなく外在的に安易に全否定して済まそうという態度もとらない。

事実に内在し、われわれなりの信念に従って重要と考えた論点を取り上げ、分析結果を提示した。そのため普段あまり目にすることのない論点もあるが、事態の総括には必要だと信じる。バブルと金融危機の災厄を避けようと考える読者諸氏の参考になれば執筆者一同の幸いである。

　なお、本書の原稿は2010年春の時点までに書かれている。その後この分野で多くの研究が発表された。中でも翁百合『金融危機とプルーデンス政策』（日本経済新聞出版社）が重要な業績であるが、本書では言及していない。同書はきわめて幅広い論点を扱った包括的な労作として敬意を表するものであり、本書と共通する部分もあるが、本書は重要と考えるいくつかの論点をできるかぎり突っ込んで掘り下げた点で独自の意義をもっていると自負している。

　執筆者グループは、埼玉大学大学院経済科学研究科の伊藤研究室に籍を置き、博士の学位を取得した（あるいは在学中の）者からなっている。この大学院は、伝統的な学者養成機関ではなく、ビジネススクールでもなく、社会人がアカデミックな研究を行うというユニークないわばビジネスモデルで徹底したナイトスクールである。わが研究室は（もちろん洒落だが）埼玉金融経済研究所、略してサイキン研究所と自称し、金融を研究してきた。伊藤の着任以来10年間で修了した者は社会人・留学生を合わせて30人を超えるはずである。本書の執筆者のほとんどは、留学生である黄を除き、中央銀行や民間金融機関での長年にわたる実務経験を基盤として、激務のなか東京駅前キャンパスを拠点に学術研究の訓練を積んで博士となり、何人かは大学の教壇にも立っている。読者諸氏は、各章の記述の中に、論理的演繹や文献・資料解釈に尽きない実務経験のバックグラウンドを読み取られるであろう。ただしもちろん本書での意見は個人のものであり、属した組織とは一切関係がない。

　わが研究室は多くのメンバーが互いに学び合う共同研究スタイルを積み上げてきた。本書の完成を、今回執筆していないメンバーたちとも喜び合いたい。また出版いただいた日本経済評論社に心から感謝申し上げる。

2010年8月猛暑　　執筆者を代表して　　伊　藤　　修

# 目　　次

はしがき　i

序　章 ……………………………………………………………伊藤　修　1

　　1　本書の問題意識と主題　1
　　2　本書の構成と概要　3
　　3　若干の補足　9

第1章　バブル発生のメカニズムと防止のための政策対応
　　　　……………………………………………………………中井　浩之　13

　　はじめに　13
　　1　金融仲介機能から見たバブル発生のメカニズム　15
　　　(1)　古典的区分：直接金融と間接金融　15
　　　(2)　仲介機関のインセンティブとバブル　18
　　　(3)　金融仲介機関への監督・支援体制の問題点　24
　　2　マクロ健全性と金融監督・金融政策　27
　　　(1)　マクロ健全性と金融政策　27
　　　(2)　金融監督によるバブル抑制　31
　　3　今後の金融政策・金融監督の関係と方向性　36
　　　(1)　政策目標・政策手段・政策当局の関係　36
　　おわりに　39

第2章　バブルと国際資本フロー ………………小笠原　悟　45

　　はじめに　45

1　金融・経済のグローバリゼーション　46
　(1)　経済のグローバリゼーション　46
　(2)　金融のグローバリゼーション　47
2　90年代以降の金融危機発生のメカニズムと
　　国際資本フローの役割　49
　(1)　北欧金融危機　49
　(2)　日本のバブル　52
　(3)　メキシコ通貨危機　54
　(4)　アルゼンチン通貨危機　56
　(5)　アジア通貨危機　57
　(6)　ITバブル　59
　(7)　バブルの発生と崩壊における国際資本フローと
　　　為替レートへの影響　61
3　サブプライムローン問題と国際資本フロー　63
　(1)　サブプライムローン問題発生の要因　63
　(2)　住宅バブルの崩壊と世界的金融危機　66
　(3)　サブプライムローン問題と国際資本フロー　68
おわりに　71

# 第3章　バブル発生の認知と膨張の抑止 ……伊藤修・黄月華　79

はじめに　79
　(1)　主題　79
　(2)　問題の所在　80
1　過去の事例　83
　(1)　1920年代米国バブル／30年代世界大恐慌　84
　(2)　1970年代前半　85
　(3)　1980年代後半日本のバブル　85
　(4)　1997年東アジア危機　88

(5)　2000年代バブルと世界金融危機　88
　2　バブル発生の認知の目的と手段　90
　　(1)　認知の目的　90
　　(2)　認知の手段　91
　3　バブル膨張の抑止　98
　　(1)　膨張の抑止策　98
　　(2)　バブル崩壊後への準備　102
　おわりに　103

## 第4章　金融機関のリスクテイクとバブル ……神津 多可思　107

　はじめに　107
　　(1)　今回の国際的な金融危機　107
　　(2)　1980年代後半の日本のバブル　108
　　(3)　金融面での過剰の回避　110
　　(4)　本章の構成　111
　1　日米の金融仲介の特徴　111
　　(1)　金融仲介のあり方　111
　　(2)　バブルの生成過程　113
　　(3)　銀行に対する自己資本比率規制　113
　2　日米のバブルの共通点　115
　　(1)　金融面での過剰の蓄積　115
　　(2)　金融経済と実体経済の不均衡　116
　　(3)　経済主体の期待の果たす役割　118
　3　日米のバブルの相違点　119
　　(1)　不均衡の発生　119
　　(2)　調整がなされるべき経済部門　122
　4　金融面の過剰の防止策　123
　　(1)　金融規制を巡る国際的な議論の方向　123

(2)　金融面の過剰の防止策　133
　おわりに　134

## 第5章　金融危機管理の国際比較　………………　徳丸　浩　139

　はじめに　139
　1　金融危機管理の枠組み　140
　　(1)　プルーデンス当局による金融危機管理の理論的背景　140
　　(2)　金融システム危機の発展段階と各フェーズにおける政策対応　141
　2　金融危機管理の事例分析　146
　　(1)　1990年代における金融危機管理の事例　146
　　(2)　今次のグローバル金融危機における各国政府・
　　　　中央銀行の対応　155
　おわりに──Policies to Avoid a Repeat?──　157

## 第6章　不良債権処理制度と貸出条件緩和　………　岩崎　美智和　169

　1　不良債権とは何か──2つのアプローチ、
　　　2つの原理と税制の制約──　169
　　(1)　問題の所在　169
　　(2)　2つのアプローチと2つの判定原理　170
　　(3)　税制の制約と企業会計基準　172
　　(4)　バブル期の不良債権処理制度　173
　2　税制の制約下における不良債権処理
　　　（バブル期～1997年）　175
　　(1)　償却・引当アプローチの変遷　175
　　(2)　開示アプローチの導入　177
　　(3)　早期是正措置の導入　180
　3　貸倒基準不良債権処理の進展（1998～2001年）　183
　　(1)　償却・引当アプローチ　184

(2) 開示アプローチ　187
　(3) 産業再生と破綻懸念先の最終処理　188
4　経済価値基準不良債権処理の開始（2002年～）　190
　(1) 経済価値基準の浸透　190
　(2) 経済価値基準による要管理先債権処理制度の確立　192
おわりに　194
　(1) 不良債権問題の「正常化」　194
　(2) リーマン・ショックと中小企業における
　　　貸出条件緩和の要件緩和　194
　(3) まとめと今後の課題　195

## 第7章　銀行検査と金融バブル………………………大江 清一　203

はじめに　203
1　1988年までの銀行検査の歴史　204
　(1) 明治期（1875～1911年）　204
　(2) 大正期（1912～25年）　204
　(3) 昭和期（1926～88年）　205
2　1985年から98年までの銀行検査　206
　(1) 金融バブルと銀行監督行政および銀行検査　206
　(2) 1985年から98年までの銀行検査結果　207
　(3) 1998年までの銀行検査行政　215
3　1999年から現代に至る銀行検査　218
　(1) 『金融検査マニュアル』の特徴　218
　(2) 『金融検査マニュアル』にもとづく銀行検査　221
　(3) 1999年から現代に至る銀行検査行政と金融バブル　225
おわりに　228

第8章　日米バブル後の日本の銀行行動と融資先企業
　………………………………………………………… 緑川清春　233

　はじめに　233
　1　バブル：日米モニタリング問題と
　　　日本における政府対応　234
　　(1)　モニタリングの違いとその評価　234
　　(2)　日米バブル後の日本における政府・日銀の対応方針　236
　2　日米バブル前後の日本における銀行行動　238
　　(1)　日本バブル時の銀行行動　238
　　(2)　近時金融危機時の銀行行動　243
　3　日米バブル前後の日本における企業行動　249
　　(1)　日本バブル時の企業行動　249
　　(2)　近時金融危機時の企業行動　250
　4　銀行と融資先企業との関係　256
　　(1)　銀行の取引契約書と取引序列　256
　　(2)　銀行と融資先企業との幾つかの問題点　259
　おわりに　261

# 序　章

伊藤　修

## 1　本書の問題意識と主題

　2008年秋以降、世界的な金融システム危機が顕在化し、実体経済も急激な縮小過程に入った。崩壊を食い止めるため、各国政府は財政金融面でなりふり構わぬと言うほかない大胆な対策を迅速に打った。アメリカでは自動車メーカーを国有化するなどの措置にまで踏み込んだ。

　これが2000年代に入ってからの世界的なバブル経済の崩壊を受けた反動過程であることは疑いない。大規模なバブルは、反動として金融システムの不安定を伴った深く長い不況、経済危機を招く可能性が高い。

　近年、バブルは繰り返し発生している。1980年代後半には日本を筆頭に北欧などのヨーロッパ諸国でも発生し、ついで金融システムの動揺を経験した。1997年には東アジア危機、1998年ロシア危機、2001年アルゼンチン危機と続いた。2000年にはいわゆるITバブルが発生し、翌年に崩壊した。その後、アメリカとヨーロッパ一部諸国の不動産を中心にバブルが膨張し、2007年にピークを打った。やや遅れて原油など市況商品価格が暴騰し、2008年7月を境に反落したのに続き、9月のリーマン・ブラザーズ破綻をきっかけに一気に金融システム不安、そして急激な実体経済の下降となった。

　このように繰り返されるバブルの発生には世界経済の構造上の背景があり、その焦点は資金余剰である。まず先進国の企業部門の資金余剰という異例の現

象があり、産油国のオイルマネーも加わった。その上、通常であれば資金調達側であるはずの高成長中の途上国——特に中国やASEAN——の資金余剰という、これも異例の事態があった。これらの余剰資金が（オイルマネー等はロンドン経由で）アメリカ＝ニューヨーク・ウォール街に吸引され、一部はアメリカ国内で不動産バブルを起こし、他の一部はファンド運用され各国の株式投資などに再輸出されて、大いに発言権・支配権を振るい、「ファンド＝株主資本主義」と呼べるような状況を作り出してきた。

このようにみると、近年のバブルは単なる金融的撹乱ではない。金融部門が独立的に肥大し、それが経済の主導権を握ったのでもない。余剰資金を生み出した実物部門の状況——企業部門貯蓄の膨張と投資の停滞——と不可分に結びついていた。資金余剰国となった日本やドイツでは特に、非正規雇用の急増と労働条件格差の拡大、平均賃金水準の低下による労働分配率の低下が目立ち、それが資金余剰の背景になった。中国の労働分配率もきわめて低い。金融と労働という一見きわめて疎遠な分野が、実は密接に関連していたのである。賃金と労働分配率の低下の背景には、中国を筆頭とする低賃金の新興国が世界経済に連結したことによる、国際経済学でいう「要素価格均等化 factor price equalization」に近いメカニズムが働いたと考えられる。ただし要素価格均等化モデルは各国の技術が均一であるなどを仮定しており、近年の現実にそのままは当てはまらない。これらのモデルをなんらかモディファイした説明が必要であろう。

こうしてグローバルな競争が強まり、労使関係では労働の交渉力が弱まって、企業部門に余剰資金が生じた。バブルを伴う世界的な資金移動・金融膨張が起こり、それがまた資本活動・利潤追求の自由の拡大を求めたことが、社会の座標軸を市場中心主義に移行させる圧力となった。こうしたフィードバックないし循環が働いた。これが社会全体への市場主義の蔓延の背景であったと考えられるのではないか。

そして、いずれの場合も、バブル経済は人々にきわめて深刻な被害、災厄をもたらした。日本のバブルとその崩壊後の長い苦しみ、そして今回の危機と、

二度の大きな経験を経た我々は、社会に対し、できれば世界に対して、経験から抽出した分析結果を発信すべきである。これが本書の企図である。

## 2　本書の構成と概要

　執筆者一同は、おおよそ比較優位に従った分業の原則に沿って、課題を分担した。重要と思われる論点を可能な限りで取り上げたのが本書の8つの章である。各章は細部に至る見解までを統一していない。それは困難なことである。なかには重点の置き方が異なる部分もあるが、基本的には同じ方向を向いているはずである。

　以下では、あくまで序章執筆者（伊藤）の問題関心と責任にもとづいて、各章の概要を説明しておこう。

　第1章「バブル発生のメカニズムと防止のための政策対応」（中井浩之）は、総論的な位置を担い、グローバルな視野で近年のバブル発生のメカニズムを分析したのち、防止のための政策について包括的な考察を加える。

　まず、直接金融中心・間接金融中心のいずれの金融システムが安定性に優れているかといった議論があったが、結果的にこの問いにはあまり意味がなく、どちらであってもバブルは起き、深刻な被害が生じた。発展途上段階の経済では、規制を伴った銀行中心システムとなることが多いが、成熟段階に近づき経済の自由化が進み始めると、相対的に自由化が遅れる金融システムとの間で歪みが生じ、バブルが生じやすい。一方、成熟国では、各種の金融商品を各種の金融業態が取り扱うことで業態区分が曖昧化するとともに、市場取引が拡大するためリスクは拡散する。この現実に金融監督体制は追いついていなかった。

　バブル防止策としては、マクロの金融政策、マクロの（市場全体に関する）健全性維持規制、ミクロの（個別金融機関に関する）健全性維持規制、という領域があると整理することができる。しかし、バブル生成過程ではマイナスの側面は顕在化しない（それらは崩壊後に現れる）から、いずれの領域の対策も

発動と効果発揮がきわめてむずかしい。決定打はないと覚悟した上で、各政策を寄せ集めて手探りで追求していくほかなく、またそれゆえ関係する政策主体（中央銀行、金融監督当局、財政経済当局）の緊密な連携が必要であると述べる。

　第2章「バブルと国際資本フロー」（小笠原悟）は、国際資本フローの状況がどうであったかに焦点を当てて、1990年代以降の金融危機の事例——北欧金融危機、日本のバブル、メキシコ通貨危機、アルゼンチン通貨危機、アジア金融危機、米国ITバブル、今回のいわゆるサブプライム危機——を比較分析する。

　その結果を鳥瞰すると、バブルと金融危機のありようには（もちろん重要な共通点はあるが）バリエーションがあった。先進国で大国の場合には、物価安定下でのバブル発生が金融引締に入りにくいという点で難しい問題を生むことが多いが、インフレを伴うバブルの事例もあった。近年では、日本のような経常黒字国のバブルは少数例で、多くは経常赤字国において、資本流入によってバブルが発生し、ついでそれが逆流出した。経常赤字の小国で固定為替相場ないしペッグ制を採っている国では、バブル末期・崩壊時に通貨価値維持のため利上げで対抗するが、それが景気下降を激化させ、ついには固定レートを支え切れなくなって通貨暴落を生ずる、というパターンがある。この面では、今次危機におけるアメリカだけが、基軸通貨国として流動性危機を避けえた点で特殊である。また、証券形態と市場取引を通じてグローバルなリスク拡散、危機の伝播が起きたことも、今回の特徴であった。

　第3章「バブル発生の認知と膨張の抑止」（伊藤修・黄月華）は、バブルの発生をできるだけ早期に認知・判定し、膨張を抑止する手段を追求しようとするものである。

　これがきわめて困難であることは、他の各章でもそれぞれ指摘されているが、本章でも同様に認識し、困難さの原因をやや立ち入って分析してもいる。また、アメリカを中心とする主流的な見解は、バブル防止に金融政策を発動するのは

困難のみならず望ましくもなく、リスクテイク規制で対処するのが正しいとする。とはいえ、これまでの経験における被害の深刻さを考えれば放置は許されないし、主流的見解の論拠も必ずしも強固ではない。本章は、簡便な資本還元法によって推定する資産のファンダメンタルズ（理論）価格と現実の価格の乖離をみることで、致命的な遅れなくバブルの生成が判定できることを示し、それらをもって金融引締め発動を説得し実施すべきであると主張する。

第4章「金融機関のリスクテイクとバブル」（神津多可思）は、金融機関のリスクテイク、その移転、経済システム内でのリスク保有のあり方という視点から主に日米のバブルを考察したのち、バーゼル銀行監督委員会での国際的検討の議論を中心に今後の対応策を整理する。

バブルとは金融面での過剰（＝過剰なリスクテイク）であり、それに対応して実体面での過剰も生成されるから、この両面での調整の進展がバブル崩壊後の苦境からの脱却の条件となる。ただし実体面の過剰は、日本のバブルでは歪んだ過剰投資、過剰生産能力、過剰資本であったが、今回のアメリカでは家計部門の過剰支出として蓄積された。また今回は銀行だけでなく証券・保険その他の金融機関のリスクテイクも問題になった。現代では、金融的過剰が金融システムのどこで発生し蓄積されるかは決めてかかれないから、商品・市場・業態を問わず金融システム全体を見渡してその安定（マクロ・プルーデンス）を守るための監視と対処が必要になる。

具体的な対処の議論として、①特に資本性の高い（損失吸収力の高い）自己資本部分を重視した自己資本規制の再構築、②レバレッジ規制の導入、③pro-cyclicality問題に対処するためのcounter-cyclicalな可変的自己資本比率規制の導入、④流動性危機に対処するための「流動性耐性比率」や「安定調達比率」などの数値規制の導入、⑤システミックに（金融システム全体にとって）重要な金融機関に対する特別な規制監督の導入、などが紹介される。ただし、特に③や⑤について、説得的で実施可能な具体的な仕組みを考案することはきわめてむずかしく、検討すべきことがらは多々あることを強調している。

第5章「金融危機管理の国際比較」(徳丸浩)は、主として1990年代のスウェーデン、日本、インドネシア、および今次の世界的危機を取り上げて、金融危機管理(対処)の国際比較を行い、教訓を引き出そうとする。
　まず、金融システム危機は一般に、個別的なリスクの増嵩→金融機関の財務・経営内容の悪化→金融機関の破綻→システミック・リスクの顕現化→規制・制度改革論の浮上、という5つの段階を経る。初期の段階でプルーデンス政策として金融機関の経営是正を図るべきであるが、この段階では問題は顕在化しないので実行は困難である。またいくつかの破綻処理手段のメリット・デメリットを比較する。国際比較からは、スウェーデンでは短期と中長期とに分けた目標設定と手段の割当てが適切であったこと、日本では初期段階の状況認識と課題設定が楽観的に過ぎ、シナリオが崩れて処理が長期化したことが言える。今次危機については、迅速さや国際的連携などで評価される反面、初期認識の過度の楽観、金融機関処理原則の一貫性について市場に疑心暗鬼を生んだ点などの問題が指摘される。
　今後への含意としては、市場との意思疎通にもとづく課題の認識・設定、合理的な政策割当、透明でインセンティブ整合的な制度設計の重要性が浮かび上がった。また、金融システム・経済システム全体に内在するリスク、非銀行であってもシステミックに重要な金融機関やデリバティブ取引の多い金融機関のリスクを監視することも重要となる。手法としては、システミック・リスクの代理変数を複数モニターして総合的な判断を行い、金融機関行動に影響を及ぼしうる手段を検討するほかないであろうとしている。

　第6章「不良債権処理制度と貸出条件緩和」(岩崎美智和)は、長期にわたった日本のバブル処理の過程が不良債権処理制度の変遷とどのように関わっているのかを包括的に整理した研究で、まとまった分析としてはおそらく初めてのものである。
　不良債権の定義には、「貸倒原理」にもとづく「償却・引当アプローチ」と

「収益性原理」にもとづく「開示アプローチ」とがある。前者は回収可能性評価により債権を分類し会計上の対応を行うこと、後者は利払いの有無・延滞などの外形基準にもとづく不稼働資産の情報開示により、ともに銀行の健全性を維持しようとするものである。大蔵省は伝統的に前者をとり、しかも銀行の税負担回避を許さないという税法上の立場を背景に認定を抑制し、正味自己資本の計算もこれにもとづいて（＝過大に）行ってきた。一方、不稼働資産・管理債権がリスクをもつことは認識されてはいたが現実に取り上げられず、情報開示も信用秩序維持（不安回避）を理由に行われなかったから、この部分の債権がもつリスクへの対応態勢は空白となっていた。この体制でバブル崩壊を迎えたのである。

　バブル崩壊当初（1990年代前半）の当局の見通しは、経済の回復を見込み、利益を原資に時間をかけて不良債権を償却していくというものであったが、事態の深刻化に伴って従来の税制の制約をしだいに緩和していく展開になり、不稼働債権の開示もまた漸進的に拡大された。転換点は1997～98年頃であり、早期是正措置の導入や異例の国会主導の金融再生措置を通じて、税法を基準とする不良債権認定抑制から銀行の自己査定にもとづく償却・引当、リスク管理債権の開示、それを取り込んだ自己資本のより厳しい算定、そして不良債権処理の強制的促進へと進んでいった。このようにして、不良債権の認定と処理の制度のあり方がバブル崩壊後の再建の長期化と深く関わっていたことを、本章は明らかにしている。

　第7章「平成期の銀行検査と金融バブル」（大江清　）の筆者は、長年の銀行実務、とりわけ監査業務の経験をベースに、大蔵省―金融庁の銀行検査の歴史を研究してきた。本章はこの歴史研究をふまえて、バブル期における大蔵検査はどのようなものであったか、そののち現在の金融庁検査にどのような点で変わったかを分析する。

　検査には、銀行の実情を把握する機能と、それを監督行政に生かしていく機能とがあり、また把握した内容を指摘するにとどめるべきとする考え方と、経

営改善を提言するところまで踏み込むべきとする考え方とがある。明治初期のA.シャンドによる初めての銀行検査は、全面的な経営指導といってもよい包括的で理論的にも優れたものであったが、その後実際には、大蔵省の検査体制（人員と能力）の圧倒的な不足から、かなり不十分な実態にとどまった。戦後、GHQによるアメリカ流の詳細な検査の手法の一部持ち込みなどがあったが、高度成長期に入ると相当程度ルーティンワーク的で硬直的な内容となった。この体制の継続のもとで、バブル期には問題の摘出がなされなかっただけでなく、バブル崩壊後も長い期間にわたって銀行の抱えるリスクは取り上げられなかった。状況が大きく変わるのは『金融検査マニュアル』によってである。銀行の内部管理と会計監査人による外部監査を前提としてその適切性を検証するプロセス・チェック中心となったこと、銀行と検査当局の相互の議論と協力による経営改善が原則とされたことなどが重要であり、その運用や当局の能力に依存するとはいえ、リスクを管理するにはおおむね望ましい方向に転換がなされたと評価する。

第8章「日米バブル後の日本の銀行行動と融資先企業」（緑川清春）の筆者も、長年の銀行実務経験にもとづいてメインバンク関係の分析を重ねてきた。本章はそれをふまえて、1980年代後半の日本のバブルとその崩壊後、今次のアメリカを中心とするバブルとその崩壊の余波である経済危機の2つの局面で、企業行動、銀行行動、そしてメインバンク関係はどのように変わったか（あるいは変わらなかったか）を追跡するものである。

　本章は、メインバンク関係を支える要素を、融資シェアが基本的に第1位であること、人材派遣を行っていること、株式保有を行っていることであると捉え、これらを基本3要件と呼ぶ。経営危機時にメインバンクの企業救済（保険）機能が発動される場合には、これらが強化される。東証一部上場で倒産した企業について3要件に該当する割合をみると、1990〜99年が84.3%、2000〜04年が79.4%、2008〜09年が42.2%である。これをどうみるかが問題となる。いまや救済出動は許されにくくなって関係は大幅に変わったとみる見解もあるが、

本章は、直近の倒産企業には不動産業の新興企業で再建困難が明らかであったものが多く、これがメインバンク関係指標を低くさせていること、最近の資金調達を資本市場中心としている大企業であっても、借入金圧縮の中でも長期借入金に集中させながら銀行との関係を維持して危機に備えているとみられること、メインバンクが中心となったコミットメントラインやシンジケートローンが盛行していることなどを挙げ、メインバンク関係は基本的に存続していると結論づけている。

## 3 若干の補足

　もちろん、以上でふれるべき重要な事項が尽きるわけではない。本書のスペースも我々の能力も不足している。なかでも、今後必要と思われる金融制度改革について本書で十分にふれることができない。そこでさしあたり、決済システムの重要性に対応する必要、子会社・関連会社との「連結」の重要性、の２点についてだけ述べる。なお以下は本章筆者（伊藤）の個人的意見であり、本書執筆者たちの一致した見解ではない。

　今回の金融危機をへて議論されていることの１つは、金融業態の区分がいっそう曖昧化している点である。住宅ローン債権を原資産とする CDO という１商品を例にとるだけでも、銀行、証券化に関連する銀行系 SPC、住宅金融会社、投資銀行・証券会社、モノライン保険、CDS を販売する保険会社、格付会社、といった多くの業態が関与しており、相互の取引関係があった。しかも金融制度自由化により、これらが同一のコングロマリットの傘下にあって結合しているケースもふえている。

　金融システム維持のうちで、大きな正の外部性をもつ銀行の決済機能のみが特別であり、その保全だけを図ればよいという従来の教科書的な原則は、そのままでの適用が難しくなっている。この点はあらためてさらに詳細に検討しなければならないが、少なくとも "too big to fail" はいまや商業銀行（預金銀行）のみに限定されえないこと、すなわち金融市場に死活的な影響を及ぼす保険会

社や証券会社などの破綻も放置を許されなくなったことは、今回の経験ではほぼ明らかであろう。他方では、従来からの原理である「決済システム保持の特別な重要性」というコアの部分と、「広義のシステミック・リスク」といういわば波及的部分とを、完全に同列に扱うこともできない。

以上をふまえて、ごく簡単にではあるがとりあえず次のことを提起したい。

1つは、金融機関における「決済勘定」と「投資勘定」の分離である。

金融業態の区分の曖昧化は、業務の分解 unbundling と統合 consolidation その他の金融革新を通じて、公式・非公式を問わず進行してきた。ボルカー案と呼ばれる米金融規制案の方向が実現したとすれば、銀行のリスク負担の制限という歴史的な再規制となるが、底流としての金融技術革新、既存の業態区分の流動化、したがって総合化傾向が止まったり逆行することはないであろう。この傾向に対し、筆者はかつて、金融機関を「決済勘定」と「投資勘定」に分離する提案を行った（『日本型金融の歴史的構造』東京大学出版会、1995年、第8章）が、再度提起したい。金融業務のうちで決済業務だけは社会的に維持されるべき特別の機能を有するので、これに対応して、いかなる範囲の業務をもつ金融機関であれ、決済業務とその他一切の金融業務とを勘定として分離・遮断すべきだというのが基本内容である。分離にあたって、信託銀行における信託勘定と銀行勘定、あるいは再生の際の新勘定と旧勘定といった既存の仕組みが参考になると思われる。

2つ目は、市場決済不能の波及を回避するためのスキームの規定である。

市場にとって死活的な重要性をもつ証券・保険など非銀行金融機関、あるいは上述の投資勘定の破綻の危機は、決済不能による金融市場の麻痺という波及結果が問題なのであって、銀行の負債である預金という決済手段の麻痺とは根本的に性質が異なる。したがって、預金の保全のために銀行に対する特別な「金融機関破綻処理」が必要になるのに対し、非銀行の危機は金融機関破綻処理の観点ではなく、決済不能リスクに直面した「市場についての防御措置」と位置づけて区別すべきであり、より広いスキームの選択肢が考えられてよいのではないか。

3つ目は、金融危機回避のための広い「連結」規定の必要である。

　これまでの金融危機の経験では、子会社・関連会社にリスク・損失を移転して実態を隠蔽したことが、早期処理を遅らせ、結果として破綻に導いた例がきわめて多い。金融機関側では、日本のバブル崩壊後における銀行のノンバンク子会社、山一證券の関連会社への「飛ばし」、今回のアメリカにおけるCDOの銀行子会社による保有などを典型として挙げることができる。また不良債権となった融資先（非金融）企業の側でも、損失移転による隠蔽が傷を深くし破綻を招いた例は多い。日本のバブルの場合、もし現在のような連結決算の枠組みが当時あれば、あのようなリスクテイクや損失隠蔽はできず、事態はかなり違ったものになっていたであろう。またその意味で、日本の企業システムにおいて連結制度の導入はきわめて大きな画期であったといえる。

　このことから、金融危機回避のためには、金融機関・非金融企業の双方に関して、過大なリスク負担行動の抑制、損失隠蔽の不可能化の両面から、厳しい連結会計が必要である。公的資金投入による資本増強の可能性など一種の特別扱いを受ける金融機関の場合、通常より厳しい（広範囲な）連結規定が必要であると思われる。また、借手企業（グループ）についても、金融支援を受けるような場合には、同様に特に厳しい連結の適用規定を用意しておくべきであろう。

# 第1章　バブル発生のメカニズムと防止のための政策対応

中井　浩之

## はじめに

○引用1：「中央銀行にとって、物価安定は金融政策の目標と位置づけられるものですが、物価安定が、楽観主義的な期待を醸成している、といったようなことはないのか、というのは重要な論点です。」[1]
○引用2：「むしろ、ある環境の下では、マクロ経済の安定性は、人々をリスクに関して独りよがりで鈍感にさせることになり、金融の不安定性を助長させるかも知れない。」[2]

今回の世界的な金融・経済危機は、2007年の米国におけるサブプライム住宅ローン問題に始まり、2008年秋のリーマン・ブラザーズ社の破綻によって深刻化した。その後、世界的な政策協調、具体的には大規模な財政出動や金融緩和、流動性供給といった財政・金融の両面にわたる政策協調により、本稿を執筆している2010年春の段階では一応の小康状態を取り戻している。しかし、今回の金融・経済危機を反省し、今後、中央銀行による金融政策の運営、金融システムの監督、さらには金融システムを含むマクロ経済全体の安定をどう確保していくのか、そのための政策運営はどのようにしたらよいのか、という議論は緒についたばかりである。

もちろん、このような議論は、今回の金融・経済危機を受けて始まったもの

ではなく、金融の歴史とともに繰り返されてきた議論であるとも言える。実際、今回の危機後に発表された論文などで危機の教訓として取り上げられている課題のいくつかは、すでに議論されてきたものである。たとえば、冒頭の２つの引用を見てみよう。いずれも、物価が安定している状況下では低金利政策の継続期待が高まり、資産価格バブルが発生しやすいことを説いたものである。しかし、前者は1980年代後半の日本のバブルを振り返っての発言であり、後者は今回の金融・経済危機を受けたコーン FRB（米連邦準備制度理事会）副議長のものである。少なくとも今回の金融・経済危機の予防という観点からは、日本のバブルの経験は完全に生かされていなかったとも言える。

また、金融監督においても同様のことが言え、歴史は繰り返すという観がある。2010年１月21日に米国のオバマ大統領は、①銀行、および銀行を保有する金融機関は、自己勘定取引やプライベート・エクイティ・ファンド、ヘッジファンドなどに投資したり、それらを運営してはならない、②銀行の市場シェアに一定の上限規制を設ける、の２点からなるボルカー元 FRB 議長の勧告（いわゆるボルカー・ルール）の立法化を進める旨を発表した[3]。①は、これらの金融市場取引は実質的に証券業務と同一であることを考えると、規制の着目点が顧客から金融仲介機関に移っているだけで、1933年のグラス・スティーガル法による銀行業務と証券業務の分離の復活であるとも評価できる。また、金融機関の業務を経済活動にとって重要で政府による保護の対象になるものとそうでないものに分けようという点では、最近の英国の議論に見られるようなナロー・バンキングと同旨とも言える[4]。

本章は、このような認識のもと、バブル、すなわち資産価格の高騰やそれに伴う金融与信拡大のメカニズムと、バブルに対する政策対応についての論点整理を行い、その上で今後の政策対応のあり方についての見解を整理することを目的とする。言うまでもないことであるが、関連する論点は多岐にわたる。たとえば、Blanchard et. al. (2010) は、A：インフレーションの安定、B：低インフレーションと金融政策の裁量余地、C：金融仲介、D：財政政策、E：金融機関への規制、F：（低インフレーションと高成長率という）マクロ経済の

安定、の6つを論点として掲げ、それぞれについて、従来の知識、今回の金融・経済危機からの教訓、そして今後の対応への示唆という形で論点の整理を行っている。しかし、各論点についてはっきりした結論を提示しているわけではない。金融政策について検討したKohn（2010）、Bernanke（2010）も同様であり、議論は現在も進行中である。

　以下、本章においては、まず、金融仲介機能、および金融政策・金融監督という2つの側面からバブル発生のメカニズムとその抑制策を検討する。その上で、今後、金融システムを安定して運営していくための政策対応について、政策目標と政策手段、政策当局の間の関係を整理しつつ、最後に私見を述べることとしたい。

## 1　金融仲介機能から見たバブル発生のメカニズム

### (1)　古典的区分：直接金融と間接金融

**直接金融と間接金融の機能**

　日本では、ガーレイ・ショウの用語に従い、証券発行を中心とした市場型の金融仲介を直接金融、銀行を主体とした金融仲介を間接金融と区分するのが今なお一般的である観がある。この両者の区分は、主に、金融取引を仲介する銀行や証券会社といった金融仲介機関が請求権の転換を行うかどうか、つまり、金融仲介機関のバランスシートに顧客などから受け入れた資金と投融資資産が計上されるのか、ないしは、顧客などが直接投融資先のリスクを負うのかによる。この点、直接金融、間接金融という機能の議論と、それを担う主体（会社）、つまり規制上の業態の問題を区分して考える必要があることに留意しつつ、両者の関係を簡単にまとめておきたい。

　まず、機能面を考えてみよう。日本における間接金融と直接金融の機能の相違についての議論は、バブル後に銀行による金融仲介が不良債権問題で機能不全を起こしたこともあり、どちらが優れているかという議論が多いように思わ

れる。その代表例ともいえるのが、蠟山（2001）を嚆矢とする市場型間接金融の議論であろう。これは、銀行による金融仲介（間接金融）に直接金融、つまり市場の要素を加えることにより、銀行融資を活性化させようというものである。また、最近の金融・経済危機を受け、取引関係が安定している間接金融が優位との意見も見られる[5]。

しかし、今回の金融・経済危機に至る経過を見ると、世界経済のグローバル化が進展して国際金融取引の規模が拡大したり機能が多様化する中で、機能面においても直接金融と間接金融の区分の相対化、ないしは垣根の低下が進行したと言える。別の言い方をするならば、両者が融合して、日本国内の従来の使われ方とは違った意味での市場型間接金融が拡大したと言えるのではないだろうか。そのもとで、金融仲介機関の重要性が大きく増し、今回の金融・経済危機の結果、金融システムの破綻を回避し実体経済への悪影響を避けるために巨額の公的支援が必要になったということになろう。

市場型間接金融には、証券投資信託のように、直接金融の商品が間接金融化している場合もあれば、その逆もある。後者の代表例が銀行融資の証券化である。住宅ローンなどの融資の証券化市場が拡大し、本来は間接金融の商品である銀行融資が直接金融の世界で取引されるようになった。加えて、コマーシャルペーパー（CP）市場など、従来は銀行による短期融資でまかなわれていた分野にも直接金融の市場が拡大した。直接金融の商品ながら、銀行預金と特性がほとんど変わらないMMF（マネー・マーケット・ファンド）なども導入された。

また、オプション、スワップ、先物などの派生商品（デリバティブ）市場の拡大も大きい。これらの商品は、派生商品という名の示すとおり、株や債券、融資といった本来の金融商品とは異なり、金融仲介には直接関係しない。しかし、その市場規模が急速に拡大する中、証券会社、銀行、さらには保険会社など多くの金融機関が派生商品業務を拡大した。その結果、派生商品市場の混乱も金融システムのリスク要因として無視できない状況になった。その典型が、米国の金融コングロマリットAIGであろう。同社は保険事業を基盤に、さま

ざまな派生商品の引き受けや取引など各種の金融業務を行っていた。このように金融取引が多様化し、直接金融と間接金融の機能面での区分が著しく相対化していたというのが今回の金融・経済危機前の状況であろう。

**証券会社と銀行という業態の区分**

　次に、業態面を見てみたい。銀行も債券などの市場型の金融仲介を取り扱うが、主には証券会社により取り扱われる。情報サービス会社 Bloomberg が発表した2006年の世界の証券会社（投資銀行）の手数料収入順位の表[6]によると、その順位は①シティグループ、②ゴールドマン・サックス、③モルガン・スタンレー、④JPモルガン・チェース、⑤メリル・リンチ、⑥UBS、⑦クレディ・スイス、⑧ドイツ銀行、⑨リーマン・ブラザーズ、⑩バンク・オブ・アメリカ、⑪BNPパリバ、⑫HSBC、⑬ラザード・フレール、⑭ロスチャイルド、⑮野村證券、⑯ABN AMRO、⑰RBC Capital Markets、⑱大和証券、⑲ベア・スターンズ、⑳ワコビアとなっている。このうち、下線を付した9社が独立した証券会社であり、残りの11社が銀行系、つまり証券会社が間接金融機能を持つ銀行持株会社の傘下にあるという形態である。欧州ではユニバーサル・バンキング制度のもと、銀行と証券の兼営がもともと一般的であったし、米国でも、1990年代に入り銀行と証券の垣根の低下が進み、1999年のグラム・リーチ・ブライリー法で兼営が認められるようになっていた。

　今回の金融・経済危機を受け、これら各社はどうなったのであろうか。銀行系11社は、公的資金の注入を受けた会社はあるものの、現在も同じ形態で営業を続けている。証券会社9社の内、メリル・リンチ、ベア・スターンズ、リーマン・ブラザーズは合併や破綻により消滅した。残り6社の内、ゴールドマン・サックスとモルガン・スタンレーは2008年9月に銀行持株会社に転換してFRB（米国連邦準備制度理事会）の監督下に入り、法制上は上に挙げた銀行と同様の形態になった。そして、銀行持株会社に転換した直後に、TARP（Troubled Asset Relief Program）の適用を受け、公的資金の注入を受けている[7]。また、日本の野村證券の持株会社である野村ホールディングスも、2009

年3月期決算からバーゼルIIを適用しており、監督上は銀行と同様の扱いを受けている。

このように、業態面から見ても、かつては銀行と証券が分離されていた米国などを含め、間接金融の担い手である銀行と直接金融の担い手である証券会社という業態の区分は、かなり意味が薄くなっていたと言える。そこに、今回の金融・経済危機を受け、業務規制などから業態上は証券会社として存在していた投資銀行のいくつかも、公的資金の受領などのために銀行に業態を転換してしまい、結果として、世界的に活動する金融機関のほとんどが業態としては銀行になるという事態が生じたのである。

(2) 仲介機関のインセンティブとバブル

**銀行型金融システムの場合**

間接金融、つまり銀行中心の金融システムにおいては、バブルの形成にあたって仲介機関の行動が決定的に重要であることは言うまでもない。金融与信の膨張=金融仲介機関のバランスシートの膨張、であるからである。一方、すでに見たように直接金融と間接金融の区分が相対化したことは、金融仲介機関の役割が拡大し、直接金融、つまり市場型金融の分野においても同様のことが言えることを意味する。つまり、今日の金融システムにおいては、直接金融であれ間接金融であれ、仲介機関の行動がバブルの形成に大きな影響を与えるというのが、今回の金融・経済危機から得られた教訓の1つであろう。では、仲介機関の行動とバブルの形成の関係をどう考えるべきなのであろうか。ここでは、仲介機関に与えられる制度的なインセンティブという観点から若干の考察を加えてみたい。

まず、銀行融資から考えてみたい。1980年代後半の日本のバブルや1990年代前半の東アジアにおけるバブルについては、Hellman, Murdock and Stiglitz (1997)の言うfinancial restraint（金融抑制）が最も適合的であると筆者は考えている[8]。金融抑制は、「金融部門と生産部門に、競争市場から発生するもの以上の見返り（レント）を与えるための政策パッケージ」と定義される。金

融抑制の前提条件としては①インフレ率が低いこと、②実質金利が正であること、③マクロ経済が安定的で予測可能であることなどが必要とされている。

金融抑制の具体的な政策は多岐にわたるが、上記論文は以下のような政策を挙げている。

- 預金金利・貸出金利規制による金融機関の利ざやの確保（預金金利は正であっても、競争的な預金金利水準より低く設定。これにより貸出金利も下がる）
- 参入規制による金融機関のフランチャイズ価値の保障
- 支店開設規制などにより、銀行が追加的に預金を獲得することに対するレントを保障
- 資産代替効果の抑制（証券市場の発展を遅らせる、海外への資本移動の規制など）

すなわち、先に掲げたように、インフレーションが安定し、マクロ経済の予測可能性が高いことを前提に、金融システムをあまり自由化せずに銀行に資金仲介機能を集中させ、銀行に集まった資金を、政策誘導などを通じて配分することにより経済成長を高めることが可能になる、というのが金融抑制の趣旨である。銀行から見ると、参入規制が高く、預貸利ざやも確保されていることから、店舗網を拡大して預金を吸収したり、インターバンク取引で資金を取り入れたりしてバランスシートを拡大させようというインセンティブが働くことになる。

では、なぜ金融抑制がバブルの促進要因として機能するのであろうか。筆者はこれを資源配分の失敗の問題として理解している。図表1－1をもとに説明したい。

まず、対外開放による経済発展が開始される以前の段階では、金融システムが閉鎖的である一方、非金融部門（以下、実体経済部門とする）も国内で完結しており、両者の関係は整合的である。この段階では、経済運営は堅調であるが、資金、特に投資のための資金は不足気味であるため、金融抑制政策が有効に機能している。しかし、経済が発展するにつれ、実体経済部門では構造が変

## 図表1-1　不良債権蓄積の図式

| | ①経済成長の開始 | ②成長戦略の成功による経済構造の多様化 | ③資源配分の失敗 | ④不良債権の顕在化と経済の低迷 |
|---|---|---|---|---|
| | | 経済成長の進展に伴い資金需要の形態が変化。 | 市場による資源配分機能がうまく機能せず、低効率部門にも資金が分配される。 | 不動産価格の下落などで不良債権問題が次第に顕在化 |
| 非金融部門（＝実体経済） | 輸出主導で発展する経済 | ・輸出主導の経済成長から内需も拡大<br>・経済構造の多様化 | 高効率部門／低効率部門 | 不稼働資産 |
| | 整合的 | 不整合の発生 | 低効率部門にも多額の資金 | 不動産価格下落　外部環境悪化 |
| 金融部門（監督行政） | 金融抑制の効いた間接金融主体の金融システム | ・海外からも資金が流入<br>・しかし金融システムは閉鎖的で変化は遅行 | 不完全に自由化された金融システム | 不良債権 |
| | 資金供給の安定を優先する保護主義的な金融行政 | 実体経済の構造変化に金融制度の変化が対応できず、「量」の確保を主目的にした、金融抑制の効いた間接金融主体の金融システムと、多様化した実体経済の間に不整合が発生。 | | 不良債権処理が必要に |

出所：筆者作成。

化して開放的・自由的になっていく。一方、金融システムにおいては、金融業が許認可行政であることや、通貨主権が関係することなどから、どうしても自由化が遅行する。

　②の段階に入ると、国際金融取引の自由化などにより、海外からの資金の獲得が容易になって資金不足状態が緩和する。しかし、制度の硬直性や当事者間の利害関係の調整などから金融システム、特にその制度面の自由化が遅行するため、金融自由化を行っても、それが不徹底になる。その結果、市場による資源配分機能を制約するような規制が残ったり、自由化後の当局によるモニタリングがうまく機能しないという問題が発生する。一方で、金融抑制的な規制環境は残っているので、金融機関には貸出の増加に対してレントが発生しており、貸出は増加しやすい。金融システムにおいて市場による資金配分機能が十分に効果を発揮せずにゆがみが生じ、低効率な部門にも資金が回る結果、潜在的な不良債権が発生・増加することになる。これが③の段階である。

　経済が順調に推移している間は、低効率部門であってもそれなりに収益が上

がったり、同一債務者内で比較的効率（＝収益性）の高い部門からの利益移転が行われ、不良債権は顕在化しないため、投資ブームもなかなか減速しない。しかし、通貨危機のような外生的なショックが発生したり、景気が悪化したりすると、④に示すように、潜在的な不良債権が顕在化して金融危機になるのである。

1980年代後半の日本のバブルについて言うならば、①の時期が高度成長期から1970年代、②の時期が1980年代前半、③の時期が1980年代後半、そして④が1990年代前半、ということになろう。また、1997～98年のアジア通貨・経済危機時のASEAN諸国などについて言えば、①が円高による日系企業のASEAN進出が加速した1980年代後半、②・③の時期が1990年代前半から1990年代半ば、そして④が1997年以降ということになろう。

**バーゼルⅡによる市場規律重視**

今回の金融・経済危機は、サブプライムローンと呼ばれる比較的高リスクの住宅ローンがきっかけで始まった。そして、サブプライムローンが証券化されていたことから、これが証券化商品市場の混乱につながり、最終的には金融市場全体の混乱につながった。この点、筆者は、結果論ではあるが、BCBS（Basel Committee on Banking Supervision、バーゼル銀行監督委員会[9]）による第2次自己資本規制（以下、バーゼルⅡ）に見られるさまざまな面での市場機能の尊重、ないしは優遇が、結果として金融機関に証券化商品によりバランスシートを拡大させる制度的なインセンティブを与えたものと評価している[10]。

最低所要自己資本比率の設定、金融機関の自己管理と監督上の検証、市場規律を3つの柱とするバーゼルⅡの内容についての詳細な説明は省略するが、バーゼルⅡは単に銀行の自己資本比率の計算方法を定めたものではない。銀行を対象に、預金者保護、つまりその経営の安全性の維持を図ることを主目的に設計された広範な規制体系である。最低所要資本比率を当局の定める手法で計算する一方、各銀行には内部統制を義務づけ、その内部統制が有効に機能しているかを当局が検査するという仕組みになっている。加えて各銀行には情報開

示を義務づけ、金融市場からのチェック機能が働くことも期待している。つまり、当局による規制、内部統制、市場規律の３つを組み合わせることにより、銀行の経営の安全性を確保しようという制度設計になっている。

　融資の証券化について見ると、バーゼルⅡは、住宅ローンなどの融資を証券化するに当たっては、証券化された融資は銀行から完全に切り離されるように求めている[11]。そもそも、住宅ローンの証券化は銀行の資産・負債管理（ALM）の円滑化が目的である。満期が最長数十年と長い住宅ローンを、満期が長くても１～３年程度に過ぎない預金で賄うのでは、期間の不整合が大きすぎてリスクが高い。このため、住宅ローンを証券化し、年金や保険会社など債務の満期がより長い金融機関に転売することによって、金融仲介の円滑化を図るのが趣旨である。したがって、融資の証券化にあたっては、証券化された融資は銀行と完全に切り離されるのが自然な姿ということになる。

**市場を通じた証券化商品の持ち合い**

　ところが、実際には、銀行の間で証券化商品の持ち合いが常態化していた。そのために用いられたのが、SIV（Structured Investment Vehicle）、ないしは導管（Conduit）と呼ばれる、銀行が管理する一種の特定目的子会社である。これを図式化したのが図表１-２である。これらのSIVは、実質的には銀行の子会社に近かったり、経営主体は別でも銀行から流動性支援特約が付されていたりするのであるが、会計基準上は銀行（持株会社）の連結子会社にならないように設立されている。そして、これらのSIVは、比較的満期の長いCDOなどを市場から購入し、満期の短い資産担保CP（Asset Backed Commercial Paper: ABCP）で資金を調達することにより収益を上げていた。

　バーゼルⅡでは自行の融資を証券化する場合は完全にリスクを遮断するように求めていることは既述の通りである。しかし、他行が発行したり、市場で流通している証券を保有することは、市場価格で評価するなど適切にリスク管理されていれば問題ないとされている。このため、銀行は、SIVを通じたCDOへの投資のほか、銀行本体、ないしは関連証券会社などのトレーディング資産

図表 1-2　銀行による証券の持ち合い

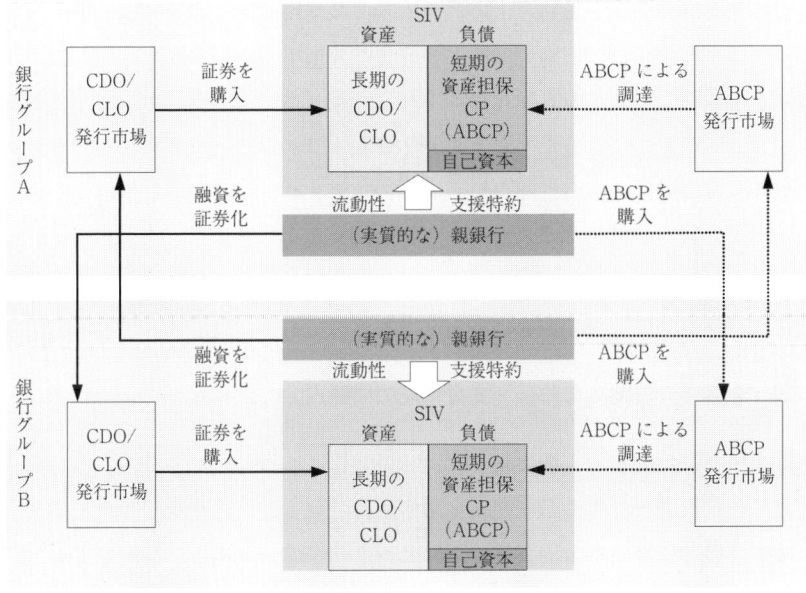

注：MBS：Mortgage Backed Securities
　　CLO：Collateralized Loan Obligations
　　CDO：Collateralized Debt Obligations
出所：筆者作成。

としても多額のCDO投資を行っていたのである。

　この点、バーゼルIIは、銀行が貸付など流動性の低い資産を所有することについては規制が厳しい一方で、証券化商品のように市場で取引されていて流動性が高いものを保有することについては逆に寛容すぎたと考えられる。しかし、バーゼルIIは個々の銀行の経営の健全性の確保を目的とした規制であるため、証券化についての規制の主眼は、証券化に際して最も信用度が低い分を銀行が保有することによって、銀行に信用リスクが集中しないようにするという点にあった。実際、今回の金融・経済危機においても、これらの面では特に大きな問題は発生していない。

　今回の金融・経済危機では、金融市場が麻痺し流動性がなくなって混乱が拡

大したわけであるが、市場が機能しなくなるというリスクは、個別金融機関の経営の健全性の確保を目的とするバーゼルⅡの制度設計においてはそもそも考慮外であり、むしろ、個別金融機関の経営への市場規律の導入を重視していた。これが市場で売買される証券化商品を通じた金融機関のバランス・シート拡大のインセンティブになったと言える。その意味で、バーゼルⅡの制度設計が、個別の金融機関による恣意的な会計操作のリスクや、情報の非対称性から来る監督当局の限界を補完する目的があったとはいえ、市場メカニズムを信用しすぎたという事後的な反省はあり得よう。つまり、市場は完璧でないという古典的な原則は、金融監督の世界にもあてはまる話であったのである。

### (3) 金融仲介機関への監督・支援体制の問題点

**旧態依然とした監督・支援体制**

　再び教科書的な直接金融・間接金融の議論に戻ると、直接金融の世界では、金融仲介機関に対する公的支援はないというのが原則である。政府による公的支援が金融仲介機関に対して行われるのは、金融仲介機関の破綻が、金融システム全体の不安につながる可能性があるからである。しかし、直接金融の世界では、金融仲介機関は自己の勘定で投資家の資金を受け入れないのが原則であるため、仲介機関が経営破綻したとしても、それは単なる仲介業者の破綻に過ぎず、金融システム全体に与えるリスクは小さいはずという考え方になる。実際、日本の場合、証券会社が経営破綻を起こした際、投資者保護基金により未決済の約定や預かり金による投資家の損失は保護されるが、証券会社の経営そのものに対する公的支援の枠組みは存在しない。

　一方、間接金融の世界では、金融仲介機関は投資家の資金をいったん自己の勘定で受け入れたうえで、仲介機関の名義で投融資を行っている。したがって、金融仲介機関の破綻は、金融システム全体の不安につながる可能性がある。特に銀行の場合、資金仲介に加えて決済業務も行っているので、その破綻による経済的な悪影響は大きい。このため、日本の場合、預金保険機構による各種の破綻処理制度に加え、金融危機に際しては、経営を継続しているものの不安が

ある銀行に対する資本注入の制度も用意されている（預金保険法102条）。
　このように公的支援が制度として用意されている反面、銀行など間接金融の金融仲介機関に対する規制は、証券会社などに比べて厳しくなる。先に述べたバーゼルⅡも、銀行、および銀行持株会社を念頭に置いた規制である。

**監督上の裁定と支援体制の不備**

　教科書的な直接金融と間接金融の区分を前提とした金融仲介機関への監督・支援体制が、直接金融と間接金融の区分が業態面、機能面で低下した現状と齟齬を来していることが、今回の金融・経済危機で明白になった。
　まず、監督面を見ると、監督体制のみならず、各金融機関への監督基準の統一を含めた体制の整備の必要が明らかになったと言える。1990年代後半以降、直接金融と間接金融の垣根の低下や金融市場の複雑化、さらにはアジア通貨・経済危機を受け、世界的に金融監督当局を一元化する動きが加速した。英国のFSA（Financial Services Authority）、日本の金融監督庁（現・金融庁）の設立などがその例である。先進国の中で最も金融監督体制が分断的であった米国でも、今回の金融・経済危機を経て、監督当局間の横断組織の設置など、抜本的な見直しが検討されている[12]。
　今回の危機により、銀行と証券、さらには保険会社なども含めた業態間の垣根が低下していることに対して、監督機関のみならず、監督基準の統一的な適用、さらには国際的な整合性の確保も含めた対応が必要であることが明白になった。当局が監督対象である金融機関の業務の複雑化に対応できず、監督される側の民間金融機関と監督当局との間での情報の非対称性が大きな問題となっているように思われる。また、監督当局の監督能力も重要である。先に触れたAIGの場合、同社は保険会社を中心とする企業であるため、保険会社の監督権を州政府が持つ米国の制度のもとでは当局による監督が十分行き届かず、一方でAIGの業務内容について比較的よく知る立場にあったFRB（連邦準備制度理事会）やSEC（証券取引委員会）などは、同社に対する監督権を十分には持っていなかった。

また、業態間の規制の差異にもとづいた、一種の監督上の規制の裁定が起きていたことも事実である。米国ではグラム・リーチ・ブライリー法施行後も投資銀行がそのまま独立して存在していたことからもわかるように、規制が変わって銀行が証券業務を兼営出来るようになったからといって、すべての金融機関が新しい制度にもとづいて銀行に移行したわけではない。米国の投資銀行の場合は、自社の業務特性から見て、銀行になる利点はないと判断していたものと考えられる。銀行になると、預金者保護の観点から業務への規制が厳しくなるし、自己資本もより多く必要になる。このような規制の強化は、証券会社にとって、経営の迅速さや資本の効率性といった点からは必ずしもプラスではない。

　加えて、金融システム保護に関する制度整備も、旧態依然とした直接金融・間接金融の区分を前提としていた傾向が強い。前述の日本を含め、証券会社への資本注入制度を持っている国は、今回の金融・経済危機発生前にはほとんどなかった。

　しかし、金融機能や業態の垣根が低下している中、今回の金融・経済危機に際して、米国の場合、金融システムの破綻を防ぐためには証券会社のみならず多額の派生商品のポジションを抱えるAIGも救済せざるをえなかった。このため、米国においては、実際の支援の実施に当たってはかなり柔軟な対応がとられた。AIGに対しては、ニューヨーク連邦準備銀行による貸付という形で支援が行われた。また、ゴールドマン・サックスとモルガン・スタンレーについては、傘下に保有していたIndustrial loan companyという、ユタ州設立の銀行類似の金融機関を同州法上の銀行に転換して、その銀行の親会社として銀行持株会社の資格を申請するという、かなり強引な手法で銀行持株会社の資格を取得し、TARPによる公的資金の注入を受けている。

　これも結果論ではあるが、金融システムの破綻を防ぐために、銀行より監督体制の緩かったAIGのような保険会社や投資銀行までも公的資金で救済せざるをえなかったことが、最近の金融監督体制見直し、さらにはボルカー・ルールのような業務規制の議論につながっている。

## 2　マクロ健全性と金融監督・金融政策

### (1)　マクロ健全性と金融政策

**マクロ健全性の重要さ**

　今回の金融・経済危機を受けて脚光を浴びた単語に macro prudence（マクロ健全性）がある。マクロ健全性の定義はなかなか難しいが、通貨・金融危機後の今日においては、バブル、すなわち過剰な与信の膨張や資産価格の上昇の抑制が主目的として含まれることは間違いない。当然のこととして維持可能性を重視するため、景気の安定、つまり景気の良さや失業率の低さなどのみを指すものではない。本節では、マクロ健全性確保のための政策手段、およびその手段を発動する際の「危険」の認識の問題について検討したい。

　マクロ健全性確保のためには、金融当局はどのような政策対応をとることができるのであろうか。大きく分けて2つが考えられる。1つは金融政策、つまり利上げによって間接的に与信の膨張や資産価格の上昇を止める方法である。2つめは金融監督によって金融仲介機関を規制し、その与信行動を抑制することによって資産価格の上昇を抑える方法である。以下、この2つの側面から論じたい。

**BISビューとFRBビュー**

　他の多くの金融システムに関する論点と同様、マクロ健全性の確保のための金融政策のあり方についてもさまざまな議論が積み重ねられてきた。最近の日本国内の一般的な論法に従い、ここではFRBビューとBISビューという2つの見方に分けて整理したい[13]。FRBビューは、①資産価格は経済活動や物価に大きな影響を与える重要な変数であるが、金融政策の目標とするには適当でない、②資産価格の上昇がバブルであるかどうかは事後的にしかわからない、③バブルの発生の危険に対して金融当局が対応するとすれば、プルーデンス政

策(金融監督政策)である、ということになる。一方、BISビューでは、①資産価格上昇の影響のみならず、さまざまな金融的不均衡の蓄積と巻き戻しに、金融政策運営上は注意を払う必要がある、②バブルが発生しているかどうかの認識は難しいが、現在観察されている事象が持続可能かどうかの判断は中央銀行にとって必要である。その際に、資産価格の上昇と並び、与信の膨張やレバレッジの拡大が重要である、③金融的不均衡の発生を防ぐには、金融政策とプルーデンス政策の両方が必要である、ということになる。与信が膨張して金融・経済危機が発生してしまった今日においては、BISビューが世界的に主流になりつつある。

　しかし、いわゆるFRBビューの運営実績に重大な瑕疵があったかというと、必ずしもそうとは言えないように思われる。FRBビューと呼ばれる金融政策運営のスタイルを確立したのがグリーンスパンFRB前議長であるが、同前議長は資産価格バブルのリスクを決して無視していたわけではない。1996年には、有名な「根拠無き熱狂」(irrational exuberance)という表現を用いて株価バブルへの警告ともいえる言及を行ったあと、資産価格バブルは、その崩壊が実体経済に深刻な影響を与えない限り、中央銀行が対応する必要はないとしている[14]。その後、アジア通貨・経済危機やロシア危機、米国におけるハイテク・バブルの崩壊を経て、2004年には、FRBの金融政策をベイジアン的意思決定に基づくリスク管理型アプローチ(risk management approach)であると定義している[15]。つまり、バブルかどうかを同時的に判断することは難しい上、資産価格バブルを抑制するために利上げをすると、インフレーションでもないのに利上げをすることによる副作用が大きい。このため、バブル防止のために金融政策を用いる、用いないという2つの選択肢に分けて期待値を計算すると、前者の期待値は低く、合理的行動とは言えない。したがって、金融政策はバブルが崩壊したのちの後始末に適用するのが妥当である、というものである。

　FRBビューによる金融政策運営の結果を示したものが図表1-3である。ここでは、商業銀行与信が名目GDPに占める割合、FFレート、および消費者物価の対前年比上昇率の推移を示している。横線は、1985～90年、1993～96年、

**図表 1-3 米国の金融環境の推移**

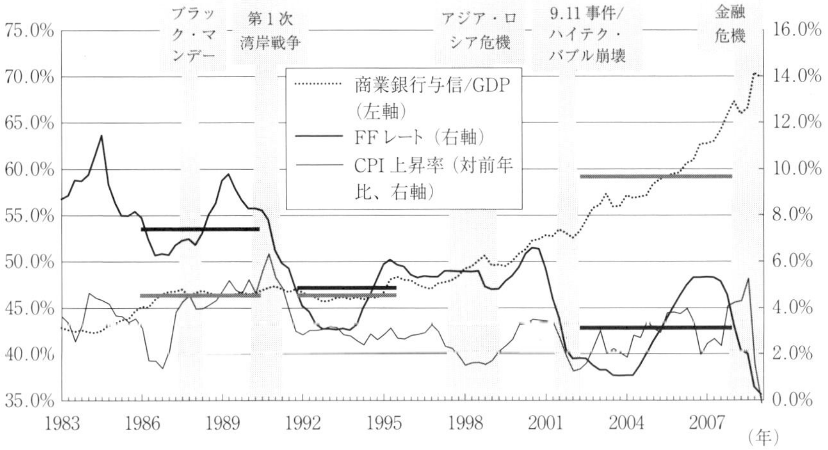

（グラフ：ブラック・マンデー、第1次湾岸戦争、アジア・ロシア危機、9.11事件/ハイテク・バブル崩壊、金融危機の時期を示す。商業銀行与信/GDP（左軸）、FFレート（右軸）、CPI上昇率（対前年比、右軸）を1983年から2007年にかけてプロット）

出所：FRB統計より筆者作成。

および2002〜07年の期中平均である。米国においては、金融危機ののちに大幅な利下げが行われ、その結果として銀行与信が膨張している。いわゆるハイテク・バブル崩壊の時期においては物価上昇率が低かったことから、金融与信は拡大していたものの、一度下げた金利を引き上げることはなかなか困難であった。そのため、事後的な反省としては、FRBによるリスク管理型アプローチが与信の膨張を招き、今回の金融・経済危機の原因となったといえる。

**危険の認識の問題**

しかし、グリーンスパンのとった金融政策が無責任であったとか、間違っていたと事後的に断定するのは早計であろう。これは、与信の膨張などの金融的不均衡の拡大にせよ、不動産価格の上昇にせよ、危険を認定する基準の設定が困難なためである。繰り返しになるが、米国においては、ハイテク・バブルの崩壊以降、物価は安定し、経済成長率は比較的高く推移しており、"The Great Moderation"と呼ばれる安定した状況が続いていた[16]。冒頭の引用のように、このような状況のもとでは楽観的な期待が高まり、バブルが発生しやすい。

その過程において同時的にバブル的な危機を認識・評価し、金融政策によってバブルを抑制することは可能であろうか。その際の課題としては、①バブルの危険性、つまり資産価格の上昇や与信拡大がどこまで行けば危険かを客観的な基準として示せるのか、②仮に①が満たされたとして、バブル抑制のために金融政策を用いることに対し、社会的な合意が得られるのかどうか、③①②が充足されたとして、金融政策によりバブルを抑制できるのか、の3点が指摘できる。

　まず①について考えてみよう。社会全体として楽観的な期待が高まり、資産価格の先行きに対して上昇期待が高まっている中で、金融市場や不動産市場がバブルの状態にあることを示すことは、不可能ではないにせよきわめて困難であろう。日本のバブル期の経験でも、リアルタイムでの判断は困難であったにせよ不可能ではないとの見方はある[17]。しかし、実際問題としては、この時期には保有不動産などの含み益を導入した指標で株価を説明しようとしたりするなど[18]、結果的に見れば異常であった当時の資産価格の上昇を正当化する議論の方が主流であった。つまり、"This Time is Different"という声[19]の方が圧倒的に主流だったわけである。また、基準の設定という観点からは、前回のバブルの際の動向を基準に一定の警戒水準を設定するという方法も考えられる。しかし、その場合でも、金融システムの構造変化などを考えると、結局は"This Time is Different"に終わる可能性が高いと言えよう。

　②はどうであろうか。物価上昇圧力が高い局面での利上げは、中央銀行の責務として物価安定が掲げられている限り、インフレーション・ターゲティング政策が明示的に導入されているかどうかにかかわらず、比較的透明性が高い政策対応である。しかし、物価が安定している状況で金融政策によりバブルを抑制することは、同じく金融システムの安定が中央銀行の責務として掲げられているにせよ、一見問題がないように見える好景気を裁量的に抑制することになるため、民主主義国家では世論の支持がないと実施困難である。

　日本のバブル期の世論の動向を分析した伊藤（2001）は、「バブル期にその危険性を指摘する……そのような指摘は存在した。しかし、それらは『世論』

に対して殆ど影響を与えなかった」、とする。また、伊藤は、この時期の報道の特徴として、資産価格高騰という概念がほとんどなく、株価の上昇と不動産価格の上昇は全く別個のものとして取り扱われたと指摘している。このため、バブル、つまり与信の膨張と資産価格の上昇の複合やその崩壊への懸念という視点が世論に欠けていた一方で、インフレ懸念から利上げを主張した日本銀行の論陣も説得力を持たなかったとする。先に述べたFRBビューの動向を考えると、今回の金融・経済危機前の米国の世論の状況も同様のものであり、FRBはそれを踏まえた上で、バブル崩壊後の事後的な政策対応手段として金融政策を温存していたと言えるのではないだろうか。

③の点から見ても、金融政策でバブルを抑制することは困難であると考えられる。グリーンスパン前FRB議長が述べているように、インフレーションが安定している状況で、資産価格の上昇や与信の拡大を抑制するために金融政策を用いることの副作用は大きい。また、今回の金融・経済危機後のコーンFRB副議長の発言を見ても、資産価格バブルの崩壊による資産価格下落などの悪影響が想定以上であったことは認めているにせよ、バブルをその最中に認識することは困難である上、金利を上げたところで資産価格をどの程度影響できるかは不明である、としている[20]。

日本のバブル期についての事後的な研究を見ても、たとえば、Bernanke and Gertler（1999）は1988年の時点で政策金利を8％にまで引き上げていればバブルを防げたとする。しかし、物価上昇が比較的安定していた当時の状況でこのような利上げを行うのはまず不可能であったと考えられる。このように、金融政策でバブルを抑制することは、不可能とは断言できないにせよ、実際問題としてはきわめて困難であろう。

(2) 金融監督によるバブル抑制

マイクロ・プルーデンスとマクロ・プルーデンス

次に、金融監督によるバブル抑制がどこまで有効であるかについて検討したい。コーンFRB副議長は、金融政策によるバブル抑制に否定的な見解を示す

一方で、バブル抑制は金融監督によるべきとの見方を示している[21]。しかし、金融監督によってバブルを抑制することにも困難がつきまとう。

　まず、マイクロ・プルーデンス政策、つまり、個別の金融機関の経営の健全性の確保を目的とする政策について考えてみよう。その典型例がバーゼルⅡである。すでに述べたように、バーゼルⅡは精緻かつ広範な規制体系ではあるが、あくまでも、当局が個別の銀行の経営監督のために策定したものであり、個々の銀行の経営の安全を確保して預金者を保護することを目的としている。個々の銀行の経営の健全性を維持することが金融システム全体のリスクの抑制、つまりマクロ健全性の確保につながる側面は強いとはいえ、今回の金融・経済危機のような、金融システム全体にかかわる大規模なシステミック・リスクの発生防止を主目的とした制度ではない。このため、マイクロ・プルーデンス規制による金融監督でマクロ健全性という政策目標を追求することには、変動可能な資本バッファの導入などの検討も現在進められているとはいえ[22]、どうしても原理的に無理があるように思われる。

　たとえば、リスク管理、特に信用リスク管理の面で、図表1-1に示したような不良債権の蓄積をマイクロ・プルーデンス規制で抑制できるかどうかを考えてみよう。日本のバブル期でも通貨・経済危機前のアジア諸国でもそうであったが、通常、金融機関の経営状況は与信が膨張しているときにはきわめて好調である。このため、バーゼルⅡのようなマイクロ・プルーデンス政策において、与信の拡大が、不良債権の増加による信用リスクの上昇から金融機関の経営を不安定化させるという論理で規制することはなかなか難しく、むしろ、金融機関の収益機会を奪うものとして批判されかねない。

　一方、自己資本比率規制からバランス・シートの拡張を抑制することは、比較的容易であるように思われる。しかし、バーゼルⅡが、前述したような証券化商品の持ち合いによる金融機関のバランス・シート拡大を抑制できなかったことからもわかるように、金融システムの高度化・複雑化に応じて規制も同様に複雑になればなるほど、その抜け穴を防ぐことも困難になる。市場リスク管理や流動性規制などについても同様であろう。

加えて、個別金融機関への規制を強化すると、予期せぬ効果を生じて、かえってマクロ健全性を悪化させかねない側面もある。先の証券化商品の規制について言うと、今回の証券化商品市場の混乱は、証券化の真実性の原則、つまり、証券化された融資は銀行のバランス・シートから完全に分離されなければならないという規制が効き過ぎていたからという反省が最近見られる。これは、証券化により原融資を実行した銀行が完全にリスクを負わなくなることから、銀行の融資基準が甘くなるという問題が発生したのではないかという反省である。喩えていうならば、各銀行が証券化によって自分の庭（バランス・シート）は見かけ上きれいにしたものの、そのゴミは通りや他の場所に蓄積され、金融システムという街全体が機能不全になったというところである。このため、バーゼルⅡとは逆に、現在では、銀行はその融資を証券化しても一部を引き続き保持する方向で規制の変更が検討されているほどである[23]。

**業態規制や裁量的な規制によるマクロ・プルーデンスの確保**

もう1つのやり方として、マクロ健全性の確保そのものを目的に、業態規制やマクロ指標などにもとづく規制でマクロ・プルーデンスを確保する方法も考えられる。ただし、マクロ健全性の内容そのものがはっきりしないだけに、この方法では規制の運用はどうしても裁量的にならざるをえない。この方法の実効性はどうであろうか。

まず、バブル期の日本や現在の中国のように、窓口規制で各金融機関の与信を抑える方法について考えてみよう。中井（2009）が指摘するように、今回の通貨　経済危機以降の中国においては、窓口規制の緩和に伴い融資が大幅に拡大しており、中国ではバブル抑制のための政策手段として窓口規制が有効に機能していることを逆説的に証明した観がある。しかし、窓口規制が有効であることは、その金融システムが金融抑制的な原理で行動しており、金融仲介機関にバランスシート拡大の大きなインセンティブが働いていることをも意味する。つまり、金融システムの自由化が遅れており、市場メカニズムによる自律的な調整が機能しにくいために、窓口規制が有効であるとも言える。このため、自

由化の進んだ先進諸国では窓口規制を再度復活させるのは困難であろうし、それ以上に、今後、金融市場の自由化が進む段階で、中国など窓口規制でバブルを抑制してきた国は、バブル発生のリスクにさらされることになろう。

また、窓口規制に限らず、裁量的な規制一般について言えることだが、規制当局が好景気の影でリスクが拡大しているとして警戒を始め、裁量的に規制を強化しようとしても、好景気を謳歌している金融機関の方は納得せずに反発するため、結果として対応が事後的になりがちである。日本を例にとると、たとえば、大蔵省理財局（当時）は昭和37年頃から、証券ブームの一方で証券会社の経営が不安定化しているとして健全性規制の強化を図ったが、証券業界の反対からうまくいかず、結果として昭和40年の証券恐慌を招いた[24]。バブルのピーク時で導入された不動産向け融資総量規制という窓口規制も、同じく遅きに失した感がある。このほか、中央銀行や金融監督当局などがメッセージを出して金融機関に注意を促すといった方法もあるが、これらの手法には強制力がなく、実効性が限られる。

また、金融仲介機関への業務規制を強化することによって、金融システム全体としてのマクロ健全性を向上させるという手法も考えられる。その代表例がナローバンク論や、その流れをくむとも言えるボルカー・プランであろう。決済システムや預金受け入れなど、社会的に重要と考えられる業務を取り扱う金融機関やその範囲を限定する代わりに、問題が発生した際にはそれらの業務は手厚く保護する。一方で、リスクの高い業務については、参加する金融機関が自己責任で行い、破綻しても公的支援は行わないという考え方である。本稿執筆（2010年春）時点では、米国や英国などでこのような動きが見られる。

しかし、このような考え方については、金融システムが複雑化・高度化した一方で、業態面ではユニバーサル・バンキングが一般化している今日の実情にそぐわないとして、大陸欧州諸国や日本などでは賛同が得られていない。金融機関の活動が国際的に広がっていることを考えると、この種の規制は国際的に行われないと効果が薄い。この点、2010年2月にカナダで開催されたG7（先進7カ国蔵相・中央銀行総裁会議）の議長総括でもボルカー・プランへの特段

の言及はない[25]など、実行に移されるかどうかはなお不透明であると言えよう。

**プロシクリカリティとマクロ健全性の関係**

　また、マイクロ・プルーデンス政策とマクロ健全性政策との関係で、いわゆるプロシクリカリティとマクロ健全性の関係性について見ておきたい。プロシクリカリティとは、個別金融機関の経営の健全性を維持・強化しようというマイクロ・プルーデンス政策の副作用として、これらの規制が景気循環増幅効果を持つというものである。この両者の関係を要約すれば、不況の時と好況の時にそれぞれ主に現れる金融政策・金融監督上の問題である、と言えよう。

　プロシクリカリティは、主に不況の時に発生する合成の誤謬であると言える。つまり、個々の金融機関が経営状態の健全性を確保しようとするために、結果として金融システム全体の与信が収縮し、景気を悪化させてしまうリスクである。バーゼルⅡ、特にその第1の柱（自己資本比率規制）は、個々の金融機関の経営の健全性の確保を目標としており、好況時も不況時も同じ基準が適用される。このため、不況時にはどうしても基準の達成が厳しくなって与信縮小につながりやすい。

　一方のマクロ健全性は、すでに述べたように、景気が良くて各金融機関の業績が好調であっても、金融システム全体としてリスクが高まっているならば、当局は何らかの対応をとるべきであるという考え方である。こちらは、主に好景気の時の合成の誤謬、つまり個々の金融機関から見ると経営環境はよく、順調に与信を拡大しているのだが、その結果として、金融システム全体で見ると過剰与信が発生し、将来の金融危機のリスクが高まる事態を回避しようというものであると言えよう。

　この2つの関係を要約すれば、月並みな表現になるが、経済が安定して成長できるように当局は個別の金融機関の経営の健全性と金融システム全体の健全性の両方を考慮すべきである、ということになる[26]。その意味で、この両者の関係は、その時々の金融・経済状況により変化するものであるということになろう。

## 3 今後の金融政策・金融監督の関係と方向性

### (1) 政策目標・政策手段・政策当局の関係

「帯に短し、たすきに長し」

　ここまで、金融仲介機能、および金融政策・金融監督という2つの側面からバブル発生のメカニズムとその抑制策を検討しきた。一言で要約すれば、バブルは今後もほぼ間違いなく発生し続けるであろうし、政策的にそれを抑制しようとしても、有効な処方箋はなく、結局のところは「帯に短し、たすきに長し」の政策を組み合わせつつ、バブルの抑制に向けて対応していくしかない、ということになろう。

　第2節で金融仲介機能面から見たように、銀行中心の金融システムであれ、市場中心の金融システムであれ、楽観的な期待が存在する限り、バブルは必ず発生する。また、金融システムが高度化・複雑化するにつれ、業務・業態の区分があいまいになるが、監督体制や、金融機関が破綻した際の救済体制などの変化はそれらに遅行しがちである。

　金融政策を見ても、バブル抑制のために金融政策で何かをしなければならないというBISビュー的な見方が現在の主流になっているが、では、具体的にどうするのかというとコンセンサスはない。金融監督も同様で、個別金融機関の経営の健全性の確保を主目的とするマイクロ・プルーデンス政策では、バブルの膨張期にそれを抑制することは困難である。また、過度にマイクロ・プルーデンス政策を厳しくすると、予期せぬ副作用が発生したり、プロシクリカリティの増大を招く。金融システムの高度化・複雑化に伴い、規制の抜け穴が発生しやすくなることも事実である。

　一方、マクロ健全性の確保を主目的とした裁量的な監督政策運営を行うことも考えられ、中国などでは窓口規制により今のところバブルの抑制に成功してきている。しかし、その種の政策は金融の自由化が進んだ先進国では実施困難

であるし、現在そのような政策を採りうる国でも、今後金融システムの自由化が進んだ際には、やはりバブルの抑制に失敗するリスクがある。また、そのような裁量的な政策の実施については、金融機関や世論の反発も懸念される。ボルカー・ルールのような業務規制の導入も、今日の金融システムの実情にそぐわないとの批判が強い。

　では、今後の金融政策・金融監督はどのように運営されていくのであろうか。筆者にも確たるイメージはないが、ここまでの議論を敷衍する限り、結局のところ、上記の各政策を組み合わせつつ、手探りに運営していくしかないというのが現時点での暫定的な結論であろう。そして、その際の鍵となるのは、最終的に世論、ないしは国民の支持ではないかと考えられる。

## 3つの基本目標・4つの政策目標・4つの政策手段・3つの当局

　今後の金融政策・金融監督の運営を考えるにあたり、筆者の考える鳥瞰図を提示したい。それが図表1-4である。一番左の列の3つの大目標——物価の安定、金融システムの安定、経済成長の安定——については、特に議論を要しないであろう。今回の金融・経済危機を受けた議論の1つは、政策目標と政策手段の部分である。ここについては、金融システムの安定を、金融システム全体の安定、つまりマクロ健全性と、個別金融機関の経営の安定の2つに分けることが妥当であると筆者は考えている。この点に関しては、従来、物価や経済成長が安定し、個別金融機関の経営が安定して健全であれば、金融システムの安定も維持されるというのが暗黙の前提であった。

　しかし、バブル、すなわち維持不可能な与信の拡大や資産価格の上昇が、物価や経済成長の安定を前提としていることは、1980年代後半の日本の経験に続き、今回の金融・経済危機で明白になった。加えて、金融システムの高度化・複雑化が進行した今日では、バーゼルⅡのような個別金融機関の経営の安定を目標としたマイクロ・プルーデンス政策の追求は、金融システム全体の安定と必ずしも一致しない場面が出てきている。このため、政策目標としてのマクロ健全性とその政策手段としてのマクロ・プルーデンス政策は、個別金融機関の

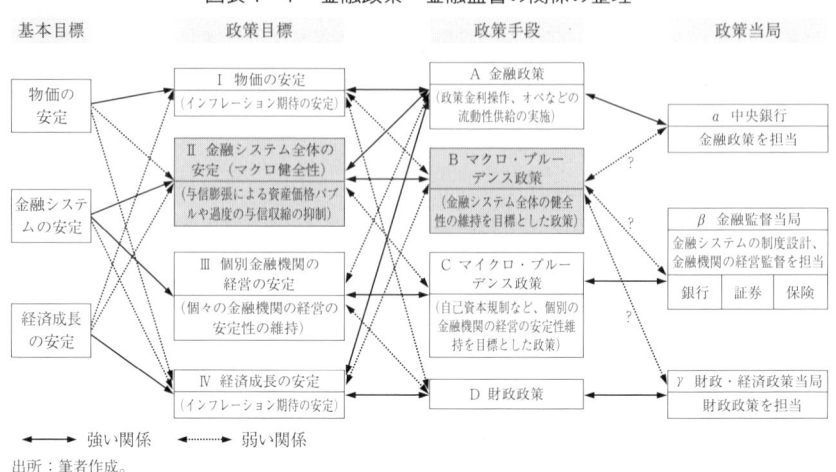

図表1-4　金融政策・金融監督の関係の整理

| 基本目標 | 政策目標 | 政策手段 | 政策当局 |
|---|---|---|---|
| 物価の安定 | Ⅰ 物価の安定（インフレーション期待の安定） | A 金融政策（政策金利操作、オペなどの流動性供給の実施） | a 中央銀行　金融政策を担当 |
| 金融システムの安定 | Ⅱ 金融システム全体の安定（マクロ健全性）（与信膨張による資産価格バブルや過度の与信収縮の抑制） | B マクロ・プルーデンス政策（金融システム全体の健全性の維持を目標とした政策） | β 金融監督当局　金融システムの制度設計、金融機関の経営監督を担当　銀行　証券　保険 |
| 経済成長の安定 | Ⅲ 個別金融機関の経営の安定（個々の金融機関の経営の安定性の維持） | C マイクロ・プルーデンス政策（自己資本規制など、個別の金融機関の経営の安定性維持を目標とした政策） | |
| | Ⅳ 経済成長の安定（インフレーション期待の安定） | D 財政政策 | γ 財政・経済政策当局　財政政策を担当 |

←→ 強い関係　　‥‥‥ 弱い関係

出所：筆者作成。

経営の安定やその主な政策手段であるマイクロ・プルーデンス政策とは分離して考えるべきであろう。また、このように考えることにより、政策目標と政策手段の数が合致し、ティンバーゲンの定理も充足されることになる。

**誰が、どのようにマクロ・プルーデンス政策を実施するのか**

　このように金融システム全体の安定性とマクロ・プルーデンス政策を分離して考えた場合、問題になるのは、図表1-4の最右列、つまり、どの当局がマクロ・プルーデンス政策を所管するのかという点であろう。この問題は、マクロ・プルーデンス政策の内容にも関係する。ここでは、考えられる組織として中央銀行、金融監督当局、財政・経済当局の3つを挙げたが、このいずれもが何らかの形でマクロ・プルーデンス政策の実施に関係している。

　中央銀行は、言うまでもなく金融政策の実行主体であるが、国によっては金融監督権限も有している。また、日々の金融調節などの市場への参加などを通じ、与信の膨張のリスクなどを一番よく知る立場にある。一方、金融監督当局はマイクロ・プルーデンス政策の所管主体である一方で、金融システムの制度

設計も担当していることから、やはり金融システム全体に責任を負っており、その限りでマクロ・プルーデンス政策にも関与しうる。日本の過去の実例を見ても、不動産向け融資総量規制などのマクロ・プルーデンス政策の運営には金融監督当局が関与してきた。加えて、財政・経済政策当局も、財政政策を通じて経営不振に陥った金融機関の救済に関与するほか、不動産価格の動向などにも政策責任を負っているため、こちらもマクロ・プルーデンス政策に関与しうる。

これらの3つの形態の当局の間の機能分担に関しては、マクロ健全性の重要性の議論が本格化する以前から、インフレーション・ターゲティングの導入などさまざまな場面で議論が行われてきたため、ここでは割愛する。しかし、マクロ健全性との関連で言うと、非常に興味深いのは、窓口規制などを通じたマクロ・プルーデンス政策によりここまでのところではバブルの抑制に成功している中国の場合、中央銀行の独立性が否定されていることである。中央銀行である中国人民銀行は、銀行業監督管理委員会などの金融監督当局や、財政・経済政策当局である国家発展与改革委員会などと同様、国務院の指導下にある[27]。つまり、中国においては、図表1-4の最右列の関係当局は、国務院のもとで統一的に動いているのである。この点、マクロ・プルーデンス政策については明白な政策内容の定義や運営実績に乏しく、まさに「帯に短し、たすきに長し」の各種の政策手段を手探りで寄せ集めて運営せざるをえず、その運営のためには、関係する政策当局間の緊密な連携が必要なことを示唆しているとも言える。

## おわりに

「この議論をさらに推し進めて行くと、最後に、民主主義社会における中央銀行のあり方、という本質的な問題に到達します。」[28]

今後バブルを抑制していくために、中央銀行による金融政策の運営、金融システムの監督、さらには金融システムを含むマクロ経済全体の安定をどう確保

していくのか、そのための政策運営のあり方はどうなのかについて概観した。冒頭にも断ったように、もとより結論が簡単に出る話ではない。

しかし、各論点を総合して考えると、確立した政策手法がない中で各種の政策手段を手探りで寄せ集めて運営せざるをえないのであり、結局のところ、その運営は民主主義ないし政治の問題であると言えるのではないであろうか。ここに掲げた福井前日銀総裁の発言は、中央銀行の自己資本水準に関するものであるが、同じことが、マクロ・プルーデンス政策、さらには今後の金融政策・金融監督行政についても言えるように思われる。先に述べた中国の例も、中国の現在の政治・経済体制が、裁量的にならざるをえないマクロ・プルーデンス政策の運営に適した形態であるためではないかと考えられる。

1) 香西他（2001）、206頁。
2) Kohn（2010）.
3) 同日付のホワイト・ハウスのプレスリリースによる。
4) King（2009）など。
5) 清水（2008）など。
6) http://www.bloomberg.com/news/marketsmag/bb20.pdf.
7) その後、2009年6月に注入された公的資金を返済している。
8) 中井（2006）、第1章、第2章参照。
9) Basel Committee on Banking Supervision（BCBS）はバーゼルのBIS（国際決済銀行）に事務局を置くが、BISの組織ではなく、各国から参加している機関もBISとは一部異なる。
10) 中井（2009）、第4章参照。
11) BCBS（2006）.
12) ただし、議会などでの議論は迷走状態にあるように思われる。
13) 以下、白川（2008）、400-401頁参照。
14) Greenspan（1996）.
15) Greenspan（2004）.
16) Bernanke（2006）.
17) 香西他（2001）、201頁。
18) 日本証券経済研究所（1988）。
19) Rogoff and Reinhart（2009）.

20) Kohn（2008）,（2010）. なお、Kohn はグリーンスパン時代から FRB に在籍している。
21) Kohn, ditto.
22) BCBS（2010）.
23) G-20（2008b）.
24) 草野（1989）、第 2 章。
25) http://www.g7.utoronto.ca/finance/fm100206.html.
26) EU（2009）はこの点を特に強調している。
27) 中華人民共和国中国人民銀行法第Ⅱ条。
28) 福井（2003）。

## 参考文献

伊藤修（2001）：「バブル期の『世論』の分析」香西他編（2001）、161-186頁
伊藤修・奥山忠信・箕輪徳二編（2005）：『通貨・金融危機と東アジア経済』社会評論社
草野厚（1989）：『証券恐慌』講談社
香西泰・白川方明・翁邦雄編（2001）：『バブルと金融政策』日本経済新聞社
清水啓典（2008）：「グローバリゼーションと金融規制」日本金融学会春期大会特別報告
白川方明（2008）：『現代の金融政策』日本経済新聞出版社
中井浩之（1998/2005）：「アジアの金融・経済危機について――経済政策と危機の構図――」『国際金融』1015～1017号　外国為替貿易研究会（伊藤修・奥山忠信・箕輪徳二編（2005）、47-93頁に一部改変の上再録）
――（2006）：「アジアの金融システムの構造問題～危機をもたらした構図は変化したか？～」（博士号請求論文、埼玉大学提出）
――（2009）：『グローバル化経済の転換点』中公新書
日本証券経済研究所（1988）：『日本の株価水準研究グループ報告書』
福井俊彦（2003）：「金融政策運営の課題」2003年度日本金融学会春季大会記念講演
蝋山昌一（2001）：「『市場型間接金融』序論」『ファイナンシャル・レビュー』March-2001、財務省財務総合政策研究所
Basel Committee on Banking Supervision（BCBS）（2006）：*Basel II: International Convergence of Capital Measurement and Capital Standards: A Revised Framework*

—— (2009)：*Proposed enhancements to the Basel II framework*
—— (2010)：*Consultative Document: Strengthening the resilience of the banking sector*
Bernanke, Ben S. (2006)："Reflections on the Yield Curve and Monetary Policy", Speech on March 20 (as FRB Chairman)
—— (2010)："Monetary Policy and the Housing Bubble", Speech at the Annual Meeting of the American Economic Association on January 3 (as FRB Chairman)
Bernanke, Ben S. and Gertler, Mark (1999)："Monetary Policy and Asset Price Volatility", *Economic Review*, Federal Reserve Bank of Kansas City, Fourth Quarter 1999, pp. 17-51
Blanchard, Olivier / Dell'Ariccia, Giovanni and Mauro, Paolo (2010)："Rethinking Macro Economic Policy", *IMF Staff Position Note SPN/10/03*
European Commission (EU) (2009)：*Communication from the Commission 'European financial supervision' Impact Assessment*
Financial Services Authority (FSA) (2009a)：*The Turner Review*
—— (2009b)：*A Regulatory Response to the Global Banking Crisis*, Discussion Paper 09/2
G-20 (2008a)：*DECLARATION: SUMMIT ON FINANCIAL MARKETS AND THE WORLD ECONOMY*、および日本国外務省による仮訳
—— (2008b)：*Action Plan to Implement Principles for Reform*、および日本国外務省による仮訳
—— (2009a)：*London Summit: Leaders' Statement*、および日本国外務省による仮訳
—— (2009b)：*London Summit: DECLARATION ON STRENGTHENING THE FINANCIAL SYSTEM*、および日本国外務省による仮訳
—— (2009c)：*London Summit: DECLARATION ON DELIVERING RESOURCES THROUGH THE INTERNATIONAL FINANCIAL INSITUTIONS*、および日本国外務省による仮訳
Greenspan, Alan (1996)："The Challenge of Central Banking in a Democratic Society", Remarks at the American Enterprise Institute for Public Policy Research (as FRB Chairman)
—— (2004)："Risk and Uncertainty in Monetary Policy", at the Meetings of the American Economic Association (as FRB Chairman)

Hellman, T., Murdock, K. and Stiglitz, Joseph E. (1997): "Financial Restraint: Toward a New Paradigm", *The Role of Government in East Asian Economic Development*, pp. 163-207, Oxford University Press（邦訳「金融抑制」、『東アジアの経済発展と政府の役割』日本経済新聞社、1997年、183-223頁）

King, Mervyn (2009): Speech at Scottish business organization, Edinburgh on October 20, 2009 (as Governor of The Bank of England)

Kohn, Donald L. (2008): "Monetary Policy and Asset Prices Revisited", Speech at the Cato Institute (as FRB Vice Chairman)

—— (2010): "Monetary Policy in the Crisis: past, Present, and Future", Speech at Brimmer Policy Forum, American Economic Association Annual Meeting (as FRB Vice Chairman)

Rogoff, Keneth S. and Reinhart, Carmen M (2009): *This Time is Different*, Princeton University Press

Stiglitz, Joseph E. and Greenwald, Bruce. (2003): *Towards a New Paradigm in Monetary Economics*, Cambridge University Press

# 第2章　バブルと国際資本フロー

小笠原　悟

## はじめに

　2007年8月のBNPパリバショックを契機に顕在化した米国発のサブプライムローン問題は、2008年9月のリーマン・ショックでクライマックスを迎えることになった。そして金融危機は震源地である米国から欧州、アジアへと伝播すると同時に、信用収縮を引き起こし、深刻な景気後退をもたらした。

　サブプライムローン問題は、2000年代初めに発生した米国の住宅バブル期に急増した信用力の低い人々への住宅ローンの一部が焦げ付いたことが発端となった。住宅バブルの要因については、米国政府の住宅投資促進政策、長期にわたる低金利政策、さまざまな規制緩和や金融商品の登場、その中でも証券化商品の複雑化などが指摘されている。そしてその複雑さがバブル崩壊後の危機を深刻化させた要因でもある。

　バブル崩壊が信用収縮を引き起こし、深刻な景気後退をもたらしたことを我々は過去にも何度か経験してきた[1]。さらに90年代に入ってからこうした危機は新興国経済の発展とともにグローバルに広がっている[2]。経済と金融のグローバル化は、世界経済の成長を先進国から新興国へ波及させる役割を果たしてきたが、同時に地域間の関係を密接にしてきたことで、危機に対しても国際資本フローを介して連動性を強めている。

　この章では、90年以降発生したいくつかの主要な金融危機の発生の要因と崩

壊のメカニズムについて既存の研究をもとに整理し、国際資本フローの役割について考察するものである。まず第1に、金融危機が国際的に拡散する傾向を強めている要因としての経済と金融のグローバル化についてまとめる。第2には90年代以降の主要な金融危機[3]を取り上げ、バブルの発生と崩壊における国際資本の流れを概観する。第3に今回の金融危機発生メカニズムを分析し、なぜ世界的な金融危機に拡大したのか、国際資本フローの観点から考察する。

## 1　金融・経済のグローバリゼーション

### (1) 経済のグローバリゼーション

　2000年代に入り、経済および金融のグローバル化が一段と進んだ。90年代からのIT革命により情報通信網が発達したことや、さまざまな金融イノベーションによる金融の深化が大きく貢献したと思われる。IMFによれば1985年から2008年までの世界の名目GDPは15.2兆ドルから60.9兆ドルへ、ほぼ4倍の大きさとなった。この間の平均実質成長率は86年から99年までが3.2％増加、00年から08年までが4.0％増加と2000年代に加速している。また、同時期の貿易額（輸出＋輸入）は5兆ドルから40兆ドル弱と8倍に拡大した。貿易額の増加率はGDPの伸びを大きく上回り、世界経済は貿易の増加を通じて成長してきたといえよう。

　また、80年代には世界経済に占めるEU、米国、日本のGDPの割合は60％だったのに対し、2008年には50％を割り込む一方、近年成長が著しいBRICsは統計で遡ることができる92年から2008年の間に14％から22％へ拡大している。先進国も経済は成長してきたのだが、成長の源が先進国から新興国へシフトしてきたことを示すものである。もっとも新興国の成長が高まったとはいえ、牽引していたのは外需であり、その背景には安価な労働力を求めて先進国の企業が中国や東南アジアといった新興国へ工場を移転したことがある。また、この過程では、新興国の生産拠点としての役割も変化していった。従来は先進国が

資本集約的な財の生産に特化し、新興国が労働集約的な財の生産を拡大させ、先進国へ輸出するという「国際分業」であった。しかし近年では、1つの製品を生産し消費者に届けるまでの過程（開発、調達、製造、在庫管理、流通、販売など）の中で、生産だけではなくさまざまな拠点を新興国に設け、工程ごとに最適な分業体制を国際的に展開するという「分業体制」へシフトしている。

こうした展開によって、今回、米国発の金融危機が金融システムや直接的なマクロ経済への影響はなかったアジアにおいても、米国景気の深刻な落ち込みを背景に同国向け輸出の急減という形で大きな打撃を受けることになった。

(2) 金融のグローバリゼーション

**金融・資本市場のグローバル化**

経済のグローバル化が進む中でそれをファイナンスする金融や資本市場のグローバル化も進んだ。金融の自由化や国際化が地球規模で拡大し、国際的金融機関が国境によって阻害されることなく、証券投資や投融資活動を展開していった。また、国内金融市場と国際金融市場は統合されることとなり、金融政策も一国規模の経済のみならず、世界的な規模で影響を及ぼすようになった。このことは95年以降、主要地域の景気循環と金融政策の方向性が同時化する傾向を強めてきたことと整合的であるように思われる。

資本市場の自由化は1950年代のユーロカレンシー市場というオフショア市場の誕生に端を発する。ユーロカレンシー市場はロンドンを中心とするヨーロッパに限定されていたが、しだいに世界的な規模で取引を行うことができるようになった。また、第1次オイルショック後にOPEC諸国による貿易黒字の「リサイクリング」が始まったことも背景にある。これが先進国の銀行を通じて中南米諸国などの中所得国へと貸し出され、80年代のメキシコ債務危機の遠因となった。いずれにしてもユーロカレンシー市場の拡大によって市場参加者たちは、利子率や為替レートの変動等により資金を1つの通貨から別の通貨へ容易に移動させることが可能になっていったのである。

**国際資本取引の活発化とデリバティブ**

　国際資本移動をよりグローバル化させたのが、デリバティブの発達であるといえよう。米国では金融自由化が進む中、1984年に大手銀行であったコンチネンタル・イリノイ銀行が破綻した。この影響が国際的な銀行間取引を通じて海外にも波及しそうになったことの反省から、国際業務をしている銀行に対して信用秩序維持のため守るべき基準が取り決められた。バーゼル合意というものであり、自己資本比率が8％を超えない銀行は国際業務を禁じるというものである。しかし、この基準は銀行の伝統的な預金活動と貸出活動をオフバランス操作に向かわせ、その過程で金融デリバティブの店頭取引が活発化した。

　今回のサブプライムローン問題でも明らかになったように、オフバランス取引や店頭取引は不透明であり、規制や監視が難しい上、レバレッジが高い。デリバティブ市場では、比較的わずかな手元資金で金融機関から多額の資金を借り入れ、金融資産等に投資することができる。こうした取引では資産自体が借入の担保となるため、資産価格が下落すれば投資家のみならず国内外の金融機関にとってレバレッジの高さはリスクを増幅させることになる。しかし、資産価格が上昇している間は誰もリスクの重大さを認識することなく、取引をさらに拡大させることとなった。BISの調査によると世界のデリバティブ市場残高は現在の統計で遡ることができる98年6月（72兆ドル）から直近のピークだった2008年6月（683兆ドル）までの10年間に約9.5倍拡大した。

**資産運用のグローバル化**

　資金の出し手である家計部門でも、ポートフォリオのグローバル化が進んでいる。家計の金融資産は銀行預金から年金や投資信託へとシフトしていった。米国では日本と比べ株式などリスク資産比率は高いが、現預金比率が急速に低下したのは金融自由化が進んだ80年代後半以降である[4]。また、80年代には米国の対外直接・証券投資のうち証券投資の割合は30％程度だったが、90年代以降には50％程度に拡大している。一方、日本でも家計部門の金融資産の55％（2009年第3四半期時点）が現預金であるが、この数年間年金・保険、投資信

託の割合が大幅に上昇している。これらの資産は機関投資家によって運用され、積極的に対外証券投資に向かうようになった。ヘッジファンドの台頭も金融グローバル化に貢献した。ヘッジファンドは基本的に私募によって機関投資家や富裕層等から私的に大規模な資金を集め、デリバティブ等を活用したさまざまな手法で運用している。また、当局の規制を逃れるため、比較的規制が緩く、税の優遇制度があるタックス・ヘブン地域に拠点を置き、グローバルに運用を展開している。こうしたヘッジファンドに資金を供給していたのは大手銀行であり、彼らもヘッジファンドと同様の自己ポジションを取ることで収益を上げようとした。すなわち本来銀行は資金仲介の役割を果たすことで資金の配分の効率化とリスクの分散化を図ってきたのだが、金融自由化による競争激化と収益機会の低下を背景に自らリスクを拡大させる路線にシフトしていったのである。

## 2 90年代以降の金融危機発生のメカニズムと国際資本フローの役割

### (1) 北欧金融危機

**金融・資本の自由化と国際資本フロー**

　北欧3国のバブル発生において重要な役割を果たしたのは、金融・資本の自由化とそれに伴う国際資本へのアクセスの拡大であった。フィンランドでは短期市場が誕生した70年代半ばに金融自由化が始まった。80年代にはフィンランド中央銀行は、金融機関に為替売買を認可し短期資本流入の増加に動いたほか、80年代半ばまでには銀行貸出金利を自由化し、企業の海外資金調達を可能にした。

　スウェーデンでは第2次世界大戦以降資本規制を導入していたが、70年代と80年代にかけて緩和された。85年には商業銀行に対する貸出規制が解除され、基本的に企業や家計は有利な金利で借り入れることができるようになった。銀行間ではマーケット・シェア獲得のため競争が厳しくなり、86年から88年にか

けて銀行貸出は劇的に増加した。

　ノルウェーでは70年代終わりごろからの規制緩和によって大手商業銀行の国際資本市場へのアクセスが増大した。80年代初めにはユーロ・クローナ市場が創設され金融イノベーションも進み、政府は債券市場での金利規制を撤廃、外国人に対して株式市場を開放した。その数年前には住宅価格規制は緩和されており、中古住宅市場における価格は市場で決定されるようになっていた。信用規制は84～85年に撤廃、国内の信用市場、債券市場は88年までに完全に自由化され、90年までには国際資本移動規制も撤廃された。また、ノルウェーでは銀行借入に対する税額控除が制限なく実施されていたため、家計部門と企業部門の借入需要はきわめて旺盛であり、金融自由化によって国内信用は大幅に増加した。

　このように国際資本市場からの資金調達が可能になった北欧3国では、銀行信用が急増し、民間消費支出や設備投資を促すとともに住宅や株価といった資産価格の上昇に貢献した。やがて期待インフレの高まりとともに資産効果をもたらし、それが実体経済へとフィードバックすることでバブルは形成されていった。

**固定為替相場制と資本フロー**

　バブル崩壊のきっかけは、フィンランドでは89年4月に始まる株価の下落と短期金利の上昇、スウェーデンでは90年の税制改革による税率調整後の実質金利が急上昇したことであった。また、ドイツ統合に伴うドイツ連銀の利上げが、欧州全体の金利上昇に波及し、北欧諸国の実質金利を上昇させ、内需を大幅に冷え込ませた。さらにフィンランドではソ連の崩壊で、同国向けの輸出が減少したことも影響した。

　両国の景気を一段と深刻化させたのは、固定為替相場制であった。バブル期には経常赤字が拡大してもそれを上回るほど資本流入があったのだが、景気が悪化すると資本が流出し始めた。フィンランドは景気過熱感を冷やすため89年3月に一度マラカを切り上げており、そのことがペッグ制に対する信頼性の問

題を生じさせていた。また、スウェーデンでは急激な国内景気の拡大の結果、輸出セクターは縮小し、経常収支は一段と悪化した。またインフレの上昇と失業率の低下で競争力は低下し、ペッグ制に対する信頼性が後退すると、クローナは投機的な攻撃を受けるようになった。

　フィンランド中銀、スウェーデン中銀ともに通貨を防衛しようと短期金利を大幅に引き揚げた。しかし、実質金利の上昇で資産価格がスパイラル的に下落し、金融システムの重しとなり銀行危機を引き起こした。また、利上げによるディスインフレの進行で内需が大幅に冷え込み、資本流出を加速させることとなった。欧州通貨危機の最中にあった92年には両中銀とも外貨準備はほぼ枯渇し、9月8日フィンランドが、11月12日スウェーデンが変動為替相場に以降し、通貨は大幅に下落した。

　ノルウェーでは両国に先んじて86年にバブルが崩壊した。同国は産油国であり80年以降経常黒字を計上していたのだが、原油価格の下落で86年には7年ぶりに赤字に転落した。同年5月に労働党政権が誕生すると、経常収支の悪化と消費ブームに対する警戒、原油価格の下落から財政引締めに転じたことがバブル崩壊のきっかけとなった。ただ、ノルウェー経済は、他の2国より大幅に落ち込まなかった。また、循環的な景気後退は88～89年だったが、景気後退と不動産価格の下落は、当初、銀行危機を引き起こさなかった。数年後の税引き後の実質金利の上昇が、当初の循環的な景気後退に強烈なプロシクリカルな金融引き締めを加え、資産価格のさらなる下落と銀行危機をもたらしたのである。なお、ノルウェーでは86年のオイルショックが危険信号となったのに対し、スウェーデンやフィンランドでは、原油価格の下落が交易条件を改善させ、国際的な景気上昇トレンドに乗り、両国のバブルを刺激した。そしてもう1つの要因は、世界的な景気回復を背景とする原油生産の回復が89年以降のノルウェーの経常収支と財政収支を改善させ、積極的な財政支出の発動を可能にしたことである。

(2) 日本のバブル

**金融自由化と国際化**

　80年代後半の日本のバブル期には、投機熱によって不動産価格と株価が急騰、またそうした資産価格の上昇に下支えられる形で、消費や設備投資等内需が大幅に拡大した。バブル発生の背景には、プラザ合意にもとづく国際協調体制や内需主導型の経済を目指した日本の経済政策があったとの見方が多い。さらに遠因として企業の資金需要の低下、金融自由化、そして国際化の進展を挙げることができる[5]。

　日本経済の高度成長期から低成長期への移行期における企業金融を巡る環境変化は、銀行の貸出行動に大きな影響を与えた。第1次オイルショック後の景気後退局面から立ち直る過程で、大企業を中心に減量経営（設備投資の抑制や人員削減など）によって資金が余剰気味になっており、余剰金を運用して収益の改善を図ろうとした。いわゆる「財テク」である。他方、資金調達サイドでは、資本市場の発達により大企業は銀行借入から増資や社債など直接金融市場からの資金調達へシフトしていった。企業の外部資金に対する需要の低下と直接金融市場からの資金調達へのシフトは、銀行経営者にかなりの危機感をもたらした。それが80年代からバブル期にかけて、金融機関行動の積極化につながった一因である。

　「財テク」は国際金融における自由化にも大きく影響を受けた。83年に設置された「日米円ドル委員会」では、日本の金融・資本市場の自由化のタイム・テーブルが設定された。大蔵省はここでの検討作業や議論を経て、為替先物取引の実需原則撤廃・居住者によるユーロ円債の発行解禁（84年4月）、円転規制の撤廃（同6月）、円建て外債発行の全面開放（同7月）など金融自由化を打ち出していった。こうした措置は、日本の企業や金融機関が海外から安いコストで資金調達することを可能にし、国内での運用を促した。

　もう1つの国際化は国際協調体制への取り組みであった。85年9月のプラザ合意は過大評価されたドルの調整と、米国と日本・ドイツとの経常不均衡の是

正が目的であった。そのため、政府の経済政策の基本方針は、プラザ合意後日本経済を内需主導型に転換させ、その過程を通じて対外不均衡の是正を図るというものであった。財政面では86年9月に「総合経済対策」(事業総額3兆6,000億円)が、87年5月に「緊急経済対策」(事業総額約6兆円)が実施された。また、金融政策ではプラザ合意後の急激な円高・ドル安進行による「円高不況」に対応するため、日銀は86年1月から87年2月までの間に公定歩合を4回引き下げ、2.5%と過去最低水準にした。特徴的なのは、86年1月以降の利下げは第1回を除き、タイミングが米国の利下げ、あるいは日米の政府声明ないしG7の共同声明と同時になるなど、国際協調体制の枠組みに強く影響されていたことである。こうした積極的な内需刺激策と低金利政策は株価や地価を押し上げ、それがさらに個人消費や企業の設備投資を拡大させ、バブルを醸成していった。

**バブル崩壊と資本フロー**

　日銀は89年5月31日に公定歩合を0.75%ポイント引き上げ、3.25%とした。当初の政策目標としてはあくまでもインフレの予防であると強調されたが、その後徐々に引締めを強化し、最終的に6%まで引き上げられた。金融市場では、日経平均は89年12月30日の大納会で3万8,915円と史上最高値を記録したのち、下落基調を辿った。実体経済では、91年に入り個人消費は比較的堅調に推移していたものの、一連の利上げ効果で住宅投資や設備投資が減少、地価も年後半には下落に転じ、一気にバブルは崩壊した。

　ただ、バブル崩壊後日本が深刻な金融危機に直面したのは、98～99年になってからである。理由の1つには時価会計が適用されていなかったため、初期の段階では正確な不良債権額が把握できなかったという側面があろう。また、不良債権処理や金融機関経営破たん処理のスキームが確立されておらず、パニックを恐れた政策当局が問題の所在を明らかにせず先延ばしすることを決めたため、金融市場が反応しなかった可能性もある[6]。より重要なポイントは、日本が経常黒字国であるということである。国内の潤沢な貯蓄を背景に、政府は92

年から94年にかけて3度の経済対策を実施し景気を下支えした。

　資本フローの動きをみると、バブル期には対内株式投資が急増していたが90年中に売り越されていたため、91年以降はほとんど外国人投資家の日本株売りはなかった。また、90年代前半は米国の積極的な金融緩和政策を背景に日米金利格差が縮小傾向にあったことや、景気悪化に伴う投資家のリスク許容度の低下で海外への資本流出が大幅に鈍化した。そして内需低迷による輸入減で貿易黒字が再び拡大していたこともあり、総合収支の黒字幅は拡大し円高圧力が高まった。さらに日米貿易摩擦の再燃や92年に誕生したクリントン政権の円高容認政策もあり、投機的な攻撃は円売りというよりは円買いであった。そのため金融緩和効果は円高によって相殺されることになり、じりじりと日本のデフレ圧力が高まり、その後深刻な金融危機へと発展していった。

(3) メキシコ通貨危機

**輸出志向型の経済政策の転換と金融自由化**

　メキシコでは1980年代初めの累積債務問題発生後、デラマドリ大統領およびサリナス大統領のもと、新自由主義的政策が進められた。経済政策では従来型の国内産業を保護する輸入代替工業化政策[7]から輸出志向型へ転換し、貿易・外国投資政策を中心に対外経済施策の大幅な自由化が進められた。その結果、メキシコの輸出総額は82年の241億ドルから94年には609億ドルへ拡大した。また、92年12月にはNAFTA（北米自由貿易協定）が調印され、アメリカからメキシコへの投資ブームが起こった。経済成長率はサリナス大統領就任直後の88年こそ1％台だったが、その後94年にかけて平均3.9％を達成している。そしてこの間、海外からの資本流入が国内民間信用を増加させ、株価を大きく押し上げた。

　金融制度面では1970年代以降、預金金利の自由化、中央銀行預け入れ規制から準備率規制への転換、銀行・証券会社所有への外資参入許可が徐々に実施された。90年には銀行再民営化のための法制化が着手され、92年に始まる北米自由貿易協定（NAFTA）の交渉において、義務貸出の廃止、預貸金利の実質的

な自由化が進められた。しかし、こうした金融自由化がメキシコで金融深化を実現し、実体経済に貢献したと評価する見方は少ない[8]。つまり金融自由化によってもたらされた海外からの資本流入はもっぱら金融資産価格の上昇をもたらしただけだった可能性がある。

**経常赤字の拡大と通貨の過大評価**

　メキシコの問題は輸出の増加にもかかわらず、貿易赤字が拡大傾向にあったことである。累積債務危機発生以前には、経常赤字のうち約3分の2が債務の支払いによるものだったのに対し、90年代に入ると貿易赤字が主因であった。その理由として、①国内の貯蓄不足、②為替の過大評価、③貿易構造の問題が挙げられている。

　メキシコでは87年末以降、自由化の一環として平均関税率が引き下げられており、輸出産業による輸入が急増していた。その背景には輸出業者が国内で中間投入財や資本財を投入できなければ、輸入品に頼らざるをえず、貿易自由化で輸出が増加すればするほど、輸入も増加するというメカニズムが出来上がっていたという事情があった。また、メキシコの最大貿易国である米国のドルに対してペソは実質ベースで88年から93年まで上昇しており、輸入に拍車がかかり貿易赤字は拡大した。メキシコはペソをドルに対して固定していたが、資本逃避を恐れる余り、インフレの上昇率に対してペソの切り下げ率が不十分であった結果、実質為替レートの上昇が起こり、膨大な経常赤字を抱えてしまったのである。

　そうした状況下、94年2月の先住民による武装蜂起、3月の大統領選挙の候補の暗殺をきっかけにカントリー・リスクの懸念が高まった。メキシコ政府は12月20日にペソの変動幅の下限を15％切り下げたが、それがトリガーとなり、投機的なペソ売りドル買い圧力が高まった。急激な資本流出、ペソ売りドル買い圧力に対して、メキシコ政府は為替介入で対抗したものの力尽きてしまい、固定相場から変動相場への移行を余儀なくされた。

### (4) アルゼンチン通貨危機

**カレンシー・ボード制の導入と経済自由化・開放化政策への転換**

アルゼンチンは20世紀半ば以降進められてきた輸入代替工業化政策の失敗によって、80年代後半にかけて高インフレが続いていた。この背景には拡大した財政赤字の一部が継続的な借入によって賄われていたこと、そしてそれが中央銀行のマネタイゼーションによって補填されていたことがある。このため89年にはインフレ率は500％に達した。

こうした事態を打開するため、同国はカレンシー・ボード制を導入した。これはマネタリー・ベースを中銀が保有する外貨準備高の範囲内に制限することによって通貨供給量をコントロールしようとするものである。また、アルゼンチンは外貨準備高の裏づけとして自国通貨ペソを対ドル1対1で固定することによって、為替をアンカーとするインフレ抑制が図られた。さらに法制化することによって政策に対する市場の信認を高め、期待インフレの抑制を図った。その結果、94年には消費者物価は前年比4.1％まで鈍化した。

通貨制度の変更に加え、アルゼンチン政府は輸入代替工業化政策から経済自由化・開放化政策へ転換し、貿易自由化や民営化を推進した。また、89年に資本移動の完全自由化に踏み切った。こうしたインフレ率の安定化や構造改革の進展は、海外からの資本流入を促し、アルゼンチンの堅調な経済成長を支えた。メキシコ金融危機の影響でマイナスに転じた95年を除き、91年から97年までの実質GDP成長率は7.8％とそれ以前10年間の－1.1％から大きく改善した。

**経常赤字の拡大と債務危機**

しかし、高成長の裏側では経常赤字が拡大していた。もともとアルゼンチンは80年代の政情不安や高インフレ体質から国民は実物投資を選好し、国内貯蓄は不足気味であったとされ、そのため海外からの資金調達は不可欠であった。経常赤字の対GDP比率は91年の0.2％から94年には4.3％まで拡大し、95年はいったん低下するが98年には4.8％まで上昇した。また、92年以降資金の流入

が経常赤字を上回る傾向が続き、アルゼンチンの外資に対する依存度は急速に高まっていった。こうした資本流入は国内信用の急増をもたらし株価を上昇させた。ちなみに95年から98年の間に名目GDPは15.8％増加したのに対し、国内信用は34.0％増、株価は97年7月のピークまで2.6倍に上昇した。

外資に対する高い依存度は右上がりの経済成長が続く限り持続可能であるが、いったん成長が鈍化すると債務負担が増加する。アルゼンチンの経常赤字は98年に145億ドルでピークをつけたが、内訳をみるとサービス収支と所得収支の赤字幅が拡大していた。特に、所得収支に関しては赤字額74億ドルのうち51億ドルが利払いであった。

アルゼンチンの実質成長率は97年の8.1％から98年には3.9％へ急減速し、99年にはマイナス成長に転じた。景気減速の要因として①交易条件の悪化、②実質為替レートの上昇、③98年夏のロシア危機後の突然の資本フローの逆流等が指摘されている（IMF［2003］、Calvo and Talvi[9]［2005］など）。また、90年代を通じて財政赤字が拡大[10]していたことから、内外の投資家の間にアルゼンチンの債務危機が懸念されるようになった。やがて海外への預金流出が加速し、銀行部門の業績が悪化した。さらに外貨準備が急速に減少したことからカレンシー・ボード制の持続性に対する信認が低下し、それが資本流出を加速させるというスパイラルに陥ってしまったのである。そして2001年12月に政府が外貨不足から公的債務の一時支払い停止を宣言したことをきっかけに、金融危機が一気に表面化した。

(5) アジア通貨危機

**アジア通貨危機発生の背景[11]**

アジア地域では、80年代前半まではほとんどの国は中南米同様輸入代替政策をとり、国内産業を育成しようとしていたが、競争力はつかず経常赤字が累積していったため、次第に輸出振興と開放経済政策へと修正されるようになっていった。こうした国々では通貨切り下げを実施するとともに対内投資促進策（特に輸出セクター）を進めていったが、やがて生産コストが上昇し実質為替

レートが上昇し始めると輸出競争力が低下する一方、より成長の著しい国内市場が製造業やサービス産業にとって重要になった。高成長率は個人の富を引き上げるとともに、中間所得者層の耐久消費財に対する需要を高めた。そして社会資本整備や不動産投資のための資本需要が急速に高まっていった。

対内資本流入は内外金利格差によって後押しされたが、そこには海外資本に対する高い需要があり、海外の金利よりも国内金利のほうが高く設定されていた。また、タイでは国内に国際資本が流れ込むような特別なチャネル（バンコク国際金融施設）が設立されており、旺盛な資金需要のもと、海外から大量に資金が流入した。このように輸出競争力の低下による貿易赤字の拡大と内需拡大は経常赤字を拡大させた。他方、金融の規制緩和と自由化も資本流入を後押ししたが、それはワシントン・コンセンサスにもとづくものであった。この政策のパラダイムはIMFや世界銀行によって推し進められ、財政の健全化、民営化、金融規制緩和、自由化が経済発展の秘訣であるとされた。だが問題は、ほとんどの東アジア諸国は金融自由化に対してうまく準備できておらず、プルーデンス規制や金融システムの安定性を保護するための監督がないまま大量信用供給が続いたことである。

**金融危機の伝播**

アジアへの資本流入は高成長率と高リターンに対する期待にもとづくものであり、期待はずれであることが明らかになると問題は深刻になり、タイがその最初の国であった。97年始めに外国金融機関が資金を引き揚げ始め、短期借入は更新されなかった。資本流入が枯渇すると通貨に下落が生じ、97年夏には何度か通貨切り下げの思惑が生じた。タイ政府は介入で通貨を防衛しようとしたが、外貨準備が大幅に減少し、7月2日に通貨バスケット制から変動相場制へ移行した。しかし、変動相場制への移行に伴う通貨切り下げは株価や不動産価格の下落に拍車をかけた。市場の混乱と不透明さは短期的に新たな資本流入をもたらすには大き過ぎたのである。変動相場制後6カ月間にタイ・バーツは対ドルで半減した。対外債務利払いは急増し、98年にはタイ金融システム全体の

借入額の約半分が不良債権化した。

　タイが変動相場制に移行すると、ただちに周辺の東南アジア諸国も金融セクターの状態はタイと同じであることが明らかになった。インドネシアでは、スハルト大統領の後任問題や産業構造（親族重用主義、腐敗、装置産業やハイテク・セクターに対する過剰な投資）に対する不透明さが懸念された。マレーシアではいくつかの政府主催の巨大な投資プロジェクトに対する懸念と、マハティール首相の市場に対する攻撃が注目された。韓国では金融市場の安定性と効率性、企業の過剰債務や低収益率、巨大産業と政治家との関係が問題となった。市場の反応は厳しく資本流入は急減、通貨は下落し、金融市場は混乱に陥った。なお、シンガポールや台湾のような比較的健全な国においても、株価、通貨は下落したが、これらのケースでは、国内景気の弱さというよりは、新たな金融市場の状況に調整したというものであった。

　アジア危機においては90年代初めの北欧危機に比べ、バブル崩壊から金融危機が深刻化するまで時間がかかったとの指摘がある（Kokko and Suzuki [2009]）。要因の1つは、アジアのほとんどの国々では、欧州に比べて会計基準が不透明なことであった。企業や銀行、金融機関に対する適切な当局の指導がなく、特にどれだけ多くの企業が過剰債務に陥っていたのか、また、どれだけ短期債務を抱えていたのか明らかではなかった。海外の投資家がアジアに対する投資リスクを過小評価していたことも重要なファクターであった。アジアでは政治家と財界人との強い結びつきが、暗黙の信用保証であると考えられていた側面がある。政府主導で資本が投入されるセクターはより重要であり、デフォルトする可能性は低いと見られていた。こうした暗黙の信用保証、不透明な会計、そして脆弱な当局の監督がアジア危機の主な原因であるとの見方は多い。

(6)　IT バブル

### IT バブルとニューエコノミー論

　90年代後半の米国経済は、①「IT 革命」を背景とする株式投資ブーム、②インフレなき高成長（ニューエコノミー論）、③規制緩和によるグローバル

M&A ブーム等で特徴づけられよう。

コンピュータや情報通信技術は80年代以降急速に発展してきたが、90年代に入りクリントン政権が誕生し情報スーパーハイウェイ構想が始まると、企業を中心に一気に IT 化が広がった。そして95年8月にはブラウザー・ソフト開発会社の1つであるネットスケープ社の株が設立わずか2年で新規公開された。新規公開後株価は28ドルから71ドルに急騰し「IT バブル」の幕開けとなった。その後インターネット関連のベンチャー企業の株式公開が相次ぎ、公開とともに急騰するという状況が続いた。IT が経済成長を牽引するとの見方、それに過剰な期待を寄せた投資家の投資によって株式相場は大幅に上昇した。

実体経済では、90～94年の米国実質 GDP 成長率は平均2.4％、コア消費者物価指数前年比上昇率は平均3.9％だったのに対し、95～99年には GDP 成長率が4.0％へと加速する一方、コア消費者物価指数は1.7％へと低下した。米国経済学者のロバート・ゴードンの試算によると、米国の生産性は72～94年までの年間1.04％の上昇から95～99年には2.65％まで上昇した[12]。また、IT セクターの生産性の上昇が経済全体の生産性を押し上げ、インフレ率の低下をもたらした。同氏は、失業率が低下する局面で FRB は利上げのタイミングを遅らせることを容認したと指摘している[13]。

90年代にはクロスボーダー M&A も急増し、米国金融市場へ資金が流入した。ジェトロ投資白書（2000年版）によると、直接投資に関わる国内規制の変更は98年に全世界で145件、このうち直接投資を促進する目的の制度変更は136件あった。90年以降米国で実施された規制緩和をみると、92年にエネルギー政策法（IPP[14]の法的認知等）、95年に長距離・短距離通信、放送の相互参入自由化、96年連邦規則による送電線のオープンアクセス化が進められた。また、米国、欧州では M&A の際に株式交換制度を用いることが多く、これを利用すれば買収にあたり多額の現金を用意する必要がなくなり、企業買収の負担は軽減された。こうした仕組みもクロスボーダー M&A を後押ししたのである[15]。IT ブームを背景に対米資本フローは95年の4,511億ドルからピークの2000年には1兆382億ドルへ増加、うち民間資金が90％を占めた。

**IT バブル崩壊**

　FRB は98年夏のロシア金融危機後いったん政策金利を引き下げていたが、同年6月に利上げを再開した。一連の利上げを背景に株価は NASDAQ 指数を中心に急落し、同指数はピークだった2000年1月から翌年3月までの間に65％も下落した。株価が暴落する中で IT 関連企業の倒産が相次ぎ景気が鈍化し始めると、FRB は2001年1月に利下げを開始し、2003年6月には史上最低の1％まで引き下げた。この間2001年9月の同時多発テロ事件が発生、同年12月のエンロン事件および2002年7月のワールドコム事件で企業の不正会計疑惑が高まり株価はさらに下落した。また社債スプレッドが大幅に拡大し、企業金融が逼迫した。そのため90年代後半に大きく膨らんだ企業のバランスシートは調整し始め、米国は深刻な景気後退に陥った。さらに米国株の急落は世界的に伝播し、それまで対米証券投資を積極的に行っていた欧州の投資家は自国の株式市場の下落による損失補填や、ファンドの解約に備えるため米国から資金を回収する動きが続いた。また米国の景気悪化でクロスボーダー M&A 取引は急減、低金利を背景に対米証券投資フローも大幅に鈍化した。ドルはバブル崩壊直後こそ実効レートベースで大きな変化はなかったが、2002年以降 FRB が一段と金利を引き下げるにつれ、主要通貨に対して下落基調を辿った。

(7) バブルの発生と崩壊における国際資本フローと為替レートへの影響

　このように90年代以降発生した主な国際的な金融危機を振り返ると、危機発生の前には投資や生産の活発化や資産バブルが生じており、その背景には信用の膨張が存在していることがうかがわれる。また、信用の膨張を促す要因として、金融自由化や規制緩和、そして国際資本移動の発達があった。

　また、バブルの発生と崩壊の過程では、経済の発展状況や為替制度によってそれぞれの国の国際資本フローに与える影響が異なり、バブル崩壊後の景気動向を左右する。まず、今回取り上げた国々は経済発展や対外ポジション、あるいは通貨制度等によって以下のように分類することができる。①北欧3国は小

国の開放経済で固定為替相場制を維持しており、経常収支は赤字であった（なおノルウェーは80年代半ばまでは経常収支は黒字だったが、80年代後半には原油価格の下落の影響で赤字化していた）。②アジアおよび中南米は小国の開放経済で固定為替相場制を取り、経常収支は赤字であった。①と②の違いは先進国か新興国かである。③日本は大国の開放経済で変動相場制、そして経常黒字国である。④そして米国は大国の開放経済で変動相場制、経常赤字国、そして基軸通貨国となる。

次にバブル崩壊前後の国際資本フローの動きをみると、固定相場制を採用し経常赤字国であった北欧、アジア、中南米では、バブル期には経常赤字を上回る資本流入があり総合収支は大幅な黒字となっている。しかし、バブル崩壊後には資本は逆流し、総合収支は赤字に転じている。固定相場制を採用していたこれらの国々では、当初の段階では通貨制度を維持するため利上げで対抗するが、それが金融環境を引き締めることになりさらに景気を悪化させている。最終的に外貨準備が枯渇し通貨を防衛できなくなり変動相場制に移行することになるが、過大評価されていた通貨は変動相場制移行後急落し、通貨危機へと発展したケースがほとんどである。

米国は世界最大の経常赤字国であるが、基軸通貨国としてシニョリッジを享受できたため、その他の国々とは異なりドルの流動性は十分供給でき、危機の深刻化に対しては積極的な財政・金融政策で対応してきた。変動相場制であるがゆえに、ドルは大方ファンダメンタルズや金融政策に応じて推移している。また、米国は経常赤字をファイナンスするため海外資本に依存する一方、自ら対外直接投資や証券投資を行っている。金融危機発生の初期の段階では投資先から資金の引き揚げが生じる傾向があり、総合収支は他の経常赤字国に比べて比較的安定していることがうかがわれる。

最後に経常黒字国である日本では、好景気には投資家のリスク許容度の改善から資本が海外へ流出する傾向があるが、景気後退期には内需が低迷するため輸入が減少し貿易黒字が拡大することや、投資家のリスク許容度が後退し、資本流出が滞るため総合収支の黒字幅は拡大する傾向にある。そのため国内には

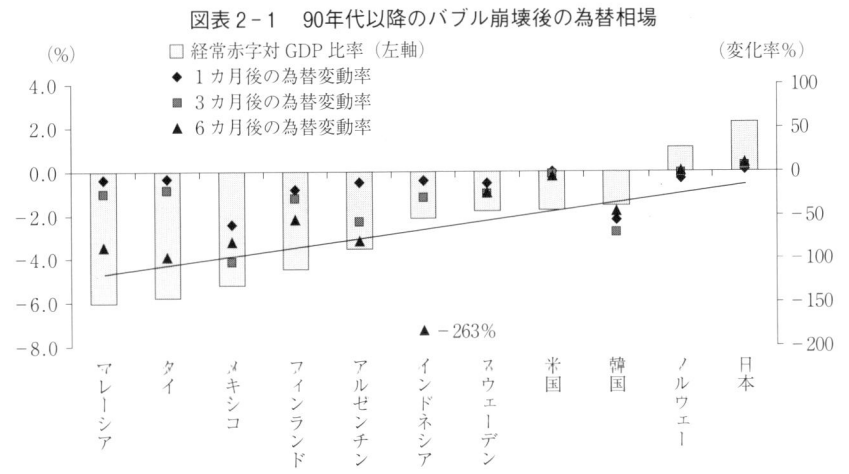

図表2-1　90年代以降のバブル崩壊後の為替相場

注：インドネシア・ルピアの6カ月後の下落率は263%。右上がりの直線は6カ月後の為替変動率のトレンド線。
出所：IMF、the BLOOMBERG PROFESSIONAL™ service のデータから筆者作成。

資金が潤沢にあり不良債権処理は時間がかかったものの、自国内で解決することが可能であった。

図表2-1は、上記の国々の経常赤字の対GDP比率とそれぞれのバブル崩壊後の為替レートの変化率を示したものである。ドルはFRB算出の主要通貨ベースの実効レート、それ以外は対ドルレートである。経常赤字の規模が大きくかつ固定為替相場制を採用していた国々の通貨ほど大きく減価する傾向がある。なお、インドネシア・ルピアは経常赤字の対GDP比率はタイ、マレーシアほど大きくはなかったが、IMFの経済介入の失敗やスハルト政権崩壊後の混乱が大幅な通貨の下落に寄与したものと考えられる。

## 3　サブプライムローン問題と国際資本フロー

(1)　サブプライムローン問題発生の要因

サブプライムローン問題の発生の要因とメカニズムについては、震源国であ

る米国をはじめ各国政策当局、IMF（国際通貨基金）、BIS（国際決済銀行）などの国際機関を含め数多くの論文が発表されている。これらの研究によると、①サブプライムローンが中心となる住宅ブームの発生、②住宅ブームを後押しした規制緩和、③長期的な金融緩和政策、④住宅ローン担保証券に対する旺盛な需要と供給、⑤世界的な過剰流動性などが指摘されている。

## 米国の住宅ブーム

　米国の住宅投資は90年後半以降増加し始めたが、2000年に入り低所得者層向け住宅ローンを中心に急増した。その遠因として80年代に実施された住宅ローンを担保とする貸付金利の上限撤廃と、82年に伝統的な住宅ローンとは異なる住宅ローンを可能にした法改正、86年の所得税における利子控除制度の改正が挙げられる。90年代半ば以降にはクリントン政権下で持家奨励策が一層進められ、政府機関である連邦抵当金庫（ファニーメイ）と連邦住宅金融抵当金庫（フレディマック）は、リスクの大きいサブプライムローンまで含めて住宅ローン債権を買い取り、証券化することを奨励された。また、銀行はプライムローンという一定の貸付基準を満たす住宅ローンを貸し出してきたが、こうした規制を受けない住宅ローン会社の貸出がサブプライムローンの増加を助長した。その結果米国の持家率は94年の61％から2004年には69％へ上昇し、サブプライムローン残高は2001年の1,900億ドルから2005年には6,250億円へ急増した。

## 長期的な金融緩和政策

　住宅ブームを下支えした要因として、長期にわたるFRBの金融緩和政策も挙げられる。ITバブル崩壊後の2000年5月から2003年にかけフェデラルファンド・レート（FFレート）は6.5％から1.0％へ大幅に引き下げられた。政策金利の低下を受け、住宅ローン金利（伝統的な固定金利）も2000年代の8％台から2003年から05年にかけて5％台に低下し、住宅ブームに貢献した。テイラー（2009）は、テイラー・ルールにもとづくと、2002年から2005年後半にかけての金融緩和の行き過ぎにより過剰流動性が発生し、それが住宅ブームを招

いたことは明らかであり、FRB がそうした異常な低金利政策を長期にわたり維持したのは、90年代に日本を苦しめたデフレに対する懸念であったと指摘している。

**証券化商品市場の発達**

　証券化商品市場の発達も住宅投資ブームを後押しした。通常、銀行の場合貸出の原資は預金である。ただ、銀行預金の満期はせいぜい1～2年程度であるが、住宅ローンの場合は10～30年などと長期にわたるため、銀行は預金とローンの満期のミスマッチに直面することになる。証券化はこうしたリスクを最終投資家に移転するものであり、銀行は金利リスクや貸し手のデフォルトリスクを回避することができた。また、銀行は自己資本比率規制が課せられているが、住宅ローンを証券化して売却すれば資産から切り離すことができ、自己資本比率を要求基準どおり維持できる。投資家にとっても住宅ローン担保証券は、いくつもの住宅ローンが担保となっているため信用リスクは広く浅く、また、多くの投資家に販売されたため個々の投資家が負うリスクは小さいと考えられていた。

**経常不均衡と世界的な過剰流動性**

　2000年代前半の米国の低金利と住宅市場への資金流入の急増の要因として、世界的な経常不均衡の拡大が指摘できる。米国景気は2002年に底入れし急速に回復し始めたが、同時に経常赤字も拡大し、対 GDP 比率は2001年の3.9％から2006年には6.0％へ上昇した。他方、輸出国である中国を中心とする新興アジアや日本では経常黒字は拡大、また、原油価格の上昇で産油国も潤った。こうした経常不均衡の拡大は、米国の旺盛な資金需要と経常黒字国の資金運用難を背景に、米国への資本流入を促した。また、日本では2002年から2004年はじめにかけて急激な円高を阻止するため、大量の為替介入を実施した。円売りドル買い介入で獲得したドルは、米国債市場への流入を通じて米国金利の低下に寄与した可能性がある。また、中国ではいわゆるホットマネーの流入や主要先

進国からの圧力で人民元に上昇圧力が高まっていた。2005年に管理フロート制に移行したが、事実上ドルペッグが続いている。そのため同国の外貨準備は急増しており、その運用資産として米国債券市場へ流入してきた。特に、政府機関債への流入が著しく、米国の住宅ローン市場をサポートしたとみられる。

(2) 住宅バブルの崩壊と世界的金融危機

FRBは2004年6月以降利上げし続け、2006年にはFFレートは5.25％まで上昇した。利上げ幅は25〜50bpと漸進的なペースで実施されたものの、それに追随する形で住宅ローン金利も上昇した。2005年頃からサブプライムローンの延滞率が急速に上昇し始め、2006年には住宅価格は下落に転じ、債務不履行が急増した。そして2007年8月にはフランス金融グループのBNPパリバが傘下にある3つのヘッジファンドを凍結すると発表し、サブプライムローン問題の深刻さが明らかになった。

なぜ、米国内の問題に過ぎないサブプライムローン問題が世界的な混乱につながったのだろうか。両者の因果関係についてはすでにさまざまな研究や論文が発表されているが、その中でも重要であると考えられる2つの点について整理してみよう。

**証券化市場の複雑化**

サブプライムローン問題の本質は証券化市場の発達の過程で発生したといえよう。2005年以降サブプライムローンの証券化市場は大きく変化した。具体的には債務担保証券市場とクレジット・デフォルト・スワップ（CDS）市場の急拡大であり、それを後押ししたのが、証券化のプロセスにおける高度化と複雑化であった。ここでは証券化のプロセスについては省略するが、ボトムラインは、本来、ローンの証券化は銀行が保有しているリスクが分散所有されることで、信用リスクが幅広い投資家に薄く吸収され、信用リスクをすべて抱える銀行中心のシステムに比べてリスク耐性が強いとされる。しかし、今回は住宅ローンを証券化する過程でリスクの所在が不明確となり、またその複雑さから

市場価値を正確に評価できなくなった。そのため投資家が資金繰りのため売却しようとしても買い手が現れず、また担保価値の評価もできないため、これを担保に資金を出そうという出し手も現れなくなり、金融システムは機能しなくなったのである。

**銀行型システミック・リスクから市場型システミック・リスクへ**

　サブプライムローン問題が金融システミック・リスクに陥ったもう1つの要因は、皮肉にも証券化によって幅広い市場参加者にリスクが分散してしまったこと、そしてリスクを切り離したはずの銀行システムも危機に巻き込まれてしまったことである。ちなみに1987年10月に米国で発生した株価暴落は、世界の株式市場に伝播したものの、深刻なシステミック・リスクには陥らなかった。株式やデリバティブから資金を引き揚げた投資家がその資金を銀行に預けたものの、FRBの指導によって銀行が株式市場に再投資するディーラーや機関投資家への貸出を拡大し、それが資産価格の下落に歯止めをかけたとされる。つまり金融市場が分断されていたことでシステミック・リスクは回避されたのである。しかし、今回の危機は米国の金融機関が統合されている局面で発生した。銀行はバランスシートからローン資産を切り離す一方で、同様のローンを担保とする証券化商品を購入しており、その金融商品に対するモニタリングも十分ではなかった。また、こうした金融商品を欧州の金融機関も積極的に購入していたため、危機は欧州へも広がった。

　一般に金融システミック・リスクは、「資金（流動性）不足による支払い不履行が原因となって、1つの銀行の破綻が他の銀行の破綻を連鎖的にもたらす事態」と定義される。他方、伝統的な銀行の金融仲介機能を証券会社や生保など他の金融機関が担うようになってきたため、経済価値や信頼を失わせるようなリスク・イベント、あるいは金融セクターに起因し、マクロ経済安定性を脅かすリスクと、より幅広い意味で捉える場合もある。これを「銀行型システミック・リスク（Bank-based systemic risk）」と「市場型システミック・リスク（Market-based systemic risk）」と区別する[16]。

従来の銀行型システミック・リスクに対しては、中央銀行が銀行システムに流動性を供給し決済機能を維持することで対応することができた。しかし、金融仲介機能を担う金融機関が増えたことによって、銀行システムに対する流動性供給だけでは対応できなくなっている。市場型システムが最もうまく機能するのは、資本市場に流動性がある場合であり、また、多くの市場参加者が売買に参加し、個々の売買が資産価格の変動に大きな影響を及ぼさない状態でもある[17]。システミック・リスクが生じるのは、こうした金融市場のメカニズムが傷ついた時である。市場型システミック・リスクは、幅広い市場参加者が同時にリスクテイクを後退させ、事実上金融活動を控えるという点で、協調破壊（coordination failure）と特徴づけられている。サブプライムローン問題は、住宅ローン会社からモノライン、機関投資家、銀行および投資銀行へと損失拡大が広がり、金融市場全体がパニックに陥ったという点で、まさに市場型のシステミック・リスクであるといえよう。

### (3) サブプライムローン問題と国際資本フロー

**金融グローバル化と世界的危機への伝播**

　サブプライムローン問題が世界的な金融危機に発展していく過程で、銀行活動の国際的な拡大を背景に、米国発の金融ショックが増幅しながら世界的に波及していった（古賀［2009］など）。まず、直接的には、銀行が世界的な視野で最適な資金調達・運用を模索する過程で、本国の金融環境の変化が海外拠点や取引相手国などに波及するという経路である。米国で開発された証券化商品が欧州や日本の機関投資家にも販売されるとともに、両地域でも証券化市場が拡大していった。

　間接的には、危機の発生時に震源国に対する債権国が対外債権を全般的に圧縮することを通じて第三国にも危機が伝播するという経路であった。米国では金融危機の発生をきっかけに国内外からの資金のリパトリエーションが生じた。資本市場では米国から海外のリスク性金融商品に投資されていた資金は、国内の安全で流動性の高い米国債などへ戻ったため、投資先の株価や国際商品価格

が急落した。また、銀行システムにおいては、米国銀行が対外ポジションを圧縮したことにより、諸外国、特に欧州系銀行のドルの資金繰りが逼迫し、それに伴い欧州系銀行が業務を展開していた地域や国々でも信用収縮が発生した。

**なぜ、欧州系銀行に対する影響は大きかったのか**

今回の金融危機発生前においては、欧州系銀行の国際与信活動の活発化が著しかった。BISの国際資金取引統計によると、今景気回復が始まる2002年から金融危機直前の2008年第3四半期までに世界全体の銀行資産残高は年間平均20％弱のペースで増加した。日米欧主要国でみると、日系銀行が同10.4％増、米系銀行が同15.1％増だったのに対し、ユーロ圏系（12カ国）が同19.0％、英国系が同25.8％増と欧州系銀行の拡大が著しい。また、2005年第1四半期から金融危機前のピークまでのそれぞれの銀行の新興国向け貸出額（最終リスクベース）変化をみると、欧州系銀行の貸出伸び率は米系銀行を下回っているが、金額ベースでは日系銀行の386億ドル、米系銀行が2,237億ドルに対して、欧州系（英国系を含む）が2兆4,000億ドルと圧倒的である。また、金融危機後のフローでも欧州系の減少額が大きく、日米欧のうち新興国地域に対して最も大きな影響を与えたのは欧州系金融機関であった[18]。

さらに米系銀行の対外債権の動きをみると、統計で遡ることができる2005年3月から金融危機前のピークまで対外債権は7,314億ドル増加し、そのうち先進国向けが4,511億ドルでこのうち欧州向けが約8割を占めていた。これが金融危機後の2008年12月までに、先進国向け与信が1,592億円減少したうち1,591億ドルが欧州向けであり、急激な勢いで欧州から債権が回収されてきたことがうかがわれる。

また、興味深いことに、住宅ブームは米国のみではなかった。ロバート・シラー（2007）は、90年代後半以降、住宅価格の上昇はオーストラリア、カナダ、中国、フランス、インド、アイルランド、イタリア、韓国、スペイン、英国そして米国で見られると指摘している。そしてこのように多くの地域で住宅ブームが同時に起きていることはかつてなかったと述べている。また、ジョン・テ

イラー（2009）はOECDエコノミストの論文を紹介し、米国以外の国の政策金利も、テイラー・ルールが示す過去の標準的な金利水準から乖離（下方に）しており、乖離が大きかった国ほどブームも大規模だったと述べている。これは一例であろうが、金融グローバル化と世界的な低金利政策が、欧米金融機関の資金仲介機能を介してさまざまな国の住宅ブームをファイナンスし、そののち米国の住宅バブル崩壊がトリガーとなって、リスクマネーが巻き戻され世界的に住宅バブルが崩壊したことを示唆するものであろう。

**金融危機下の国際資本フローと為替相場**

　欧州系銀行の国際与信活動の活発化は、リーマン・ショック後のドルの急上昇をもたらした。第3項で観察されたように、金融危機や地政学的リスクなどのイベント・ショック時には経常赤字国の通貨は下落しやすい。ドルについても、初期の段階では海外のリスク資産に流入していた資金が米国内へ還流するものの、同様に米国へ流入していた黒字国からの資金が流出することでネットでは流出超になり、下落する傾向がある。しかし、リーマン・ショック後のドル相場は黒字国を含む通貨、特に欧州通貨に対して大幅に上昇した。

　米国では国債のみならず各種証券化商品を担保として利用できるレポ市場など機能的な銀行間市場が存在する。2007年夏以降、サブプライムローン関連証券化商品の価格が下落したため、それを裏付資産とするABCP等の発行が困難となったことや、政府機関債・地方債の売却やそれらを担保とするレポ取引による資金調達が困難になり、銀行間市場での調達金利は大幅に上昇していた。そのため金融機関の資金繰りが非常に厳しくなっていたのだが、リーマン・ショック後米系銀行が与信を引き上げた結果、ドル市場において高いレバレッジをかけていた欧州系銀行はいっそう厳しいドル不足に直面することになった。そこで一斉にドル資金確保に動いたためドルおよびドルLIBOR金利が急騰したのである。

　もっともこうした特殊要因を除けば、金融危機後のリスク・ポジションの圧縮や国際資本フローの流れは90年代以降の金融危機後と同様である。1カ月程

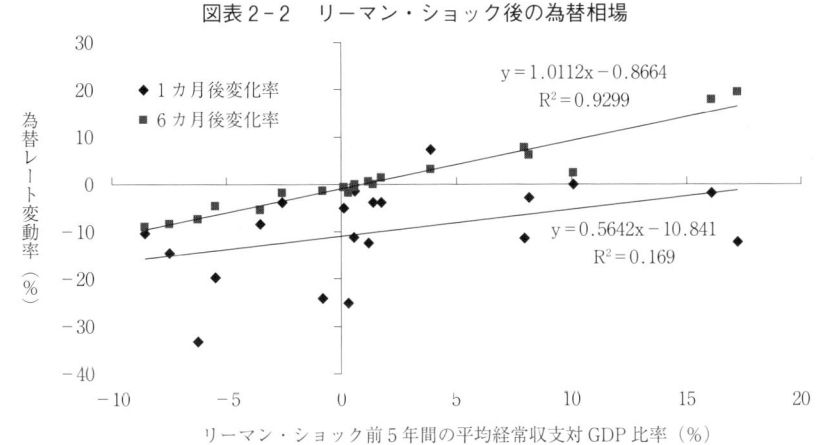

### 図表 2-2 リーマン・ショック後の為替相場

◆ 1 カ月後変化率
■ 6 カ月後変化率

$y = 1.0112x - 0.8664$
$R^2 = 0.9299$

$y = 0.5642x - 10.841$
$R^2 = 0.169$

横軸：リーマン・ショック前 5 年間の平均経常収支対 GDP 比率（％）
縦軸：為替レート変動率（％）

注：為替変動率はユーロ、英ポンド、スイス・フラン、スウェーデン・クローナ、ノルウェー・クローネ、加ドル、豪ドル、ニュージーランド・ドル、南アフリカ・ランド、タイ・バーツ、マレーシア・リンギット、インドネシア・ルピア、韓国ウォン、アルゼンチン・ペソ、メキシコ・ペソ、ブラジル・レアルの対ドルレート、ハンガリー・フォリント、ポーランド・ズロチの対ユーロ・レート。
出所：IMF、the BLOOMBERG PROFESSIONAL™ service のデータから筆者作成。

度のスパンでは危機前の投機ポジションや短期債務の規模によって通貨の調整はまちまちながら、より長めの期間では経常赤字の規模が大きい国ほど通貨は下落しやすいことがうかがわれる。

## おわりに

この章では、資産バブルの発生と崩壊における国際資本フローの役割について 3 つの側面から検討した。第 1 に、経済や金融のグローバル化による国際資本へのアクセス、第 2 に金融自由化、規制緩和、そして長期にわたる金融緩和政策を背景とした過剰流動性とバブルの発生、第 3 に、資産バブル崩壊後の金融危機と世界的な危機の伝播である。90 年代以降の主な国際的な金融危機を振り返ると、程度の差こそあれ、いずれのケースも同じようなパターンが繰り返されている。今回のサブプライムローン問題は、金融イノベーションによる証券化商品の複雑化によるリスクの所在の不明確さや、金融市場参加者の拡大に

よるリスクの拡散が事態を深刻化させたという特徴はあるが、バブル発生の背景には信用の膨張があり、それを助長したのが銀行のバランスシートの拡大あるいは金融部門全体のリスクテイクの拡大路線であったという点で同様である。

　こうしたバブルに対して金融政策当局はどのように対応するべきだろうか。この問題について、政策当局はそもそも資産バブルを抑制するため、先制的に行動すべきという考え方と、事後的に対処すべきであるとの考え方がある。前者は、資産価格の大幅な変動が景気の振れを拡大し、さらに金融システムの安定性をも損ないかねない事態を踏まえると、金融政策上、資産価格の動きを軽視することはできないという認識に基づくものである。他方後者に関する第1のポイントは金融政策の目標は物価の安定であり、資産価格の安定ではないということである。資産価格が期待インフレ率を示唆するものでないかぎり、その動きに対しては注意する必要がないというものである。そして第2のポイントは、そもそも資産価格の上昇がバブルであるかどうか事後的にしかわからないというものである。そのため通常の戦略は、資産市場の崩壊時に、あらゆる手法でもって市場の安定を確保することが重要であると指摘する（Bernanke and Gertler [2001], Hessius [1999] など）。

　国際金融市場において資本移動が自由化されていれば、金利の低い国から高い国へ資本はシフトする。通常インフレ懸念がない場合、経常黒字国では資金余剰であるため金利は比較的低く、赤字国では資金が不足しており、それをファイナンスするため黒字国より金利は高めである。こうした状況下、赤字国における旺盛な資金需要と黒字国における低インフレと長期にわたる安定的な金融政策運営は、人々のリスクに対する認識を低下させ、赤字国への過剰な資本フローを生じさせる傾向がある。また、黒字国でも株式や不動産あるいは国際商品といったリスク資産へ資本は流入する。特に、固定為替制度を採用している国では、好況時には制度に対する投資家の信認が厚いため、海外から資金を呼びやすく、バブルを引き起こしやすい（Jonug [2009]）。しかし、いったんバブルが崩壊すると通貨への信認は後退し、為替相場制度にかかわらず、経常不均衡が大きいほど急激な資本流出によって通貨への下落圧力が強まり、経済

活動を著しく悪化させる可能性が高いのは歴史が示すところである。

今回のケース・スタディで得たもう1つの教訓は、平時におけるマクロ経済政策運営である。たとえば、米国を例に挙げると、巨額の経常赤字の要因を、貿易パターンに求める説や世界的な過剰貯蓄に求める説がある（Bernanke [2005]）。ここでは詳細に触れないが、1つ目の見方は内外の所得格差、金利格差や為替レートに依存するものであり、2つ目の見方は、貯蓄―投資バランスと国際資本フローに着目したものであると解釈されよう。ちなみにバーナンキ（2005）は、2つ目の見方に焦点をあて、世界的な過剰貯蓄が米国への巨額な資本流入を促し、米国内の株価・住宅価格を押し上げ、その結果、米国の国民貯蓄を低下させ、経常赤字の拡大に寄与していると述べている。いずれの説をとるにしても、今回取り上げた国際的金融危機の根源となったバブルの背景には、過剰な国際資本フローによる信用の膨張と対外不均衡の拡大が観察されている。そしてその規模が大きいほどバブル崩壊後の被害はより深刻なものとなっている。

こうした観点からすると、国際的なバブルを抑制するためには、各国が協調して金融市場の行き過ぎを監督するとともに、仮に、バブルが生じて崩壊してしまった場合にも、その影響をミニマムにするように、平時において、国際収支の不均衡が大きく生じないような適切なマクロの経済政策運営も必要であろう。

1) 古典的なケースでは17世紀のオランダで発生したチューリップを巡るバブルとその崩壊や18世紀の「南海泡沫事件」、そして現代に入ってからは、1929年に始まる世界大恐慌が有名である。この間日本でも1927年の昭和金融恐慌、そして世界恐慌の影響を受けた昭和恐慌が発生している。
2) Reinhart and Rogoff（2008）は、8世紀にわたりアフリカ、アジア、欧州、中南米、北米、太平洋州にまたがる66の国々で発生した金融危機時におけるマクロ経済データ（対外債務、貿易、国民総生産、インフレ、為替、金利そして商品価格）を検証している。
3) 具体的には90年代初めの北欧金融危機、日本のバブル崩壊、94～95年のメキシ

コ通貨危機、2000年のアルゼンチン通貨危機、97〜98年のアジア金融危機および2000年初期の米国ITバブル崩壊を取り上げる。

4) FRBの資金循環勘定統計によれば、80年代半ばには全金融資産の約25％程度だった家計部門の現預金は、99年には11％台まで低下した。その後やや上昇したが、金融危機前は15％程度で推移してきた。

5) 日本のバブルに関する先行研究は数多くあり、発生の要因とメカニズムについてさまざまなアプローチから分析されている。たとえば、翁・白川・白塚（2001）は、金融機関行動の積極化をバブル発生の初期要因として位置づけ、長期にわたる金融緩和、地価上昇を加速する税制・規制のバイアス、規律づけのメカニズムの弱さ、そして日本全体としての自信の影響を、初期要因の影響を増幅した要因であると結論づけている。その他岩田（2001）、上川（2005）、西村（2003）など。

6) 白塚・田口・森（2001）、上川（2005）を参照。

7) 資本集約度や技術集約度の高い産業を、国際競争力が近い将来強化される見通しがほとんどないにもかかわらず、国内産業として育成しようとする政策。そのため、輸入される資本財や技術集約度の高い中間財に、高い関税や厳しい輸入割当を設けて、自国の産業を守ろうとする政策。

8) たとえばヘロス＝ヴェネルは貸し手と借り手の情報の非対称の故に金融自由化はすぐには製造業部門の投資増大にはつながらなかったとしている。また、実証検証の結果、ラテンアメリカでは外国直接投資や輸出増加は明らかにGDP成長率に対して正の影響を示すのに対して、金融自由化や資本市場の開放化の影響は有意な水準では計測されないと結論づけているものもある（安原[2003]）。

9) ロシア危機後、新興国の金利は軒並み上昇した。ちなみに中南米諸国のドル建て債券利回りと米国債利回りのスプレッドはロシア危機前の450bpから1,600bpへ拡大した。また、中南米への資本流入額は98年第2四半期までの1年間の1,000億ドルから1年後には370億ドルへ急減した。

10) アルゼンチン政府は90年代初めにかけて財政改革に取り組んだものの、歳入強化策にもかかわらず税収が低水準に止まったこと、90年代半ばの年金制度改革によって追加的な財政負担が生じていた。IMFは財政政策の問題が金融危機の主因であると指摘している（IMF[2003]）。

11) アジア通貨危機の発生に関する先行研究は数多く存在するが、高木編（2003年）は基本的に「経済のファンダメンタルズ」によって危機が発生したという見方（第1世代モデル）と「自己実現的な金融パニック」によって引き起こされたという見方（第2世代モデル）に分類できると述べている。詳細は同書参照。

12) Robert J. Gordon, "Does the 'New Economy' Measure Up to the Great Inven-

tions of the Past?", *Journal of Economic Perspective*, August 2000, Table 1.
13) Ibid., p. 45.
14) Independent Power Producer（卸電力事業）。
15) ジェトロ『投資白書（2000年版）』33-35頁。
16) 白川（2008）は、「流動性不足による支払い不履行が原因とな」った「銀行破綻の連鎖」を古典的なシステミック・リスクと定義する一方、金融市場の発達につれて「市場流動性の枯渇」が金融システムに重大な影響をもたらす場合を「市場型のシステミック・リスク」と区別している。
17) Kambhu（2007）によれば、通常マーケット・メーカーは顧客の注文に対して自ら保有する在庫で対応するため、短期的な市場の需給の不均衡をスムーズ化し、一時的に流動性を供給することになる（上場株式の場合は、市場での取引となるため、この限りではないと思われる）。また、トレーダーは、価格は長期的なファンダメンタルズで説明しうる水準に収斂するだろうとの期待から売買するので、市場の流動性の確保に寄与している。
18) International Monetary Fund（2009）。
19) Bernanke（2005）。

## 参考文献

アラン・グリーンスパン（2007）:『波乱の時代　上』（山岡洋一・高遠裕子訳）日本経済新聞出版社
伊豆久（2008）:「サブプライム問題とITバブル」『証券レビュー』6月
――（2009）:「国際金融危機と短期金融市場」『証券レビュー』2月
伊藤成朗（1997）:「メキシコ型通貨危機について」『アジア経済』XXXVIII-2、19-43頁
岩田規久男（1993）:『金融政策の経済学――日銀理論の検証』日本経済新聞社
――（2001）:『デフレの経済学』東洋経済新報社
内多允（2005）:「メキシコ・マキラドーラの国際競争力」季刊『国際貿易と投資』No. 59、17-26頁。http://www.iti.or.jp/
翁邦雄・白川方明・白塚重典（2001）:「資産価格バブルと金融政策――1980年代後半の日本の経験とその教訓」香西泰・白川方明・翁邦雄編『バブルと金融政策』日本経済新聞出版社
上川孝夫（2000）:「アジア通貨危機」上川孝夫・新岡智・増田正人編『通貨危機の政治学――21世紀システムの展望』日本経済評論社
上川龍之進（2005）:『経済政策の政治学』東洋経済新報社

古賀麻衣子（2009）:「世界的な金融危機の波及とグローバルな銀行活動——既存研究からのインプリケーション」『日銀レビュー』
C. P. キンドルバーガー（2004）:『熱狂、恐怖、崩壊——金融恐慌の歴史』日本経済新聞社
ジャン・ティロール（2007）:『国際金融危機の経済学』（北村行伸訳）東洋経済新報社
ジョン・B. テイラー（2009）:『脱線FRB』（村井章子訳）日経BP社
白川方明（2008）:『現代の金融政策——理論と実際』日本経済新聞出版社
髙木信二編（2003）:『通貨危機と資本逃避——アジア通貨危機の再検討』東洋経済新報社
田島陽一（2001）:「メキシコ通貨危機」上川孝夫・新岡智・増田正人編『通貨危機の政治学——21世紀システムの展望』日本経済評論社
二上季代司（2009）:「サブプライムローン問題と市場型金融システム」『証券レビュー』10月
西村吉正（2003）:『日本の金融制度改革』東洋経済新報社
ハイマン・ミンスキー（1996）:『金融不安定性の経済学』（吉野紀・浅田統一郎・内田和男訳）多賀出版
細野健二・塩澤健一郎（2005）:「アルゼンチン——経済危機とマクロ経済安定への道のり——」『開発金融研究所報』第26号、国際協力銀行、105-117頁
安原毅（2003）:『メキシコ経済の金融不安定性——金融自由化・開放化政策の批判的研究』新評論
吉冨勝（2003）:『アジア経済の真実』東洋経済新報社
Allen, Franklin and Elena Carletti (2008) : "The Role of Liquidity in Financial Crisis", Prepared for the 2008 Jackson Hole Symposium, August 21-23 on Maintaining Stability in a Changing Financial Sysytem
Bernanke, Ben S., Mark Gertler (2000) : "Monetary Policy and Asset Price Volatility", *NBER Working Paper Series*, No. 7559, February 2000 http://www.nber.org/papers/w7559
Bernanke, Ben S. (2005) : "The Global Saving Glut and the U. S. Current Account Deficit" Remarks by Governor at the Sandridge Lecture, Virginia Association of Economics, Richmond, Virginia http://federalreserve.gov/boarddocs/speeches/2005/
Bertaut, Carol and Laurie Ponder (2009) : "The Financial Crisis and U. S. Cross-Border Financial Flows", Federal Reserve Bulletin, November
Calvo, Guillermo A. and Ernesto Talvi (2005) : "Sudden Stop, Financial Factors and

Economic Collapse in Latin America: Learning From Argentina and Chile" NBER Working Paper Series 11153

Corbacho, Ana, Mercedes Garcia-Escribano, and Gabriela Inchauste (2003):"Argentina Macroeconomic Crisis and Household Vulnerability", IMF Working Paper, IMF

Erling Steigum (2009):"The boom and bust cycle in Norway" The Great Financial Crisis in Finland and Sweden—The Nordic Experience of Financial Liberalization", Edward Elgar Publishing Limited. Glos U. K. pp. 202-244

Hendricks, Darryl, John Kambhu, Patricia Mosser "Systemic Risk and the Financial Sysmtem" 2007, FRBNY Economic Policy Review, November, 2007

Hessius, Kerstin (1999):"Ms. Hessius speaks on a number of topics including the 'new economy', the 'long boom' and the actual and potential role of asset prices in monetary policy," 29 October, 1999, *Central banker's speeches – Oct to Dec. 1999*, http://www.bis.org/review/r991124d.pdf

Gambacorta, Leonardo (2009):"Monetary policy and the risk-taking channel" BIS Quarterly Review, December

IMF (2003):"IMF Concludes 2002 Article IV Consultation with Argentina" IMF, Washington D. C.

International Monetary Fund (2009): World Economic Outlook, April, IMF, Washington, D. C.

Jonug, Lars, Jaakko Kiander and Pentti Varia (2009):"The great financial crisis in Finland and Sweden: the dynamics of boom bust and recovery, 1985 2000", The Great Financial Crisis in Finland and Sweden—The Nordic Experience of Financial Liberalization", Edward Elgar Publishing Limited. Glos U. K. pp. 19-70

Kokko, Ari and Kenji Suzuki (2009):"The Nordic and Asian Crisis: common causes, different outcomes" The Great Financial Crisis in Finland and Sweden—The Nordic Experience of Financial Liberalization", Edward Elgar Publishing Limited. Glos U. K. pp. 265-298

Kambhu, John, Scott Weidman and Neel Krishnan (2007):"Introduction" New Directions for Understanding Systemic Risk, FRBNY Economic Policy Review, November

McGuire, Patrick and Goetz von Peter (2009):"The US dollar shortage in global banking and the international policy response" Working Paper No. 291 BIS, Basel

Rajan, Raghuram G. (2004):"Dollar Shortages and Crises" NBER Working Paper

Series, 10845, Cambridge, MA

Reinhart, Carmen M. and Kenneth S. Rogoff (2008) : "This time is Different: A Panoramic View of Eight Centuries of Financial Crisis" NBER Working Paper Series, 13882, Cambridge, MA

Shillar Robert J. (2007) : "Understanding Recent Trends in House Prices and Homeownership", Proceedings, Federal Reserve Bank of Kansas City, pp. 89-123, 2007
http://www.kc.frb.org/publicat/sympos/2007/PDF/Shiller 0415.pdf

# 第3章　バブル発生の認知と膨張の抑止

伊藤修・黄月華

## はじめに

(1) 主題

　1980年代の日本や北欧、1990年代の東アジア、2000年代のアメリカや欧州などで経験した"バブル経済"の発生と崩壊は、きわめて深刻な被害をもたらした。このような事態を再び招かないために採るべき政策対応をできるだけ確立しておきたい[1]。

　対応策には、バブルの膨張を抑えるための事前的な対策と、バブル崩壊後の被害を縮小するための事後的な対策とがあろう。本章は、事前的な対策に主題を絞って、それをめぐる諸問題について論点整理し、考察を加え、バブルを抑止する方策の可能性を追求しようとする。議論の展開をわかりやすくするため、あらかじめ本章の主張の要点を示しておくと次の通りである。

　──バブルの膨張を抑止するための手段には、少なくとも、マクロ金融政策（monetary policy）、プルーデンス政策（prudential policy）、いわゆるマクロ・プルーデンス政策（macro-prudential policy）、税制の非中立性の欠陥是正などその他の諸政策、の4領域がある。そのうちでマクロ金融政策（引締め・利上げ）は、第1に不可欠であり、第2に中心的役割を担わざるをえず、第3に実施はきわめて困難ではあるが可能であって、最大限の努力をもって追求しな

ければならない。第4に、政策発動の説得材料の中心になるべきは、不動産と株式のファンダメンタルズ価格の資本還元法による簡便な推定、およびそれと現実価格の乖離の判断である。

(2) 問題の所在

問題の所在を明らかにしておこう。

バブルとその被害にどう対処すべきかについて、"FRB View" と "BIS View" と呼ばれるような対立する見解があったし現在もある。

最も戦闘的な Posen (2006) 以下、FRB View の考え方は次のようである。①バブルの発生をリアルタイムで認知することも、ほかにさまざまな要素がある中で金融政策を資産価格の抑制に割り当てることも、きわめて困難であるから、バブルの生成を金融政策で抑止することはほとんど不可能である。②政策発動が可能だとしても、そもそも引締めで資産価格バブルに対処することが、そうしない場合と比べて、長期的にみて実体経済にプラスの効果をもたらすかどうか不確かである。③バブル崩壊後の下降に対して迅速に大胆な金融緩和と金融システム防御策その他を講ずることでうまく対処できる（日本の場合は金融緩和が遅れ、かつ不足であった）。④以上はアメリカの経験（ただし今次危機前までの）によって支持される。

重要性なものとして、前・現 FRB 議長の論説を聞いてみよう。

Greenspan (2004) は次のように述べる。金融政策のターゲットは複雑であり（資産価格も含まれる）、インフレ目標などの単一ルール化は容易でない。一方、1989、1994、1999～2000年などに米国株式市場でバブルが起きたが、これらは金融引締め（政策金利引上げ）でも止められなかった。この経験から、バブルをコントロールすることは難しい[2]。また、ある金融政策の結果として経済がどんな状態になるかは確率的なものでしかなく、その点からも、バブルに金融引締めで対応すればよいと言うことは難しい。

また Bernanke (2010) はこのように主張する。2000年代の各国の不動産バブルと金融緩和度（Taylor-rule による "あるべき" 政策金利と実績値の乖離で

測ったもの）をクロスカントリーで回帰分析すると、有意性が不足であり、金融緩和とバブルとの関連は確かめられない。それよりも資本流入規模（対GDP比）の方がバブルをよく説明する。そしてバブルに対処すべきなのはマクロ金融政策よりも規制である。具体的には、2000年代不動産バブルをもたらしたのは不自然にハイリスクな住宅ローンなどの金融商品や金融機関行動であるから、それを抑制しリスク管理を厳格化させる金融規制・監督こそがバブル防止の中心たるべきである[3]。

　これに対して Borio and White（2003）など BIS View は、バブル膨張抑止的な——いわゆる"leaning against the wind"型の——金融政策を追求すべきだとの立場をとる。本章もこの見解に立つ。最近の研究である吉川（2010）および翁（2010）も両見解を対比し、FRB View を批判して BIS View を支持する。本章は両論文と基本的見解を共有するが、独自に２つの点を強調する。第１は、バブルの膨張を抑止するために金融政策の引締めを発動することは、やはり現実にはきわめて難しい点の強調である。このことは実践的には決定的に重要なので、すぐ後で困難の原因を詳しく分析する。第２に、この困難を乗り越える中心的な手段、すなわちバブルの発生を判定し引締めの必要を説得する手段として、単純な資本還元法による不動産および株式のファンダメンタルズ価格の推定、およびそれと現実価格の乖離の判定が重要であるという提起を行う。

　2008年９月以降の事実によって、バブルの抑止を追求する必要はより強く認識されることになったといえよう。FRB View の各論者の論拠は、実は理論よりも近年のアメリカの経験（金融危機以前の）であったから、自らの主張の根本的な見直しがなされなければ誠実な態度とはいえない。日本の教訓をふまえていたはずのアメリカはじめ各国は大胆な事後的対策を迅速に実施したが、崩壊のマグニチュードは予想以上に大きく、事後的対策によって事態をコントロールできるという想定はかなり揺らいだ。

　そこで事前的対策、すなわちバブルの膨張過程でそれをできるだけ抑止する方策について検討するのが本章の主題である。FRB View の誤りを批判するだけでは足りない。より現実的に、抑止政策を取り巻く諸条件を分析し、有効な

方法を考察・提示しなければならない。

　抑止には深刻な困難があるのは事実である。だからこそバブル経済の被害が繰り返されているともいえる。困難は、相互に関連をもつ次のような要素からなる。

　第1は、バブル発生の認知の困難である。

　バブルは、ファンダメンタルズ価格ないし理論価格（経済の基礎条件からみて正当な価格水準）から大幅に乖離した資産価格の暴騰と暴落であり、そのときにこそ甚大な被害が発生してきた。基礎条件にもとづくのなら問題ではない。たとえば日本の高度成長期には長期かつ大幅に不動産価格が上昇したが、投機の崩壊による深刻な被害は生じなかった。こうした2つのケースをリアルタイムで区別すること、すなわちバブルの発生を判定することは、容易でない。これまでほとんどの場合、明確な認知とそれにもとづく政策発動が行われないままにバブルが崩壊して被害が生じ、そののちに初めてバブルであったことが確認された。また、誤認にもとづいて抑制政策を発動したとき、歴史的発展のチャンスをつぶす可能性さえあろう。

　第2に、政策発動の説得の困難である。

　実体経済の好調を伴う資産価格上昇は、住宅の新規取得の困難が社会問題化するなどの場合を除けば、国民にとって全体として心地よい環境である。また政府（政治家・政党、政府諸機関）にとってもそれは好ましい状態であり、危険を深刻に憂慮することはないであろうし、これまで現になかった。なおバブルの危険を最も考慮する政策主体は、価格（物価）と信用システムの安定を任務とし、インフレ防止のための引締め指向に長く馴染んできたことから、中央銀行になろう。このほか金融監督行政機関（日本の金融庁など）が金融システムの健全性維持の観点からバブル発生を警戒することもありうる。ただしこれまでの経験では、上昇局面では金融機関の経営のパフォーマンスは良好である——リスクは高まっているにせよ——ため、金融監督機関が警戒的スタンスをとった例は挙げにくい。

　中央銀行がバブルの危険を認知したとして、膨張抑止・引締め策を発動する

ことはきわめて難しい。上記のように国民および政府のほとんどにとってブームは快適であり、そのもとで将来の反動の被害を考慮することはほとんどないため、引締めに対して支持がないのみならず広範で強硬な反対があるのが普通だからである。

第3に、他の政策目標とのトレードオフ関係に関わる困難である。

多くの政策目標の中で、それらの追求に反して、資産価格上昇の抑止が重視され採用されることはほとんどありえない。それはバブル崩壊後に重要であったことが明らかになるにすぎない。とりわけ重大なのは、最も強く警戒心をもつであろう中央銀行の最大の任務が一般物価の安定にある点である。物価安定時（低金利時でもある）にバブルが発生することが多いから、引締めに入る必要性を説得するのはきわめて難しいことになる。

さらに、経常収支黒字だから、国際的な金利のアンカー（資本供給国）の位置にあるから、世界的な株価下落やそのリスクがあるから、引締め・利上げがしにくいといった国際経済的側面が強く考慮される場合もある。

第4は、実施のタイミングに関する困難である。

上記の諸要因のため引締めに入るタイミングが遅れる事態が起きやすく、その政策ラグ（認知・実施・効果ラグのすべて）は、バブル崩壊の被害をさらに激しいものにしてしまう可能性がある。日本のケースでいえば、地価税の創設や固定資産税の強化はバブルのピーク通過後にずれ込み、下降をより厳しいものにした。

以下では、これらの困難を念頭に置きながら、第1節でこれまでのバブルの事例から論点を抽出したのち、第2節でバブル発生の認知の方法について、第3節で抑止手段について考察する。

## 1　過去の事例

ここでは過去のバブルの事例を簡潔に振り返ってみよう。

(1) 1920年代米国バブル／30年代世界大恐慌

バブルには投資貯蓄バランスの状態により2つのタイプがある。1つは"経常収支黒字（資金余剰）国のバブル"であり、国内資金余剰を基礎に発生するドメスティックなバブルといえる。1920年代アメリカと1980年代日本はこのタイプで同型にあたる。他方は"経常収支赤字（資金不足）国のバブル"で、1997年東アジア危機や今回のアメリカなどがこれに該当し、海外から流入した資金でバブルが発生し、崩壊して資金が流出する。この点ですぐれて国際金融的な現象である[4]。

1920年代アメリカの株式を中心としたバブルは、その崩壊後の1930年代に生じた被害の深刻さの点で史上最大規模のものであった。このケースから抽出すべき論点を、詳細かつ包括的な研究である侘美（1994）に拠りながら簡潔に挙げよう。

第1は投機資金の源泉についてである。

暴落直前の1929年9月の株価（S&P500）は21年の4倍、26年の2.5倍に高騰していた。アメリカの1920年代は、自動車や家電品の大衆的普及などを軸とした産業活況の時代であった。大企業の増加した手元資金は投機資金となった。株式投機は証拠金取引によって膨張し、自己資金1：ブローカーズローン3の割合であった。このブローカーズローンを銀行融資が支え、その源泉は大企業の余剰資金であった。29年9月時点についての議会調査によれば、原資の56％が企業、次いで個人の20％となっていた[5]。投機の源泉としてのこうした余剰資金の発生は、1980年代日本にも共通するし、今回もそれは国際的に移動した上でバブルを起こした。

第2はFRBの政策運営についてである。

一般には、金融引締めというFRBの政策の誤りが大恐慌を招いたというフリードマン＝シュワルツの結論が記憶されているであろう。しかし彼らが批判する引締めは株価大暴落後のことであって、バブル膨張段階のことでは全くない。タイミングが決定的に重要なので、詳しくみる必要がある。

FRB は1928年初頭から金融引締めを開始した。この年前半には売りオペを実施し、また公定歩合を1月の3.5％から8月の5.0％まで引き上げた。ところがその後、29年2月から銀行貸出抑制の道徳的説得 moral suasion を行った以外は、同年8月に公定歩合を6.0％に引き上げるまで約1年間にわたって利上げを休止している。市場金利もこれとほぼパラレルに推移する。この間、FRB 理事会内部の意見の不一致で引締めの強化ができなかったのである[6]。こうしてみると、金融引締めが遅れた（正確にいうと中だるみを起こした）ことがバブル末期の駆け足的な上昇を許したと解することも可能であろう[7]。

(2) 1970年代前半

1973～74年の日本経済は、「列島改造ブーム」に第1次石油危機が加わった「狂乱物価」から戦後初のマイナス成長・高度成長の終焉へと急展開した。このブームは、高度成長マインドがいまだ残っている基盤の上に、1971年の不況と円切上げのデフレ作用への過剰反応による刺激的財政・金融政策、田中角栄内閣の列島改造政策、そして原油の大幅値上げが加わって生じたものである。一般物価の激しい上昇と土地を中心とする資産投機（インフレとバブル）が同時に発生した点に、このケースの特徴がある。

(3) 1980年代後半日本のバブル

1987年から91年頃にかけて、不動産・株式を中心とする激しい投機と実体経済の活況を併せもつ典型的なバブル経済が発生した。その反動による停滞は、2002年頃まで10年以上にわたって続いた。その発生要因として以下の点を挙げることができる[8]。

(1) 投機の起点はやはり企業部門の手元資金の膨張にあった。1985年9月のプラザ合意を機に急速に進んだ円高は、86年にはまず「円高不況」をもたらしたが、87年に入ると逆に原油等一次産品の国際価格の低下と相俟って円建て原材料コストの大幅減となり（「円高メリット」）、企業の手元資金を急増させた。この資金は設備投資に充てられるとともに、残余

の余剰資金が投機(「財テク」「マネーゲーム」)に回ることになった[9]。

(2) 土地・株式を中心にゴルフ会員権・書画骨董に至る資産価格上昇が始まると、銀行はリスク管理を緩めて不動産関連・不動産担保の貸出を激増させ(「カネ余り」)、投機をサポートした。金融自由化が漸進的に進められている途上にあったという事情も要因となった[10]。『経済白書』1993・1995年版によれば、1987〜91年頃にかけて地価・株価でバブル(ファンダメンタルズとの乖離)が起こり、地価の動きが若干遅れるが両者はほぼパラレルに4年間で3倍以上に暴騰した。土地保有課税の緩さという中立性欠陥も投機の大きな要因となった点でコンセンサスがある。

(3) 人々の心理も重要である。"日本経済の強さ"に対する自信過剰気味の楽観、資産価格の上昇についての超強気はユーフォリア段階にまで達した。E. ヴォーゲルの『ジャパン・アズ・ナンバーワン』が快く自負心をくすぐり、日本型システムの合理性・効率性を説明する理論も強気を確信させた。また、「ストック経済化」という新発展局面が到来した、ITの発展で在庫管理が画期的に向上し循環がほぼ消滅したため反動懸念は不要になった、などの議論が広まった。ほとんどのバブル期に現れる"新発展局面"論であり、「今回だけは過去の崩壊パターンと違う」との教義である(アメリカの「ニューエコノミー」論も全くこのパターンであった)[11]。

(4) 日本銀行は金融引締めに入ることができず、1989年5月の公定歩合引上げまで遅延した。その間、公定歩合2.5%の歴史的低金利のもとでの金融緩和状態が続くことになった。このことがまた上記の強気の期待を継続させたのである。引締めに入れなかった理由には次のことが挙げられる。

①前述のように都市の過密と新規住宅取得難の問題を除けばバブルは快適であり、また特に一般物価は落ち着いていたため、引締めには強い反対があった。引締めは歴史的発展チャンスを潰す大罪になる

との圧力がかかった。長期的な観点でのインフレのリスクへの懸念という日本銀行の発想は説得力をほとんど持たなかった。

② 「国際協調」の観点からの金融緩和維持論も強力であった。対米貿易不均衡による紛争に対処するため「内需拡大」が責務とされていた。日本は世界の資本供給国の位置にあって国際金融上の「アンカー」だから金利を上げてはならないとされた。特に1987年10月の「ブラックマンデー」で株価が世界的に暴落したため、金利引上げは不可となった。ただ翌88年春にはアメリカやドイツが利上げしたが、日本は89年5月までしなかった。このとき米独等とともに利上げすべきであったことを示唆する推定もあるが、実際にはこの1年の遅れの間にバブルは尻上がりに膨張した[12]。またこれら「国際協調」要因とは別に、円高回避のための低金利という観点もあった。

③ 日本銀行は早い時期から投機的なマネーの増加をインフレとバブルの双方の観点から警戒したが、後期になってむしろ警戒のトーンを落とした[13]。バブル期の地価・株価・マネーサプライのいずれの統計数値のグラフも、絶対水準でみると上昇を続けるのに対し、対前年変化率でみると88年から89年にかけていったん落ち着き、それを挟んで2つの山の形をしている。日本銀行はこの変化率を見て一段落と判断した、あるいはバブルの認知に迷った面があったかもしれない。バブルは必ずしも一本調子ではなく、波を含んで中期的に上昇することがある。統計の見方にも注意が必要であろう。

(5) 大蔵省は86年以降、土地関連融資の抑制を促す通達を発して指導を行ったが、効果はなかった。最後に90年5月の「総量規制」(建設・不動産・ノンバンクの不動産関連3業種向け融資の伸び率を総融資量の伸び率内に収めるよう指導)が効いたとされているが、政策そのものの効果は不明である。またバブル期の銀行経営は総じて好調であり、金融検査が指摘・指導を通じて健全化に向けた役割を果たした形跡はほとんどない。

### (4) 1997年東アジア危機

1997年、タイ・バーツの暴落に始まった通貨・金融の二重危機は東アジア各国に伝播し、深刻な被害を生んだ[14]。具体的な事情は国ごとに異なるが、海外から流入した資金が急激に流出した基本構図は共通している。すなわち"経常赤字（資金不足）国のバブル"であった。

典型的なタイの場合をみよう。1990年代には外資導入のもとで高い成長が続いた。特に93年に自由化策としてオフショア市場BIBFを開設すると「外―内」型取引が大規模に行われ、海外資金が国内金融機関に流入し、それが主に不動産向けに融資されてバブル状態となった。96年になると、ドル高・円安に動くもとで、ドルにほぼペッグしていたバーツの実効レートは上昇し、実体経済面では経常収支赤字が拡大する一方、不動産バブルが崩壊し、不良債権を抱えた金融機関は経営危機に陥った。外資は急激な引き揚げ、流出となり、外貨不足危機、バーツ暴落が起こった。それが金融機関のドル債務返済負担を加重させ、通貨と金融システムの二重の危機につながったのである。

深刻な危機に陥った国では外貨準備に対する流動的対外債務の比率が高くなっていたことが観察されるため、この比率を目安として一定内に抑える警戒を必要とすることが、教訓としておおよそ共有されたように思われる。

この危機ののち、東アジア諸国は経常収支赤字側から黒字側へと劇的にポジションを転じ、2000年代バブルに際しては国際的な資金の出し手となる。

### (5) 2000年代バブルと世界金融危機

事実経過は次のようであった。2002年から08年前半までの期間、世界経済は物価安定・低金利を伴う実質5％水準の高成長を記録した。このもとで2004～07年ほどにかけてバブルが発生した。アメリカ住宅市場を中心に、イギリス、スペイン、アイルランド、東欧など少なからぬヨーロッパ諸国でも不動産バブルが起きたのである。

これはほぼ"経常赤字国のバブル"、したがって国際資本移動型のバブルで

あった。余剰資金の出所は、日本を含む東アジア、ドイツなど一部の欧州、および中東産油国などであり、その基盤には、日本やドイツなどでの労働分配率の低下を通ずる企業手元資金の増加や、ASEAN諸国の投資超過構造から貯蓄超過構造への転換などがあった。これらの資金がウォール街に流入し、その一部が経常赤字・資金不足国であるアメリカでバブルを生じさせた。他の部分はファンド運用の形態で再流出し、各国株式への投資などでvoiceとexitによる影響力を強めるとともに、アメリカとしては低利の借入で高収益率の投資を行ったことになる。他のバブル発生国でもこれと似たメカニズムが生じた。

資産等の高騰は1990年代から数波の山を描いた。アメリカの場合でいうと、1990年代に長期にわたる株価の上昇があった。グリーンスパンFRB議長が「根拠なき熱狂」と警告を発したのは96年である。2000年にはいわゆるIT（ドットコム）バブルが頂点に達し、01年にそれが崩壊してエンロンやワールドコムといった投機につきものの事件も顕在化して、停滞からの脱出のため低金利（FFレート1.0％）が04年まで維持された。以後FFレートは06年の5％超まで引き上げられるが、イールドカーブはフラットで、長期金利は4％台にとどまり上昇しなかった。中期的には低金利状態が継続するとの期待が根強かったわけであり、ひいては今後考慮を要する期間を通じて資産価格の上昇トレンドは不変であろうという期待を存続させてしまった。このもとで株価上昇が再開され、それを追って不動産価格の上昇が起きた。前者は06年、後者は07年にピークをつけ、最後に原油などコモディティ（市況性商品）市場での投機と暴騰が起きて08年7月でピークアウトする。債券市場を含め、投機マネーが各市場を移動する動きはしばしば見られるものである。

住宅価格上昇を背景にサブプライムを含んだ住宅ローンが膨張し、それをベースとする証券化、再証券化（CDO）、さらにそれをサポートするモノライン保険やCDSが盛行して、08年9月のリーマン・ショックを契機とする金融危機が準備されていった。この内容については既知なので省略する。

以上、この間の事例を簡潔に見てきた。以下では、バブル発生の認知、ついで膨張抑止の手段という順で考察を加えよう。

## 2 バブル発生の認知の目的と手段

### (1) 認知の目的

バブルが発生しつつあるかどうかを判定・認知することの必要性には議論の余地はないであろう。抑止しようとするなら認知は必須であるし、そうでない場合にも情勢認識として必要性を否定できない。問題はその利用法である。ルールに組み込むか、裁量的な政策発動の判断材料として用いるか、いずれかになる。

このうち、ルール化することは不可能に近いと考えられる。バブル発生指標（つまり資産価格指標）単独で政策（たとえば政策金利の水準）を決定するようなルールはありえないから、政策決定ルールの要素の1つとして組み入れる方法しかない。つまり資産価格指標を含むいくつかの変数によって政策変数を決めていくことになる。現在最も有力なテイラー・ルールを基礎にするなら、たとえば、

$$i = r^* + P^* + a(P - P^*) + \beta(Y - \bar{Y}) + \gamma B$$

〔記号〕$i$：政策金利, $r^*$：実質均衡金利, $P$：現実インフレ率, $P^*$：目標インフレ率, $Y$：現実 GDP, $\bar{Y}$：潜在 GDP, $B$：バブル指標（たとえば資産の現実価格－理論価格）

といった形になろう。目標資産価格という項を加えることは、それを決めることができないため、適切でない。

このようなルールはあまり説得力がない。バブル指標と需給ギャップ（現実 GDP－潜在 GDP）の2変数が相関をもつ多重共線性（multicollinearity）問題を起こすであろうこと、潜在 GDP に加えて資産の理論価格という2つもの推定値を含むことが推定式の信頼度を小さなものにしてしまうであろうからであ

る。もともとこの種のルールによる計算結果はあくまで参照値にすぎないが、さらに大幅にその信頼度は低まり、実際は見込みと逐次修正による金利操作を行うほかなくなる。それは裁量的な政策運営とほとんど差がないものになる。

　こう考えると、金融政策には裁量性が残らざるをえず、物価の安定を筆頭に、需給ギャップの縮小、金融システムの安定、大規模バブルの抑止といった目標を念頭に置いて、総合的な判断のもとに運営していく以外にない。バブル発生の認知のトゥールは、その際の判断材料および（これが重要だが）説得材料として利用することになる。

　裁量的な政策には批判が強い。政策決定者の知識（人知といってもよい）の不足が指摘される。しかし、単純で有効なルールを設定するために必要とされる知識はさらに多く、人知はさらに足りないというべきである（ルール設定が容易に可能なケースを除き）。また、政策当局も公平無私ではありえず、政治的・組織的・私的利害による歪みが生ずるともいわれる。しかし、ルールの設定とその適用の際にもその問題から自由ではない。

(2)　認知の手段

　それでは、バブル発生を認知する手段、あるいは監視すべき指標にはどんなものがありうるか。本章も唯一の決定的なものを掃出することはできない。いくつかの指標から判断していく相対的な方法しかないと考える。これらの指標は、過去のいくつかのバブルの経験から抽出するものである。

　なおその前に次のことだけは言えるであろう。

　第1に、判断の材料は同時に説得の材料でもあり、政策発動のための説得に有効でなければならない。たとえば「長期的な物価安定」「長期的な経済安定」といった目標を掲げ、それを損なうことにつながる可能性の高い指標を監視するとしよう。それは政策当局内部での判断材料としては利用できるとしても、抽象的に過ぎ、目標への経路が複雑であり過ぎるために、外部に対する説得材料としては弱い。バブルの発生、資産価格の不合理な動きに、より短い経路で結びつく指標でなければならない。

第 2 に、金融機関の経営の健全性に関する指標は、認知手段としてはおそらく期待できない。バブルの膨張過程では金融機関のパフォーマンスは良好である。潜在的リスクは高まっているものの、それは検出できず、事後にのみパフォーマンスの悪化として把握される。またリスクは、個別金融機関にではなく、金融・経済システム全体によって保有されている場合もありうる（後述）。

### マネーサプライ／マーシャルの k

　マネーサプライやマーシャルの k といったマネー量指標（具体的にはその増加率）は、かなり間接的ながら、ウォッチすべき対象の 1 つである。長期的トレンドを一定期間にわたって上回るマネー量の増加は、インフレまたはバブルの基盤になりうるものとして警戒しなければならない。

　マネーは財市場と資産市場での取引に用いられるが、バブル下では資産市場に多く流入する。資産取引およびそれに充てられる貨幣の回転率は高まる一方、マネー量／GDP であるマーシャルの k はおそらく高まる（貨幣の流通速度は低下する）。

### 銀行貸出あるいは資金供給の量と質

　マネー量と密接に関連するが、銀行中心タイプの金融システムでは、バブルの際には銀行貸出量が顕著に増加し、内容的には投機用と見られる資金が増加する。日本のバブル期には、不動産関連の建設業・不動産業、およびそこへの迂回融資の経路となったノンバンク（金融保険業）の 3 業種向け融資が増加の中心であったが、株式投機資金もあった。投機の対象となる資産は多種多様であるが、不動産と株式が圧倒的に中心となる。現在は不動産投機に関心が集中しているが、1920 年代アメリカや日本の第 1 次大戦バブルのように株式が中心のケースもあった。2000 年代アメリカのケースでは、その金融構造を背景に、銀行貸出でなくファンドなどその他の仲介チャネルが中心的に肥大した（本書第 4 章）。迂回融資経路も今後別の形をとる可能性がある。

　以上のように幅広い可能性を頭に置きながら、資金供給の量と質（投機向け

第3章 バブル発生の認知と膨張の抑止 93

の比重）を注視すべきである。

### キャピタルゲイン（調整勘定）の対GDP比

バブル期には、資産価格の上昇によって、SNA国民経済計算上のキャピタルゲイン（調整勘定の増価）がGDP対比でも巨大なものになる。日本のバブルでは調整勘定増価がGDPを超えて1.2倍に達した年（1987年）もあった（『国民経済計算年報』）。これが巨大となったときは危険性が高いといえる。ただしSNA統計が出そろうには時間がかかり、この指標は速報性に難がある。

### 資産のファンダメンタルズ価格（理論価格）の推定

資産のファンダメンタルズ価格（理論価格）を推定し、それと現実の価格との乖離を観察することが、バブル認知のトゥールの中心とされるべきである。それがバブルの定義そのものの存否を確かめることだからなのは言うまでもない。したがって政策当局の判断材料としてだけでなく、外部への説得材料としても最も重要になる。

事後的に見れば、不動産・株式価格のグラフを見るだけでも、バブル期にはトレンドから明らかに離れて山を描いているし、最近よく目にするGDP成長と対比したグラフでも同様に異常な上昇に見える。しかし、バブル進行時点ではそれが異常でないという認識が蔓延する。つまり何らかの理由でファンダメンタルズ価格自体が上昇しているという主張が強力になるから、「乖離」を示す必要がある。

その際、理論価格の推定はなるべく単純なものがよい。複雑であれば、推計自体の当否の議論で混迷するからである。

具体的に見よう。

図表3-1・3-2は1980年代日本のバブルについて、1995年度版『経済白書』が掲げたもので、図表3-1は地価、図表3-2は株価について理論価格と現実価格を対比している。

図表3-1は、最も単純な［賃貸料／金利］の資本還元法を用いて理論地価

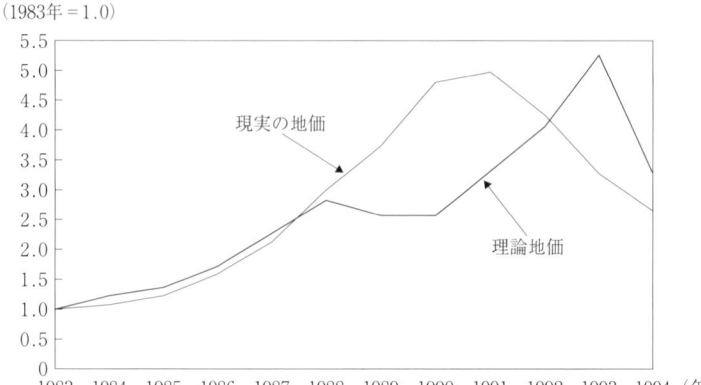

図表3-1　日本のバブル期の理論地価・現実地価比較（6大都市商業地）
(1983年＝1.0)

原注：1. ㈶日本不動産研究所「市街地価格指数」、㈳日本ビルディング協会連合会「ビル実態調査」、日本銀行『経済統計月報』により作成。
2. 理論地価は次の式により求めた。
（理論地価）＝（賃貸料）÷（金利）
賃貸料：㈳日本ビルディング協会連合会「ビル実態調査」に基づくビル事務室の新規賃貸料
金利：長期金利（国債店頭最長期物利回りの月末値の平均）
3. 現実の地価として用いられている市街地価格指数は、「投機的取引事例の排除」による「正常価格」を表しているものであるため、地価高騰期におけるバブルを含んだ実際の取引価格と理論地価は本図よりも大きな乖離を示しているものと考えられる。
4. なお推計に当たっては、指数を用いるため83年で理論地価と現実の地価が一致しているとみなしていること、土地の収益を表すのにビル事務室の新規賃貸料を用いていること等簡便なモデルによっているため、結果については十分幅をもってみる必要がある。

出所：『経済白書』1995年度版、第1-11-4図。

を推計し、1988～92年頃にかけてバブルが発生していることを示している[15]。

　また図表3-2は、株式のインカムゲインの動きの代理変数としてGDPを用い、[GDP／金利]の資本還元式を対数化して推計式とし、理論価格を推定している。ファンダメンタルズのトレンドを見るためGDPを代理変数として用いることは妥当であろう。その結果、1987～91年頃にかけてバブルが発生していることがはっきりと示される[16]。

　ここで注意を要するのは、本来長期的な傾向を示すはずの理論価格が、金利の変動によって計算上の波を描くことがある点である。図表3-2では90年前後に急激な金利引上げによる理論価格の低下が見られ、また図表3-1・3-2ともバブル崩壊直後に急激な金利引下げによる理論価格の急上昇が見られる。これは推計上の撹乱であって、ファンダメンタルズ価格推定の目的からいって

第3章　バブル発生の認知と膨張の抑止　95

図表3-2　日本の株価：理論価格と現実価格の比較

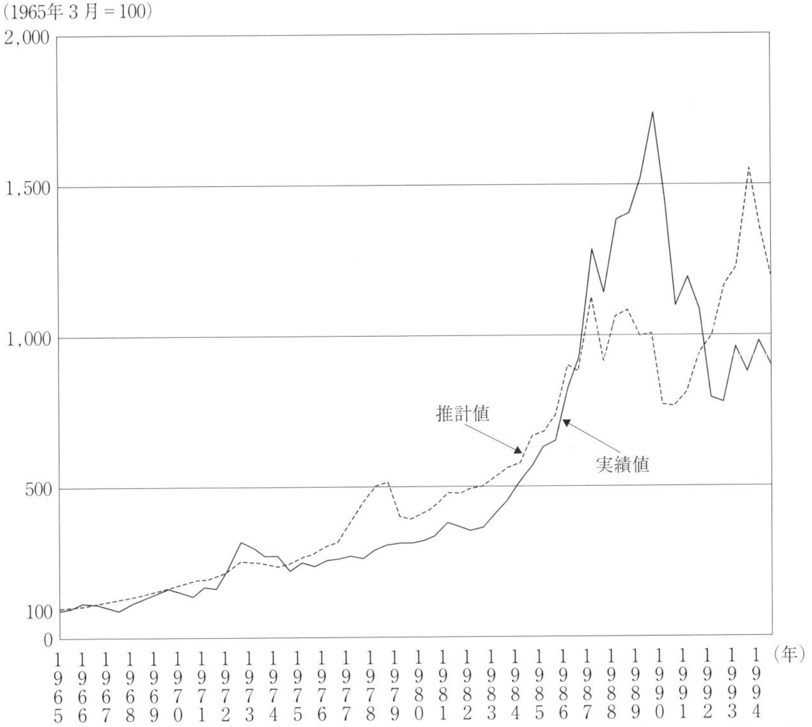

(1965年3月=100)

推計値
実績値

1965 1966 1967 1968 1969 1970 1971 1972 1973 1974 1975 1976 1977 1978 1979 1980 1981 1982 1983 1984 1985 1986 1987 1988 1989 1990 1991 1992 1993 1994 (年)

原注：1. 日本銀行『経済統計月報』、経済企画庁『国民経済計算年報』、東京証券取引所『東証統計月報』により作成。
　　　2. 推計式
　　　　$\ln P_s = 2.315 + 0.8361 \ln GDP - 0.8861 \ln r_s$
　　　　　　　(6.82)　(27.12)　　　(-7.94)
　　　　$\bar{R}^2 = 0.91$,　D.W.=0.16,　推計期間：1965～94年（四半期データ）
　　　　$P_s$：全国上場株式の加重平均株価指数（1965年3月時点を100とする）
　　　　GDP：名目GDP指数（1965年3月時点を100とする）
　　　　$r_s$：長期国債指定銘柄の流通利回り（四半期平均、％）
出所：『経済白書』1993年度版、第1-11-3図。

　こうした急激な変動をそのまま受け取るのは不適当であり、より長期のトレンドを把握するよう均して見るべきである。
　今回のアメリカの不動産（住宅）価格についても同じことを試みよう。図表3-3は、消費者物価統計中の家賃と10年もの国債利回りを用いて、［家賃／金利］の資本還元法で理論価格を推計し、代表的なケース・シラー住宅価格指数

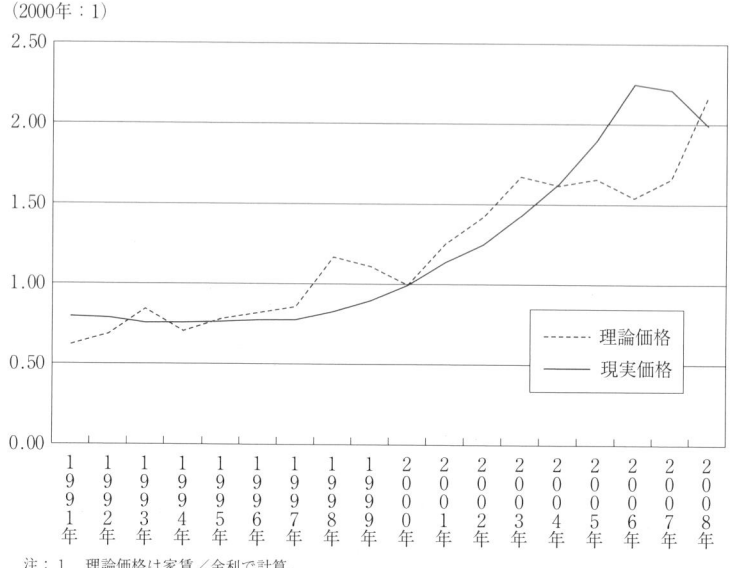

図表3-3　アメリカにおける住宅の理論価格・現実価格比較

(2000年：1)

（凡例：理論価格／現実価格）

注：1．理論価格は家賃／金利で計算。
　　2．金利は10年もの国債利回り。家賃はCPI統計中の家賃。
　　3．現実価格はCase-Shiller Home Prices Indices, 10 City Composite.
出所：IMF, *International Monetary Statistics*, 鳥居泰彦監訳『現代アメリカデータ総覧』、S&P web-site.

（全米10都市指数）を現実価格として対比してみた結果である。データの速報性に問題はない。日本のケースと同様に、2004〜07年にかけてバブルが発生していることがはっきりと読み取れる。

　なお、理論価格・現実価格とも指数ベースなので、両者が一致したと想定する基準時点を定めなければならない。ここでは2000年を基準年としている。両者は長期的にはおおよそ重なり合うべきものであり、理論価格はより下方にあるはずだと見れば、今回の乖離＝バブルはより大きく出ることになる。

　また、バブル期に理論価格が横ばいか小幅低下気味にあることから、これは金利上昇による見かけの低下、したがって見かけの乖離ではないかとの疑念が生じうる。しかしすでにみたように、政策金利FFレートは04年の1％から06年の5％まで大幅に引き上げられたものの、長期金利は全く上昇しなかったか

ら、この疑念は当たらず、主として家賃の停滞による。

　図としては掲げなかったが、FHFA（Federal Housing Finance Agency）のHouse Price Indexを用いて州ごとの住宅価格の動向も調べてみた。それによると、2004～07年前後に全米の動向以上に激しく上昇した州にワシントンDC、カリフォルニア、フロリダ、アラスカ、アリゾナ、コロラドなどがあり、逆にテキサス、ミシガン、オハイオなどでは上昇はごく小幅で、図表3-3の全米の理論価格を下回って推移した。細かく見ると、上昇の時期も程度も州ごとにかなりの相違がある。このような事実を背景に、この間アメリカでは、地域ごとの住宅価格決定メカニズムを多くの要因に分解する計量分析が盛んに発表され、その結果、住宅価格は何らかのファンダメンタルな要因で説明されるのであり、バブルではないとするものが主流であった。計量分析のテクニックを競ったものの、バブルの判定としてはそれらはみな結果的に誤りであった。1980年代日本のバブルでも、地価の動向は3大都市圏の間でさえ違いがあり、いわんや全国的な差は大きかった。個別ファンダメンタル要因をもって説明させバブルを否定するタイプの分析は、経験的に判断の過誤の危険が高い。

　以上をまとめると次のように言えよう。多くの経済政策において、認知のための完全に確実な（異論のない）指標を認めることは難しいが、バブルについても困難の程度は大きい。しかし、単純な資本還元計算で推定したファンダメンタルズ価格と現実価格の乖離を観察することによって、致命的な遅れなしに、ある程度の確かさをもった認知は可能である。中央銀行等にとって、この手法は同時に説得材料としてもおそらく最も有力である。さらにいくつかの指標を補足的に利用し、認知し、説得に当たらなければならない。

## 社会状況に関するその他の定性的情報

　過熱した投機は特有の社会現象として現れるから、それらの定性的情報を観察することも補足的判断材料として重要である。中でも人々の期待のありようは重要性が高い。経済の好調と資産価格の大幅な上昇が、見通される限り続くであろうと広く考えられているときは、バブルが進行している可能性が高い。

期待形成のされ方としては適応的期待の仮説が現実に近いと思われる。強気の期待は、最近のトレンドとして資産価格上昇の事実とその条件があり、当面それに変更はないと考えられていることを示すであろう。

このことは、期待に変化をもたらすような働きかけが重要であることも示す。すなわち、投機の成功が続く環境に重要な変化が生ずると思わせるような政策的アクションが肝要である。

## 3 バブル膨張の抑止

### (1) 膨張の抑止策

**4つの領域**

この節では、認知ができたとして、どのようなバブル膨張抑止策があるかを考えてみる。

抑止策の領域には少なくとも4つある。プルーデンス政策（prudential policy）、いわゆるマクロ・プルーデンス政策（macro-prudential policy）、税制欠陥の是正などその他の諸政策、そしてマクロ金融政策（monetary policy）である。

**プルーデンス政策**

プルーデンス政策は一般に事前的措置と事後的措置に分類される。事後的措置は個別の金融機関が破綻に直面したのちに金融システム危機への波及を阻止する政策である。本章で問題になるのは事前的措置であり、それは個々の金融機関の経営の健全性を保つための政策と定義できる。裁量的な行政指導（moral suasion）を別にすれば、自己資本比率規制、大口融資規制、流動性資産比率規制などのバランスシート規制、および検査（日銀考査含む）が主たる手段となろう。

これらはもともと、景気や金融情勢の循環的変動を捨象した一般的状態を想

定して健全基準を設定しているものであり、バブルの抑止に対する有効性はあまりないと考えられる。

問題は、バブルの上向局面では金融機関の経営は良好であり、規制基準に抵触しないことが多い点にある。検査では、収益性は良好であり、保有証券価格も上昇し、不良債権も少なく資産の健全性も良好であって、問題点を指摘する対象がない。バランスシート規制も同様で、自己資本比率については、資産規模の拡大という低下要因はあるが、増資や利益積立による自己資本の増加も容易である（レバレッジ規制も同様）。大口融資規制も今日の条件では抵触しにくい。流動性資産比率も同様である。高度成長期の日本では多様な規制——当時の行政用語では経営諸比率指導ないし比率行政——が実施された（いわゆる護送船団方式）が、それらのうちバブル膨張過程で基準への抵触がありうるのは（広範囲の連結を義務づけたレバレッジ規制を導入する場合を除けば）おそらく預貸率規制だけであろう。これは貸出量／預金量で80％以下が基準とされ、好景気下では基準を超過して上昇しがちであった[17]。しかし、現在このような規制の導入を説得できるかはきわめて疑問である。こうして、個々の金融機関を対象にした健全性規制（ミクロのプルーデンス政策）がバブル抑止に有効となることは期待できないと思われる。

**マクロ・プルーデンス政策**

第2がいわゆるマクロ・プルーデンス政策である。今回の危機を通じて、個々の金融機関の健全性維持を図る従来のプルーデンス政策は、銀行規制に偏り他業態がもつリスクや業態間の連関への対応が不足していたこと、個別金融機関が保有するリスクに視点が限定され、金融機関行動の相互作用による合成の誤謬的現象やリスクの相関・集積・移転を通じた金融システム全体の麻痺への対応が不足していたこと、などが指摘された。

そこでマクロ・プルーデンス政策として、金融システム総体のリスク抑制を図ることが提案され議論されている。主な内容は、規制対象業態と監督機関の一元化ないし連携強化、金融システム全体のリスクに対するモニタリングの意

識化、pro-cyclicality の弊害の是正を中心とするいくつかの規制手段の再編成である[18]。このうち第1と第2の項目はさほどの問題がないと思われ、ここでは立ち入らない。

必要性については理解できるものの、問題は第3の規制手段の再編成の内容であり、具体的に何が可能かと考えたとき、きわめて難しいことが明らかになる。具体策はいまだ十分に議論されていないが、主にはたとえば以下のようなものが挙げられている[19]。

中心的に議論されているのは可変的な自己資本比率規制およびレバレッジ規制である。自己資本比率規制は、下降期に自己資本の減少→リスク資産保有可能量の減少→"貸し渋り"現象→不況の深刻化という悪循環（pro-cyclicalityの弊害）を起こす。これを是正するために、景気上昇期・バブル生成期には基準比率を高く、下降期・崩壊後期には低くする仕組みが考えられている。また、借入れ（レバレッジ）の増加が危機を招くので、これにも counter-cyclicality をもたせるために同様の可変制を導入する議論がある。なおレバレッジ比率規制とは、リスクウェイトを付けない自己資本比率規制と同じことになる（借入／(負債＋資本) ＝ 1 －(自己資本／総資産)）。

両者に共通して問題になるのは、ここでもまた上昇局面／下降局面の認定である。そこで客観的指標として、資産額またはその増加率に規制基準を連動させる案が出されている。しかし通常トレンドとして資産額は増加するから、これでは自己資本比率基準は上昇（レバレッジ比率基準は低下）していってしまう。それを避けるために、その率であれば規制基準は不変となるような標準増加率を設定するのであろうか。それは根拠がなく、大いに無理があろう。

第2は融資基準規制である。Bernanke（2010）にもあるように、バブル抑止策の王道はリスクテイク規制であるとの考え方が正統派とされている。今次のアメリカでサブプライムローンのように融資基準を緩めたことが問題の根源だという認識が背景にあると思われ、そのようなリスクテイクを許さない規制の強化が必要としているのであろう。しかし、そのような規制はいかにして可能であろうか。リスクテイクの定量的な把握も、いわんや基準づくりもきわめ

て困難であり、自己資本比率規制におけるリスク評価をより厳しくするよう迫ることくらいしか考えられない。

経験的に不動産関連融資のリスクが特に高いのでそれを抑制することなどを考えるとすると、事実上、資金配分規制となる。不動産融資や投機的資金融資に対する注意や指導は行ってよいが、(中国などを別にして) 効果はほとんど期待できず、一方それらを強力な形式 (たとえば法制化やペナルティ付きの指導) で実行することにはきわめて強い批判、したがって困難が予想される。

## マクロ金融政策

次にマクロ金融政策、すなわち金融引締め、政策金利引上げである。巨大バブルの被害は甚大であり、プルーデンス政策による抑止には限界があると考えられる以上、マクロ金融政策が不可欠であり、かつ中心にならざるをえない。

その発動に対する反対論は、バブル抑止に金融政策を割り当てると、過度な引締めによって物価および景気の安定が損なわれる恐れがあるという点にある。しかしこれを一般論として論じても意味がない。バブルの規模 (そして予想される事後の被害の程度) と、物価・景気の安定という他の目標の状態の組み合わせによって、多様なケースがありうるからであり、それに応じて具体的に判断されなければならない。ごく一般的には、物価・景気の安定という重要な目標に大きく相反しない限りで巨大バブル抑止に乗り出すべきであるといえる。1980年代日本、2000年代アメリカのケースでは、引締めを発動しても物価と景気に深刻な問題は生じなかったと考えられる。さきの認知手段を参照したバブルの規模、物価・景気の条件を考慮した総合的な判断が必要とされるのであって、事前に目標間のリジッドな順位付けや重要度のウェイト付けを行っておくこと (ルール化) は無理であろう。

引締め政策の眼目は、強気一辺倒になっている期待に働きかけ、それを変えることにある。環境の重要な部分が変わったと認識させるアナウンスメント効果を発揮させることに留意しなければならない。

### その他の政策領域

第4がその他、すなわち金融以外の領域の政策である。この中では税制が重要であろう。日本のバブルでは、土地保有に対する非中立的な軽課が土地投機・バブルの重要な原因となった。こうした中立性欠陥の是正が重要であって、投機対象資産に非中立的に重課することはまた歪みを生み、望ましくない。

## (2) バブル崩壊後への準備

### 緩和政策への早期転換

経験的に、バブルの生成から崩壊にかけての局面では、自動車の急カーブの切り方と同じく、"slow-in, fast-out"すなわち早めのブレーキと強いアクセル踏み込みが必要である。このことの困難さもタイミングのとらえ方にある。日本のケースでは、株価は1989年末をピークに下降したのに対し、地価は90年も上昇したし、実体経済のブーム感は91年まで残った。今回のアメリカでも、不動産バブルは2007年にはピークアウトしたが、一次産品価格の世界的暴騰を伴った実体経済のブーム感は08年9月のリーマンショックまで残ったといえる。

こうした中で遅れなく金融緩和に入ることは（バブル期の引締めと同じく）容易ではない。テイラー・ルール等も手遅れを避ける助けとなる保証はない。したがって中央銀行は、この転換点到達を意識したなら、歴史的パターンもふまえた先行き見通し型の判断を行い、十分な説明・説得を通じて期待に働きかけていく努力を決意するほかないであろう[20]。

### 金融システム維持政策の枠組みの整備補強

この間の経過を通じて、早期是正措置や金融機関破綻処理・再生法制、公的資金投入の枠組み、また企業破綻処理・再生法制などは整備されてきた。しかし将来のバブルに対して万全の準備ができたということはありえない。また新たな条件が生まれ、不足する制度が出現すると考えられる。その時点で、バブル崩壊を見据え必要な補強を早期に行うことが重要となる。

## おわりに

要約しよう。巨大バブルがもたらす被害は甚大であるから、その膨張抑止に最大限注力しなければならない。単純な資本還元法により資産の理論価格を推定し、それと現実価格の乖離を監視することは、バブル発生の認知と規模の把握および政策発動の必要性の説得の手段の中心となる。その他の指標と併せて認知と説得に努力し、バブルの規模と物価・景気の条件とを総合的に判断して、マクロ金融政策の引締めを中心とする抑止政策を追求すべきである。

1) ここで"バブル経済 bubble economy"という語は、不動産と株式を中心とする大規模で数年にわたる資産価格バブル、すなわちファンダメンタルズから大幅に乖離した暴騰と暴落に、同時に生ずる実体経済のブームを合わせた、マクロ経済全体の投機的過熱現象――その崩壊によりマクロ的な危機状況を招く点でこれこそが重要である――を指すために用いるが、以下では簡略化してこの意味でバブルともいうことにする。
2) 対処すべきなのは、マクロ的経済危機に結びつくような、数年にわたる大規模なバブル経済であって、ここで挙げられた例が抑止否定の論拠として適切とは思われない。
3) この主張は各論点について説得的でない。まず、この1つの回帰分析をもって金融政策とバブルの関連を棄却するのは粗雑に過ぎる。資本流入が重要だという主張も、今回の危機や東アジア危機などには当てはまるが、後述するようにこれはバブルの1つのタイプにすぎず、1920年代アメリカや1980年代日本のような内生型バブルには当てはまらない。また、これも後述するように、規制・監督（ミクロ・マクロの prudential policy）でバブルが抑制できるかはきわめて疑問である。
4) 経常バランスの分類に注目して今次危機を包括的に分析したものに中井（2009）がある。
5) 侘美（1994）、415-422頁。
6) 侘美（1994）、340-341頁、430-433頁。
7) ただしこの時期には国際金融面での難しさがあったことも付け加えておかなければならない。資金余剰にあった1920年代のアメリカは、ヨーロッパの資金不足をファイナンスし、これによって世界的な資金循環が成り立っていた。しかし末

期に至ってアメリカは資金を吸引し始め、この資金も株式ブームを加速させて、以下相互促進を生じた。ヨーロッパは資本の流入を絶たれ、国際経済循環は変調を来す。アメリカの利上げがこの逆流を促進したとすれば、利上げすべきであったと単純には言えないことになる。利上げの効果について検討が必要である。また、この国内面と国際面の間のジレンマ状況は、別の解（たとえば資本取引規制などの為替政策）を必要としたかもしれず、この点も検討を要する。

8) 文献は数多いが、さしあたり香西・白川・翁編（2001）、野口（1992）、吉冨（1998）、『経済白書』1993・1995年度版などを参照。
9) 『経済白書』1988・1989年度版。
10) 吉冨（1998）、伊藤（1995）第5章。
11) 極端な楽観論・悲観論はいつでもある。ある局面でそのいずれかが圧倒的に受け入れられることが問題である。伊藤「補論　バブル期の世論の分析」前掲・香西他編（2001）を参照。
12) Bernanke and Gertler（1999）。ただし同論文は金融政策を資産価格に割り当てることは肯定しない。
13) 香西・白川・翁編（2001）。
14) この項、法政大学比較経済研究所・露見編（2000）、伊藤・奥山・箕輪編（2005）参照。
15) 利用できるデータは、金利（即時入手可能）、地価は日本不動産研究所「市街地価格指数」（2カ月後発表）など、賃貸料は日本不動産研究所「全国賃料統計」（9月調査、11月発表、1996年～）、日本ビルディング協会連合会「ビル実態調査」（4月調査、10月発表）などであり、賃貸料統計にやや調査周期の問題があるが、バブルの膨張は数年間にわたるものであるから、致命的ではない。
16) 問題になるのはGDP統計の速報性であるが、四半期データであれば第1次速報値が1.5カ月後、改訂値がその1カ月後に公表されるから、十分実用可能である。
17) 以上については伊藤（1995）第6章。
18) 以上については翁百合（2009）、Borio and White（2003）参照。
19) 岩田（2009）第6章に簡潔に紹介されている。本書第4章も参照。
20) 翁（2010）参照。

## 参考文献

伊藤修（1995）：『日本型金融の歴史的構造』東京大学出版会
伊藤修・奥山忠信・箕輪徳二編（2005）：『通貨・金融危機と東アジア経済』社会評論

社
岩田規久男（2009）：『金融危機の経済学』東洋経済新報社
大山剛（2009）：『グローバル金融危機後のリスク管理』金融財政事情研究会
翁邦雄（2010）：「バブルの生成・崩壊の経験に照らした金融政策の枠組み――FED VIEWとBIS VIEWを踏まえて」吉川洋編『デフレ経済と金融政策』慶應義塾大学出版会
翁百合（2009）：「グローバル監督政策におけるマクロプルーデンスの視点」金融庁基本問題懇談会資料、9月11日、www.fsa.go.jp/singi/singi_kinyu/kondankai/siryou
白川方明（2008）：『現代の金融政策』日本経済新聞出版社
香西泰・白川方明・翁邦雄編（2001）：『バブルと金融政策』日本経済新聞社
侘美光彦（1994）：『世界大恐慌』御茶の水書房
中井浩之（2009）：『グローバル化経済の転換点』中公新書
野口悠紀雄（1992）：『バブルの経済学』日本経済新聞社
法政大学比較経済研究所・靎見誠良編（2000）：『東アジアの金融危機とシステム改革』法政大学出版局
吉川洋（2010）：「デフレ経済と金融政策」吉川洋編『デフレ経済と金融政策』慶應義塾大学出版会
吉冨勝（1998）：『日本経済の真実』東洋経済新報社
Bean, Charles (2003)："Asset prices, Financial Imbalances and Monetary Policy: Are Inflation Targets Enough?", *BIS Working Paper*, 140, September
Bernanke, Ben (2010)："Monetary Policy and Housing Bubble", Speech at the Annual Meeting of the American Economic Association, Atlanta, January 3, http://www.federalreserve.gov/newsevents/speech/
Bernanke, Ben and Mark Gertler (1999)："Monetary Policy and Asset Price Volatility", *Economic Review*, FRB of Kansas City, 4th Quarter
―― (2001)："Should Central Banks Respond to Movements in Asset Prices", *American Economic Review*, Vol. 91, No. 2, May
Borio, Claudio and William R. White (2003)："Whither Monetary Policy and Financial Stability? The Implications of Evolving Policy Regimes", A symposium sponsored by the Federal Reserve Bank of Kansas City, Jackson Hole, Wyoming, August 28-30, http://www.kc.frb.org/publicat/sympos/2003/pdf/Boriowhite2003.pdf
Filardo, Andrew J. (2001)："Should Monetary Policy Respond to Asset Price Bubbles? Some Experimental Results", *FRB of Kansas City RWP* 01-04, July
Gilchrist, Simon and John V. Leahy (2002)："Monetary Policy and Asset prices",

*Journal of Monetary Economics*, 49

Greenspan, Alan (2004) : "Risk and Uncertainty in Monetary Policy", *American Economic Review*, Vol. 94, No. 2, May

Gruen, David, Michael Plumb and Andrew Stone (2003) : "How Should Monetary Policy respond to Asset-Price Bubbles?", *Research Discussion Paper*, 2003-11, Reserve Bank of Australia, November

Kent, Christopher and Philip Lowe (1997) : "Asset- Price Bubbles and Monetary Policy", *Research Discussion Paper*, 9709, Reserve Bank of Australia, December

Posen, Adam S. (2006) : "Why Central Banks Should Not Burst Bubbles", *Institute for International Economics Working Paper*, No. 06-1, January

# 第4章　金融機関のリスクテイクとバブル

神津 多可思

## はじめに

### (1) 今回の国際的な金融危機

　米国のサブプライム住宅ローンに関連し、長期的に維持可能なかたちでの与信が行われていない可能性があるといった懸念がしばしば指摘されるようになったのは、2007年に入った頃からであった。その後の展開は記憶に新しいが、今次金融危機のごく初期においては、問題はあまり深刻ではないのだとの評論がしばしば聞かれた。にもかかわらず、世界経済は文字通り未曾有の混乱を経験し、その程度はしばしば100年に一度と言われた。このような展開は、金融市場や資産市場でバブルが生成され、それが破裂する時、事態の正確な認識を行うことがいかに難しいかを改めて示していると言える。振り返れば、1990年代の日本のバブル崩壊期において、政策対応を巡って海外からはさまざまな批判がなされた。そうした批判をした人々もまた、自らが直面するバブルの崩壊に際して、それにどう対応したら良いのか、あるいは民主主義と市場経済の社会において、実際にどう対応し得るのかということについて、悩みはきわめて深かったであろう。

　もっとも、今回の国際的な金融危機に端を発した大規模な世界的調整過程は、日本のバブル崩壊とは異なる新しい側面も有している。まず、米国の信用度の

高くない借入人を対象としたサブプライム住宅ローン債権をまとめて流動化した証券化商品の価値が、短期間で大きく低下したのが今回危機の発端であった。このことに端的に現れているように、長期的に維持できない行き過ぎた信用供与は、今回の場合は資本市場を通じてその影響が世界中に伝播した。その伝播に一役買ったのは、originate-to-distributeと呼ばれる金融機関のビジネスモデルであった。これは、信用リスクの高い貸出債権でも、それをたくさん集めた上でもう一度分解し直し、信用度の高い部分を切り出して、それに格付を付し、幅広い投資家に売却するというもので、金融機関は自らのバランスシートを使わずに手数料で収益を挙げることができる。

1990年代以降、急速に進展したグローバライゼーションの結果、今日、世界の金融市場はかつてないほどに密接に結び付いている。その中で、サブプライム住宅ローンの証券化商品も、欧米主要国において広範な投資家が保有することとなった。そのため、米国で発生した過剰な信用供与の影響が瞬く間に欧米主要国に波及した。もちろん、そのような過剰な信用供与は、米国だけで行われていたわけではなく、行き過ぎた不動産価格の上昇に見舞われていた国は、いずれも米国発のショックを契機に一斉に米国同様の調整過程に入った。さらに、グローバライゼーションの影響は、単に金融面でのショックについてだけでなく、それに引き続いて起きた実体経済面での調整についても観察された。金融市場におけるショックを契機に始まった欧米主要国の景気減速は、直ちに世界経済全体の減速となり、特に欧米主要国向け輸出の動向に大きな影響を受ける日本経済では、まさに崖から転げ落ちるような形で急激かつ大幅な調整を与儀なくされることになったのである。

(2) 1980年代後半の日本のバブル

今回の世界的な経済危機は、以上のように新しい特徴を持ったものであるが、一方で1980年代後半以降の日本のバブルの生成・崩壊とそれに伴う様々な経済調整と共通する部分もかなりある。まず、長く続いた緩和的な金融環境のもとで、経済主体の将来に対する見通しが過度に楽観的になり、事後的にみると過

大なリスクテイクが行われたという、金融面での過剰発生の基本的なメカニズムは基本的に共通と言える。また、金融市場の機能低下が経済全体の深刻な調整の引き金となった点や、さらに調整が金融面だけにとどまらず、実体経済にも及んだ点も類似している。

　世界経済が今次金融危機後どう展開していくか、なお不確実な部分が大きいが、日本のバブル崩壊後の調整過程では、金融経済・実体経済の両面での調整が終わってからようやく、経済全体として前向きの力が本格的に働き始めたように思われる。金融面の過剰の裏には、常に実体面の過剰もあるはずなので、どうしてもそのような展開になるのであろう。

　他方、日本のケースと今回の米国のケースでは、実体経済面の過剰／不均衡の所在は、すでに触れたように全く同じではない。日本のバブルでは、不動産に関連した特定の業種での過剰投資が特に大きな問題であった。それが金融面では銀行部門における関連する貸出の不良債権となった。これに対し、今回の米国においては、上述のようにサブプライム住宅ローンが危機発生の発端であり、そのことからも示唆されるように、家計部門における過剰消費（＝貯蓄不足）が実体面での不均衡の中心である可能性がある。それが金融面では、関連する流動化商品が広範な主体によって保有され、その価値が急落したという形のショックとして観察された。

　今後の展開も、自ずとこうした違いを反映させたものになるだろう。日本の場合では、銀行部門のバランスシートと、主として特定の業種の企業のバランスシートをどう再建するかが焦点であった。それとの対比でみれば、今回の米国の場合、問題となる金融機関は銀行部門だけに限定されるわけではなく、証券、保険も含む幅広い金融機関が対象となるはずである。また、企業部門だけではなく、家計部門のバランスシート再構築に目途がつくかどうかも、調整過程から完全に抜け出すためには重要となるはずである。日本の経験は、金融面・実体面の調整は同じコインの両面であり、双方において調整が完了するまで経済は定常状態には戻れない可能性が高いことを示している。米国でも同様のことが言えるかどうか、今後の展開が注目される。

なお、今回の国際的な金融危機は、何も米国だけで起きたわけではない。欧州も欧州なりの問題を抱え、バブルが崩壊し、その調整が進んでいる。事情には共通するところも多いが、全く同じとも言えない。しかし本章では、日本のバブルと今回の米国における金融危機との対比に関心を限定して議論を進める。

### (3) 金融面での過剰の回避

繰り返しになるが、日本の1980年代後半のバブルの生成も、今回の国際的な金融危機に至る米国での過程も、金融面での過剰が蓄積されたという点では共通である。そのような金融面の過剰に関しては、特に金融技術革新が急速に進展するもとにあっては、金融システムのどの部分で発生し、どこに蓄積されていくかということに予断を持つのは危険である。日本のように銀行部門を通じる金融仲介が支配的な経済にあっては、まずは銀行部門の活動を仔細にモニターすることが大切となるが、米国のように銀行部門以外の、すなわち資本市場を通じる金融仲介のパイプが太い経済にあっては、それだけでは不十分となる。金融システムを全体としてみて、過剰が発生していないかどうかを確認するという視点は、最近しばしば「マクロ・プルーデンス」という言葉で表現される。個別の金融機関の健全性を確認するミクロ・プルーデンスに対し、業態・市場・商品を問わず、金融システムを全体としてみて、その安定を脅かすような要素がないかどうかを確認するのがマクロ・プルーデンスの視点と言える。

米国、欧州などではそのための監督体制作りの議論が進んでいる。業態・市場・商品の垣根にとらわれず、さらに個別の金融機関の健全性だけにとらわれず、金融システム全体の安定を監視する組織を作ろうとする動きである。そうしたマクロ・プルーデンス当局には、すべての金融機関、金融市場、金融商品を視野に入れ、経済全体の金融仲介において何らかの不均衡が生じていないかどうか、目を光らすことが期待される。しかし、そうした監視の結果として、何らかの不均衡が観察された場合、どのようなアクションを採れば良いのかという点については、まだコンセンサスは形成されていないように思われる。マ

クロ・プルーデンス「政策」という言葉を使った場合、当然、その手段は何かという議論になるが、その点についてはなお答が確定しているわけではない。

(4) 本章の構成

本章では、以上のような問題意識のもとで関連する論点をみる。構成としては、まず日米の金融仲介の構造的な違いを概観し、そうした金融システムの構造上の違いがあっても、日本のバブルと今回の米国の金融危機の間には、共通した特徴があることをみる。その上で、当然のことながら、金融システムの構造の違い、金融技術の発展等を背景に、両者における金融面での過剰の発生の仕方に相違があることをみる。さらに、そのような金融面での過剰の発生を、将来的にどう防止していけばよいかについて考える。その際、併せて、金融機関の規制・監督を巡って、現在、どのような方向性で国際的な議論が進んでいるかについても概観する。最後に、残った幾つかの論点について考察を加える。

## 1 日米の金融仲介の特徴

(1) 金融仲介のあり方

まず議論の出発点として、日本と米国の金融仲介の構造的な違いを整理しておこう。資金循環統計によって、日本と米国においてどのように資金仲介が行われているかをみると、まず日本においては、銀行の預金—貸出を通じる資金仲介の役割が非常に大きいことがわかる（図表4−1）。これに対し米国では、銀行・保険・年金以外の金融機関を通じる部分、すなわち、経済主体が資本市場を通じて直接リスクをやりとりする資金仲介の割合が大きい（図表4−2）。

このような資金仲介上の構造的な違いがなぜあるのかということは、それ自体、大変興味深い問題であるが、本章では立ち入らない。しかし、そのような違いを所与とすれば、金融システムにおいて何らかの過剰が発生した場合、日本であれば、その過剰は銀行部門のバランスシートにそのほとんどが現れるこ

図表 4-1 日本の金融仲介

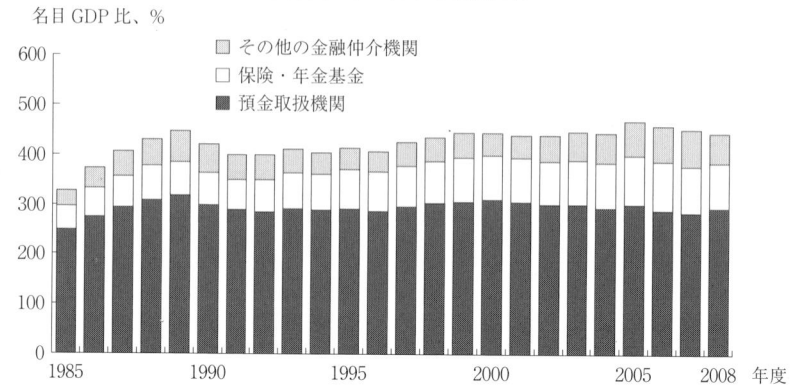

名目 GDP 比、%

- その他の金融仲介機関
- 保険・年金基金
- 預金取扱機関

注:「その他の金融仲介機関」は、証券投資信託、ノンバンク、ディーラー・ブローカー、非仲介型金融機関の合計。
出所:内閣府、日本銀行。

図表 4-2 米国の金融仲介

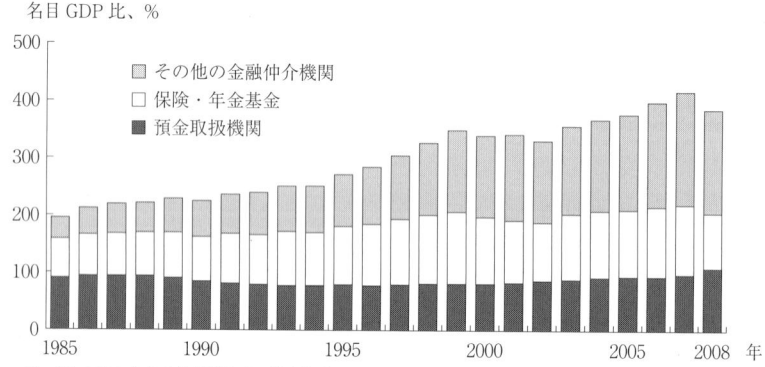

名目 GDP 比、%

- その他の金融仲介機関
- 保険・年金基金
- 預金取扱機関

注:「その他の金融仲介機関」は、投資信託、ノンバンク、ディーラー・ブローカー、ファンディング会社の合計。
出所:Bureau of Economic Analysis、FRB、内閣府、日本銀行。

とになる。これに対し、米国では、銀行部門のバランスシートをみているだけでは不十分で、家計部門等の非金融部門のバランスシートが全体としてどうなっているかも確認しないと、過剰のありようはわからないということになる。したがって、米国において、今次金融危機に伴う調整が完了したかどうかをみる場合、銀行部門の動向だけでは完全には把握できず、家計部門、企業部門の

行動が通常に復したかどうかとの確認も重要になってくると考えられる。

(2) バブルの生成過程

以上のような金融仲介のあり方の違いを反映して、日本のバブルは、金融面では銀行の貸出資産の不良債権化として顕現化した。そのような不良債権化した貸出の背後には、言うまでもなく、一部の産業に集中していた、事後的にみれば不採算化した過剰投資があった。そうした不良債権は、業種的には建設業・不動産業・卸小売業等に集中していたと言われている。これら業種では、言うまでもなく不動産関連の投資が多く、地価の下落によってそれら投資が不採算化したことから、投資のために行われた融資もまた、利払いあるいは元本返済が期待できない不良貸出となったわけである。事後的に不採算化した投資は、何もこれら業種に限ったことではなく、他の業種にあっても、将来予測を見誤って行われた設備投資などは、なべて不採算事業となり、関連した貸出もまた不良債権となった。

一方、今回の米国における金融面での過剰の多くは、投資銀行などの、商業銀行とは違う金融機関を通じても経済全体に伝播され蓄積されたと考えられる。今回の金融市場の混乱の結果、高所得者層、機関投資家等でどの程度保有資産が劣化したかを全体として把握するのは、銀行の資産内容の把握に比べかなり困難なことであろう。したがって、米国の家計部門が、全体として今次金融危機を通じてどの程度の損失を被ったかは、今一つはっきりしない。しかし、いずれにせよ、サブプライム住宅ローン等の結果的に返済が困難になった住宅ローンや、価格の大幅下落に見舞われた金融商品への投資等にかかる後始末が終わるまでの間は、家計の消費行動が平常に復することは難しいだろう。

(3) 銀行に対する自己資本比率規制

この間、銀行に対する自己資本比率規制の導入段階の違いが、日米２つのケースにおいて違う影響を与えていた側面もあるように思われる。日本の場合、1990年代初頭にバブルが崩壊し、それに続く調整過程の最中に、銀行の自己資

本比率規制の最初の国際合意（いわゆるバーゼルⅠ）が実施に移された（93年3月末決算から）。それを契機に銀行のリスク認識はいっそう鋭敏になり、そのもとでバブルの後始末が行われていった。そのため、銀行による新しいリスクテイクがいっそう抑制されたとの指摘がしばしばなされてきた。確かに、景気拡大期にリスクのいっそう厳格な認識を促す規制が導入された場合と比べれば、全体としての調整がより大変になったという側面は否定できないだろう。

　一方、今回の米国の場合、新しい銀行の自己資本比率規制の国際合意（いわゆるバーゼルⅡ）の実施が日本、欧州に比べ遅れている。バーゼルⅡにおいては、今次金融危機において問題となった証券化商品あるいはオフ・バランス取引等に対するリスク把握は、従来よりも厳格化されている。そのバーゼルⅡは、日本では2007年3月末決算より、欧州でも同年12月末決算より実施されているが、米国では2010年初の時点でもなお未実施である。したがって、少なくとも米銀に関しては、バーゼルⅠに比べより丁寧なリスク捕捉とリスクテイクの状況の開示が求められるバーゼルⅡの導入の遅れにより、金融面での過剰の蓄積が一定程度看過された可能性がある。

　また、銀行の投資勘定（trading book）における市場リスク規制の見直しは、バーゼルⅡの枠組みには盛り込まれておらず、1998年から実施されてきた規制がなお存続してきた。そうした状況において、複雑な構造を持った証券化商品の短期保有にかかる規制上の資本賦課は、投資勘定において、銀行勘定（banking book）よりもかなり軽い状況になっていた。今回の金融危機において、欧米主要行の損失の大半は投資勘定から発生したと言われており、その背後には上述のような規制上のアンバランスがあったと指摘されている。このように、バーゼルⅡの枠組みにもなお不備なところがあり、したがってそれが米国において導入されていれば今回のような金融危機が回避できたとまでは言えないだろう。しかし、少なくとも米国の銀行が被った損失の程度は、より抑制できた可能性はある。

## 2　日米のバブルの共通点

### (1)　金融面での過剰の蓄積

　すでに指摘したように、1980年代後半から90年代にかけての日本のバブルの生成と崩壊のプロセスと、今回の米国のそれとは、金融面での過剰が蓄積され、その調整を余儀なくされたという点では共通と言える。さまざまな背景のもとで形成された金融面の過剰は、結局は維持できず、どこかの時点で調整せざるをえなくなる。その調整過程の最初の段階において、まず金融市場の著しい機能低下が起こったことも日米共通である。資本市場での大幅な価格下落が引き金となって、各金融機関が、その保有する資産からどの程度の損失が発生するかについて疑心暗鬼に捕らわれる。そうなると、短期の資金を運用・調達する市場においても、取引相手の信用度に対する不安から取引が成立しにくくなり、最後は市場機能がほぼ停止する状態にも至る。短期金融市場がそのようなきわめてストレスの強い状態に陥ると、そうしたことがなければ存続し得たような金融機関、さらには一般事業法人も、短期的に資金繰りがつかず、中には倒産してしまうケースも出てくる。それは、まさに90年代後半の日本の銀行危機の際にも発生し、今回の国際的な金融危機においてもまた同様であった。

　このような金融市場の機能低下は、最近では金融市場の市場流動性の低下とも呼ばれる。これに対し、個別の金融機関・企業が資金繰りに詰まるような状況を表現する際の流動性不足は、資金流動性の低下と呼ばれる。短期の金融市場が市場流動性の低下に見舞われると、個々の市場参加者の努力ではもはや事態の改善は難しくなり、最後の流動性供給者である中央銀行による対応が不可欠となる。90年代後半以降の日本の場合も、今回の国際的な金融危機の場合も、いずれも中央銀行が、広範な短期金融市場取引の相手方となるような異例の対応を採ることによって、市場流動性の低下への対応が図られ、最低限の市場機能が保持された。

(2) 金融経済と実体経済の不均衡

　日本と米国のバブルについて、生成段階におけるもう1つの共通点は、金融面での過剰の蓄積の過程で、株価・地価あるいは住宅価格といったストック価格がはっきりとした上昇を持続させたということである。これらの資産価格が上昇を続けている時、それが維持可能なものか、そうでないのかを判断することはきわめて難しい。歴史を振り返ればバブルの生成と崩壊の事例は多々あるが、現実にバブルが生成される局面に逢着すると、必ず今回は違うという説明が出てくる。米国連邦準備銀行のグリーンスパン前議長が、結局、バブルかどうかという判断は渦中ではできないという立場をとったことは有名である。しかし、事後的にみれば、過去において資産価格が上昇し過ぎていたことはかなり容易にみてとれる。

　この点を株価についてみるために1980年以降の日米の代表的な株価インデックスの推移を描いたのが図表4-3である。日本の場合、80年代後半から明らかに株価上昇が加速している。米国の場合も、90年代に入ってからのいわゆるITバブルの時に大きく上昇し、その後の調整局面を経て、2000年代に入ってからまた顕著な上昇をみている。これらの株価上昇が、実体経済の状況に比して過剰であったのかどうかという判断が問題になるわけだが、その点についての明快な答えはいまだ出ていない。

　さらにもう1つの代表的資産価格である地価あるいは住宅価格についてみると、80年代後半の日本、2000年代に入ってからの米国、いずれにおいてもそれらの上昇が加速していたことがわかる（図表4-4）。そして、そのような地価・住宅価格の急上昇の背後で、過剰な不動産関連投資や、行き過ぎた住宅ローンの実行といった実体経済面での不均衡が生じていた点も共通である。

　言うまでもなく、資産価格の形成においては、取引を行う主体の将来に向けての期待が重要な役割を果たす。上記のような資産価格の急上昇の背後では、経済主体の将来の経済状況に対する見方が強気化している。そのように期待が強気化する背景には、一定期間にわたる経済成長の持続と物価安定の共存、そ

図表4-3　日米の株価インデックスの推移

1980年1月=100

TOPIX
S&P500

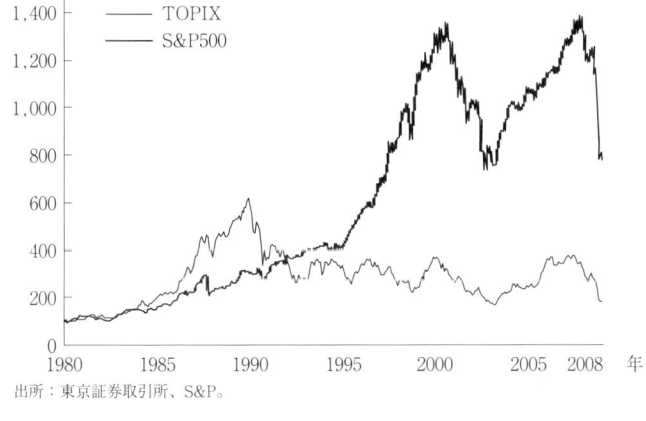

出所：東京証券取引所、S&P。

図表4-4　日米の地価動向（住宅価格）

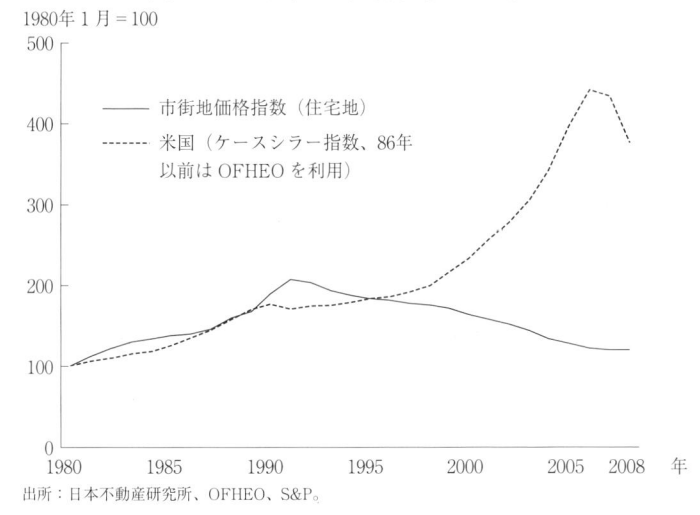

1980年1月=100

市街地価格指数（住宅地）
米国（ケースシラー指数、86年以前はOFHEOを利用）

出所：日本不動産研究所、OFHEO、S&P。

うしたもとでの緩和的な金融環境の維持が影響している側面が大きいとの指摘も良く聞かれる。実際、資産価格の顕著な上昇が生じた時期に日米経済が置かれた状況を振り返ると、共通してそうしたことが起きていたと言える。

(3) 経済主体の期待の果たす役割

　居心地の良い経済環境の中で将来の見通しが楽観的になるのは、ある意味、人間の性であり、いかんともし難い面がある。そうした人間の性を前提にすると、経済成長や労働市場の状況といった実体経済活動との対比で、観察される資産価格が不釣合いだとの主張を説得的に行うのは容易ではない。物価の上昇というシグナルがはっきりしていれば、それを理由にして経済活動を制御することもまた可能になる。しかし、為替レートの大きな変動（日本の場合）、あるいはグローバライゼーションによる供給面への影響（今回の場合）などによって、物価面でははっきりとしたシグナルが観察されず、しかし資産価格に行き過ぎた将来見通しの強気化の影響が出るということは起こり得る。これが、日米のバブルの経験が示していることの1つと言えるだろう。

　実体経済と釣り合わない形で資産価格が上昇している場合、資金の運用者から調達者への仲介もまた実体経済と釣り合わない形で活発化しているはずである。このため、経済全体としてみた信用の創造が、GDPなどによってみた実体経済活動の水準と比べて過大になっていないかどうかの確認が重要だということが最近言われるようになっている。両者のバランスが崩れている時に、いずれかの資産価格の急激な上昇が観察されれば、金融面での過剰が形成されている可能性が高いと考えるということである。

　また、資産価格の変動そのものだけに注目しても、短期間のデータにもとづくリスク評価が、長期間のデータにもとづくそれより、統計的にリスクが小さいことを示すような場合には注意を要するというようなことも言える可能性がある。たとえば、何らかの資産価格について、短期的にはっきりとした上昇トレンドを持つ、あるいはそのボラティリティが短期的には一定以上狭い定範の内にあるといったような状態が観察されるとすれば、そうしたもとで形成されている資産価格にはバブル的要素が入っているというようなことである。

　これらの考え方の妥当性の検証は今後の課題だが、バブルの再来を避ける観点からは、そうした取り組みを続けていくことが重要である。さらに、のちに

また触れるが、何からのアプローチによってバブルが発生していそうだと判断できたとして、それに対してどのような政策対応を採るかというのが、その次の重要かつ困難な問題である。マクロ・プルーデンス政策とはまさにそうした政策対応のことであるはずだが、具体的なデザインについては、なおコンセンサスは形成されていないように窺われる。

## 3　日米のバブルの相違点

### (1) 不均衡の発生

次に、日本のバブルと今回の米国のバブルの相違点についてみていこう。まず、1980年代後半における日本のバブル生成の場合は、すでに述べた通り、金融面の過剰は、銀行部門において、のちに不良債権化する貸出として蓄積されていった。過剰は主として銀行部門に溜まっていった。これに対し今回の米国の場合は、たとえば低所得者層向けのサブプライム住宅ローンを原資産として集め、それを流動化した証券化商品が、自国経済の中でも、さらには世界的にも、広く拡散し保有されるという形で金融面の過剰が蓄積していった。

この点を、金融機関別にみた資金仲介額の変化によってみてみよう。日本の金融機関を、預金取扱金融機関（＝銀行）、保険・年金、その他の３つに分け、それぞれを通じてどの程度の金額の資金仲介が行われたかを名目GDPとの対比でみたのが図表4-5である。1980年代後半のバブル生成期に、銀行部門を通じた資金仲介が顕著に活発化していたことがわかる。金融面での過剰は銀行のバランスシートに蓄積されていったのである。

これに対し、同様のことを米国についてみたのが図表4-6である。90年代後半、2000年代に入ってからのそれぞれの時期で、その他、すなわち資本市場を通じる民間経済部門の直接の資金仲介が活発化していることがわかる。金融面の過剰は銀行部門に集中して蓄積されたわけではないということである。また2008年については、資本市場を通じた資金仲介が著しく阻害されたことを反

図表4-5　日本の金融機関別にみた資金仲介額

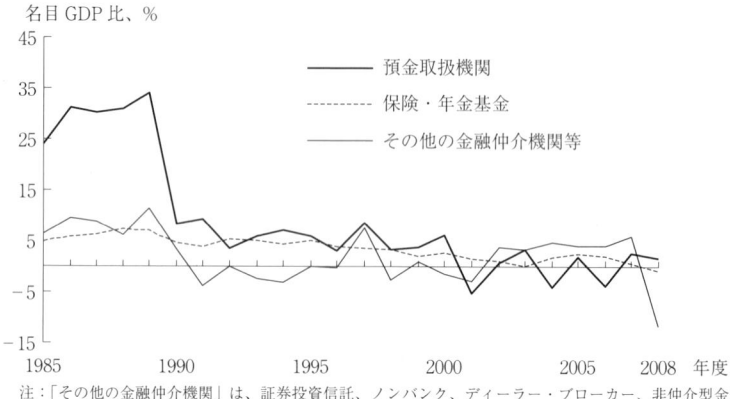

（名目GDP比、％　預金取扱機関／保険・年金基金／その他の金融仲介機関等）

注：「その他の金融仲介機関」は、証券投資信託、ノンバンク、ディーラー・ブローカー、非仲介型金融機関の合計。
出所：内閣府、日本銀行。

図表4-6　米国の金融機関別にみた資金仲介額

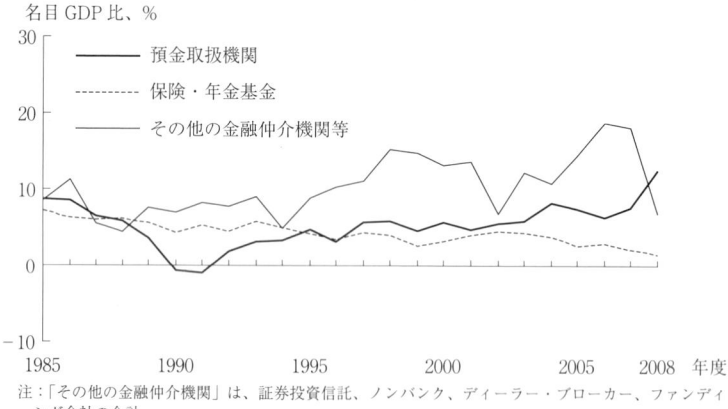

（名目GDP比、％　預金取扱機関／保険・年金基金／その他の金融仲介機関等）

注：「その他の金融仲介機関」は、証券投資信託、ノンバンク、ディーラー・ブローカー、ファンディング会社の合計。
出所：Bureau of Economic Analysis, FRB。

映してか、資金仲介が銀行部門に戻ってきていることがみてとれる。

　今回の米国のバブルの場合、銀行部門にだけ着目していても金融面での過剰の蓄積を追えないということに加え、貸出債権でなく、金融商品の評価が問題になっているという違いもある。しばしば指摘されるように、ローン債権を集め流動化した証券化商品には、一度債券化されたものを集めて再度債券化する

といった、何重もの階層構造を持ったものもあった。このため、最終投資家が、自ら保有する証券化商品に内包するリスクの大きさを、債券の構造が複雑過ぎて自分では見極められない場合も多々あった。そこで活躍したのが格付けであり、中身は良くわからないが高格付けだから大丈夫との判断のもとで投資が行われていった。そのような状況のもとで、先に指摘した市場流動性の低下が、証券化商品の市場において短期間で顕現化し、投資家は膨大な損失を被るに至ったのである。

　格付会社による格付けをシグナルとした均衡は、市場流動性の短期間での大幅な低下というようなことがなければ、それなりに合理的な側面もあったであろう。しかし、市場流動性の低下がないという前提が崩れたもとでは、格付けを信頼した上での市場均衡は、決して維持できるものではない。この格付けへの不信が、さらに市場混乱に拍車を掛けるということにもなったのである。その結果、証券化商品の市場の中には、全く価格が付かなくなったものも出て来て、仮に満期まで持っていれば額面で返ってくることがかなりの確率で期待できるような商品でも、すぐに売ろうとすると大幅に価格がディスカウントされるというような状況に陥った。世界的にみて、市場流動性は復元してきているが、それでも一部の証券化商品については理論価格と市場化価格が一致していないようである。そのような商品を保有している金融機関の中には、それらの価格評価を時価では行っていない先もあるが、それは、今回の市場混乱を受けて会計制度の側面でそうした扱いが認められるようになったため可能となっている。

　このように、今次金融危機の場合には、不良債権化した証券化商品がどのような主体によって、どの程度保有されているか、さらにはその毀損はどの程度であるのかといったことが、見極めがたくなっている側面がある。加えて、一般的に資産価格の決定においては、将来の経済情勢をどうみるかが重要な要因であり、証券化商品の毀損額には、経済の先行きを楽観的にみるのであれば小さくなり、悲観的にみるのであれば大きくなるという不確実性もある。このような種々の見通し難い要因があるため、今回の世界的な金融危機後のさまざま

な調整が実際どこまで進んでいるのかという判断をする際には、日本のバブル崩壊後のケース以上に難しい側面もあると考えられる。

(2) 調整がなされるべき経済部門

すでに述べたように、金融面の過剰は、決してそれだけで発生するものではなく、実体経済面での過剰と裏腹の関係にあると考えられる。日本のバブルの場合、銀行の貸出資産の不良債権化は、特に建設・不動産・卸小売といった特定の業種において顕著であった。このことは、金融面での過剰の背後にあった実体面の過剰の主流は、これら業種での過剰投資であったことを意味する。発生してしまった金融面での過剰の処理は、それをすぐに行おうとするのであれば、損失額を確定し、その分担を決める以外にない。その分担のありようによっては、金融機関が倒産したり、あるいは企業が倒産したり、さらには税金が使われたりということになる。すぐに決着を付けないという選択肢が採られるのであれば、時間をかけて将来の名目経済成長の中で企業価値あるいは商品価格が復元するのを待つということになる。しかし、その場合は、当事者にしてみれば、公正価値でみたバランスシートの毀損が残ることになるので、それが金融機関行動、企業行動に一定の影響を与え、したがっていっそう調整期間が長期化するという可能性が残る。

一方、実体経済面での調整は、金融面での過剰の処理と並行している側面もあるが、仮に損失分担が確定したとしても、たとえば作ってしまった過剰設備が過剰でなくなるわけではない。企業活動の面では、金融とは別に供給サイドでの調整も行わなくてはいけない。日本のバブルの例で言えば、それが象徴的に現れたのが上記の3業種でのリストラである。かつて、企業リストラにおいては、設備、雇用、負債の3つの過剰の解消が重要と言われたが、このうち設備、雇用の調整はこの実体経済面での調整に当たる。いずれにしても、日本の場合は、企業部門の調整ということが重要であった。

これに対し今回の米国の場合は、まず不良債権化した証券化商品の保有主体が広く経済に分散していると考えられることから、金融機関だけをみていれば

良いというわけにはいかない点はすでに指摘した通りである。銀行以外の金融機関がそうした商品を持っていたはずだし、一般事業法人や家計も余資運用・貯蓄等の目的で直接・間接に保有していたはずである。したがって、金融面の過剰の把握も、銀行のバランスシートの中身だけをみるのでは不十分になる。

　また、今回の米国の場合は、実体面での過剰が基本的に家計部門に蓄積されている可能性が高い点も、日本の場合とは異なる。米国家計部門のマクロの貯蓄率の低下を勘案すると、住宅価格の持続的な上昇を前提に、家計の債務が過剰なレベルに達し、それが維持できなくなって今回の調整が始まったという側面もあると言えるだろう。その調整が、どのような状況において完了したとみなせるかは、人口動態等も考慮した上で、家計部門の最適債務比率をどうみるかということに依存するので、非常に困難な問題と言える。企業部門のバランスシート調整の進展度合いの判断も決して容易ではないが、今回の米国の場合は家計部門についてそうした判断をしなくてはならないという、また違った難しさがあるように思われる。

## 4　金融面の過剰の防止策

### (1)　金融規制を巡る国際的な議論の方向

#### マクロ・プルーデンスの視点

　今回の金融混乱は世界規模で起きただけに、こうしたことを二度と繰り返さないためにどうすれば良いかという議論が、欧米先進国がリードする形で国際的に活発に行われている。金融市場の混乱の震源地は言うまでもなく欧米であったが、その後の経済停滞は、日本も含めまさに全世界に及んだ。そうしたこともあって、金融機関に対する規制をどう見直すべきかは、世界中の関心事となっている。その中で、経済の拡大ということもあって、振興経済圏のこの問題に関する発言力も増しており、現在、アジア、南米、旧共産圏も含めた G20 をベースに今後の規制のあり方が議論されるようになっている。

ここまでに何度となく触れてきたように、今回のような資本市場を通じるストレスの国際的伝播の場合には、単に銀行規制だけを議論していても、危機の再発防止上は不十分である。したがって、マクロ・プルーデンスの視点が重視されるようになっているし、規制についても業態による漏れがないようにしなければならないとの認識が広く共有されるようになっている。その結果、金融機関規制の問題の国際的な司令塔的機能は、1990年代後半のアジア危機ののちに、G7会合へ金融システムの安定に関係する情報をインプットするために設置されたFinancial Stability Forumを改組・拡充したFinancial Stability Boardが担うようになっている。

**バーゼル銀行監督委員会での銀行規制の枠組み見直しの動き**
　銀行部門だけをみていたのでは不十分ではあるが、銀行部門が重要な信用仲介機能を担っていることには変わりはない。今回の金融危機の過程で、欧米先進国を中心に多くの国々で金融機関救済のために公的資金が使われたが、その対象の過半は銀行であった。市場経済の原則に忠実であれば、経営に失敗した銀行は市場から退出させるということになる。しかし、銀行が破綻するような状況においては、さまざまな経済活動が過度に抑制的になっているというのもまたこれまでの経験である。経営に失敗した銀行は潰すという対応が持つ経済の効率化のプラス面と、その結果として経済活動がさらに抑制的になるというマイナス面との対比の中で、銀行倒産を回避することが正当化されるケースもあり得るだろう。そうだとすれば、そのために銀行規制どうするかという議論は引き続ききわめて重要になる。
　国際的に活動する銀行に対する規制に関連して、今回の金融危機は大きく言って2つの教訓を残したと考えられる。1つは、今回銀行が経験した大規模な損失を前提とした場合、損失吸収のためにそれまで銀行が持っていた資本基盤が十分なものであったとは言えないということである。そしてもう1つは、自己資本比率が規制上の最低水準に比べかなり高くても、流動性の問題から銀行経営が行き詰まることが十分起こり得るということである。こうしたことから、

国際的に活動する銀行に対する規制の枠組みを検討しているバーゼル銀行監督委員会では、2009年12月に、自己資本比率規制と流動性規制の2つを柱とする見直しの案を公表し、市中協議に付した。

**リスク捕捉の強化**

その見直し案の中では、銀行の自己資本について、質・量の両面から検討がなされている。世界の主要な銀行が経験した多額の損失計上を前提とすれば、そもそもこれまで要請してきた自己資本の量が十分であったかどうかが問題となるのは当然のことである。しかし資本の十分性を自己資本比率の高低で判断しようとする場合、自己資本比率の分母であるリスク量の計算が妥当かどうかということも重要になる。

バーゼル銀行監督委員会も、今回の損失の多くが、短期的な売買を目的とした金融商品を計上する投資勘定における市場リスクの分野で発生していることから、その分野でのリスク捕捉の強化を提案している。特にローン債権を集め流動化する証券化商品のうち、前述の再証券化商品などについては、これまで以上に厳しくリスクを評価する内容となっている。

**質・量両面での銀行の自己資本の充実**

バーゼル銀行監督委員会は、以上のような投資勘定における市場リスク捕捉の強化を図った上で、さらに銀行の自己資本を質・量の両面で強化すべきであるとしている。自己資本の質の強化が求められるのは、さまざまな資本商品（普通株、優先株、優先出資証券、劣後債等）の中でも、損失吸収力の観点から質の高い資本をたくさん持っていないと、今回のような多額の損失が発生する金融危機は乗り切れないと考えられるからである。たとえば、優先出資証券は、子会社経由で資本性の資金を調達するものであるが、親銀行単体としてみれば形式的には負債と分類されるものであり、それにかかる利払いの停止は、とりもなおさず市場取引上デフォルトを意味する。したがって、銀行経営を存続させながら発生する損失に対応するために、元利払の停止という形で利益の

社外流出を遮断することができず、結局、優先出資証券の持つ損失吸収機能は十分でない、すなわち優先出資証券は十分な資本性を有していないという評価になる。

　バーゼル銀行監督委員会では、これまで主としてTier 1とTier 2に分けられてきた銀行の自己資本について、Tier 1の中でも特に損失吸収力が高いとみなされる部分をより重視すべきだとの結論に至ったようである。そのような、中核のさらに中核となる自己資本としては、普通株式と、公表されている準備金だけを考えるべきとの見解が明らかにされている。さらにTier 1資本は、銀行が破綻に至らない段階（going concern）での損失吸収に当てられる資本との性格がはっきりと打ち出されており、これに対しTier 2資本は、銀行が破綻してしまったのち（gone concern）に、預金者保護の観点から損失吸収に使う資本とされている。

　このように、今や銀行の自己資本は、Tier 1の中のさらに中核の部分、銀行経営を持続させながら損失を吸収するTier 1全体、さらには銀行が破綻した状態で預金者保護の観点から損失を吸収するTier 2も含めた自己資本全体の3つの側面から評価されようとしている。これは、損失吸収力としてより質の高い部分に注目しようとする変化と言うことができる。それぞれのレベルでどのような自己資本比率を適用するかという、いわば量の部分の議論は、2010年前半に世界の代表的な銀行に対して行われる数量的影響度調査の結果をみて、2010年末までに結論を得るとの予定が示されている。

**補完的指標としてのレバレッジ比率**

　現在のバーゼルIIは、自己資本比率の計算において、資産の質によってリスク・ウェイトを変える仕組みとなっている。今回、バーゼル銀行監督委員会は、そのようなリスク・ベースの自己資本比率に加え、リスクに応じた調整を全く施さない資産の大きさと自己資本額を対比する、レバレッジ比率を補完的指標として導入することを提案している。このレバレッジ比率においては、バランスシートに計上される資産だけでなく、実効ある範囲でオフ・バランスの資産

も含めてレバレッジをみるという考え方が示されている。

　もともと最初の国際的に活動する銀行に対する規制の合意であるバーゼルⅠから新しいバーゼルⅡに移行する際に、たとえば同額の貸出であっても、AAA企業への貸出と、新興ベンチャー・ビジネスへの貸出では、リスクが違うであろうから、それを自己資本計算上、勘案できるような変更がなされた。にもかかわらず、今回、補完的なものとはいえ、古くからあるレバレッジ比率（＝資産／自己資本）の考え方が復活しているのは、やはり今回の危機をふまえてのことと言えるだろう。すなわち、金融市場が行き過ぎたブームの状況では、その市場で形成される価格で評価した金融資産のリスクは、たとえば景気循環を通してみた場合、かなり甘めになることは否定できない。ましてやバブル生成期であればそうした傾向はなおさら強まるであろう。実際、今回の金融危機の直前の時期においては、規制上、高い自己資本比率を維持しながら、レバレッジ比率は顕著に上昇するといった例も観察された。

　新しく開発された金融商品を中心に、いかに技術を駆使してリスクを計量しようとも、その把握が常に十分適切なものになるとは限らないという、今回危機の教訓をふまえ、リスクを勘案する自己資本比率を補完するものとしてレバレッジ比率が位置づけられている。

**自己資本比率規制の持つプロシクリカリティ**

　銀行の自己資本比率規制に関連しては、以上に加えて、現在の規制が持つ景気循環増幅的な性格（プロシクリカリティ）についても、このところ盛んに議論されている。景気が良い状態では、金融商品だけでなく、貸出債権についても、その保有にかかるリスク量は一般的に少なく見積もられる傾向がある。景気の良い時には貸出先企業の業容も良くなるため、たとえば内部格付制度を使って信用リスク量を計測する場合、リスク量が小さくなる場合が多いからである。このため、貸出先企業、あるいは保有資産のリスクの変化を敏感に把握できればできるほど、自己資本比率の分母であるリスク量の景気循環を通じた変化はより大きいものになると考えられる。そのようなリスク量の変化に伴って、

エクスポージャーが不変であったとしても、自己資本比率は景気の良い時には上昇し、景気が下降局面に入ると下落するというパターンを示す。銀行経営者が経済学で使う意味で合理的であり、景気変動に伴う自己資本比率の振幅を予め正確に認識できていれば、その景気循環を通じての自己資本比率の振幅を前提に自らのポートフォリオ管理を行うはずである。しかし、必ずしもそのパターンが合理的に予想できないとすれば、景気が悪化に転じた時に、それに伴って発生する自己資本比率の低下に直面し、銀行が与信に対しさらに慎重になり、それが景気の下降をいっそう下押しするということも懸念される。

　このような自己資本比率規制が持ち得る景気循環増幅的な側面を抑制するための対応として、バーゼル銀行監督委員会は次の4つを指摘している。①融資先企業の倒産確率を常に保守的に見積もることで、貸出資産のリスク量の景気循環を通した変動を抑制する。②より将来をみた（forward-lookingな）引当を可能にすることで、自己資本の変動を抑制する。③景気が良い時に銀行に自己資本の一定のバッファーを持たせる。④そのバッファーの未達度合いに応じて、配当や役員報酬等を通じた利益の社外流出を制限するメカニズムを銀行に持たせる。

　上記のうち、①については、銀行のリスク管理の実情と規制上のリスク計量との間に乖離を生じかねさせないので、慎重な検討が必要なように思われる。また②については、基本的に会計基準の話であるので、銀行監督当局の議論だけでは結論が出せない。③については、理屈としては理解できるが、そのようなバッファーを固定的に設定した場合には、結果的にそのバッファーを含めたより高い自己資本比率が事実上の最低比率となってしまう可能性がある。特に、景気後退期における銀行の自己資本比率の低下を、市場が中立的に受け入れるかどうかは不透明なところがある。もし景気循環に応じて変化するバッファーをルールとして設定することができれば、そうした心配は薄れるかもしれないが、規制として皆が納得しかつ検証が容易な可変バッファーの仕組みはどのようなものか、検討すべきことは多い。④の利益の社外流出抑制メカニズムは、③のバッファーの設定があって初めて有効だと考えられるので、③、④は実現

するとすれば組み合わせてということになるはずである。

　2009年12月に出されたバーゼル銀行監督委員会からの市中協議案でも、このプロシクリカリティの抑制に関しては上記のようなアイディアだけが示されており、具体的な対応の提案があるわけではない。2010年を通して実践的な案を練っていくということと思われる。それは発想としては大変興味深いものであるが、現実の規制として世界的に適用可能な枠組みを実際にどう設計するのか、検討すべき事項は多々ある。

**流動性規制**

　以上が今般バーゼル委員会から示された自己資本規制にかかる提案の内容であるが、すでに述べた通り、自己資本に関する規制とともに、流動性規制についても提案がなされている。その内容は、まず、流動性に関する数値的な規制として、(a)今回経験したようなストレスが1カ月間続いたとしても自力で資金繰りをつけられるような流動性保有を通常時から義務づけるストレス時の流動性カバレッジ比率（Liquidity Coverage Ratio）、(b)短期調達・長期運用の期間ミスマッチが一定以上行き過ぎないよう義務づける安定調達比率（Net Stable Funding Ratio）の2つの比率の導入が提案されている。また、各国の監督当局が同じような指標群をみて国際的に活動する銀行の資金繰りをモニターすることを目指し、流動性に関する重要と考えられる代表的な指標も列挙されている。

　これまで銀行の流動性管理については、基本的に質的なチェックが国際的合意の内容であったが、今回は具体的な数値を計測することが提案されており、その意味でこれまでとは違っている。特に今回提案されている2つの数値指標を実際にG20諸国の国際的に活動する銀行に適用した場合、どのような影響が出るかは非常に興味深い。上記の2つの指標は、銀行のビジネスモデルによってかなり違うものとなろうし、さらに基盤とする金融市場のインフラストラクチャーによってもかなり違ってくるだろう。果たして国際的に合意が可能で、かつ規制の意図、すなわち十分なストレス耐性と行き過ぎた長短ミスマッチの

回避ということが確実に実現できるような規制になるかどうか、今後の検討と適用の過程が注目される。

　流動性の面での規制を厳しくし過ぎれば、資金の運用と調達の期間構造を変換するという本来銀行に求められる資金仲介の本質的な機能を阻害することになり、結果的に実体経済の活動を抑圧しかねない。特に日本のように、銀行を通じる資金仲介が支配的となっている金融システムにおいては、この部分での規制のあり方はきわめて重要であり、実施に当たっては経済の実情に合っているかどうかの確認が不可欠である。

**今後の予定**

　すでに述べた通り、バーゼル銀行監督委員会では、世界の主要な国際的に活動する銀行を対象に、2010年の前半に数量的影響度調査を実施するとしている。その結果をふまえ、2010年中に上述の自己資本や流動性規制上の数量的指標の定義を最終的に確定し、さらに自己資本比率の具体的な水準を設定するとしている。今回の提案に対しては、金融界をはじめとして、さまざまな関係者から多数のコメントが寄せられるものと思われる。二度と今回のような金融危機を引き起こすことのないよう、銀行に対する規制全般を強化しようとするものであるから、銀行からしてみれば少しでも内容を緩いものにしてほしいというのが本音であろう。しかし、長い目でみた経済の安定のために、税金を投入して銀行の経営を保全するという可能性がある以上、納税者の立場からすれば、金融面での過剰を生み出すような銀行行動をしっかりと制約するような規制にしてほしいところである。もちろん、稀にしか起きない事象に備え、平時の銀行行動を制約し過ぎれば、長期的にみて経済の活動を停滞させることになり、それは決して望ましいことではない。その最適なバランスがうまく実現されるか、今後の展開が注目される。

　具体的な規制の内容を固めるに当たって、もう1つ注意すべきと考えられるのは、国・地域による事情の違いをどう国際的な合意に反映させていくかという点である。G20という枠組みの中では、G7あるいはG8という枠組み以上に、

参加国の経済情勢にバラエティがあるはずである。銀行中心の金融システムの経済もあれば、資本市場が発達している経済もある。家計のリスク選好のあり方もかなり違うはずだ。そうしたバラエティの中でグローバライゼーションが進展しているので、銀行規制についても最低限の国際的公平性が確保される必要があることは言うまでもない。公平性を確保した上で、しかし各国の違いは違いとして尊重していくというのは決して容易なことではない。この点、今回のバーゼル銀行監督委員会の提案では、新しい規制の導入時期と、導入にかける時間について、一定の幅を許容しようとしている。まず、実施時期については、2012年末からを目指すとあるが、その条件として、今回の金融危機の混乱が終息し、経済が安定していることを挙げている。また、新規制の実施を一時点で一挙に行うのではなく、経済の実情に合わせた一定の猶予期間を置くこと（グランドファザーリング）も認めている。こうしたアイディアを組み合わせることで、新規制の実施そのものが目的化しないようにすることはきわめて重要である。何故、銀行規制を見直すのかと言えば、それは、それぞれの国民経済が、長期的に安定し、より高い成長を遂げることができる持続可能な環境を作りたいからである。規制の見直しによって、いずれかの国・地域の経済厚生が長期的に低下するようなことがあるとすれば、それは本末転倒であろう。

**システミックに重要な金融機関**

　今回バーゼル銀行監督委員会から提案された新しい規制の枠組みの中では具体案の言及はないが、金融機関規制を巡る議論の中で、最近よく取り上げられるのがシステミックに重要な金融機関の扱いをどうするかということである。今回、米国において、一部の銀行以外の金融機関についても公的救済が行われたように、金融システム全体からみて（＝システミックに）重要と考えられる金融機関は銀行だけとは限らず、したがって、本来、視野は金融機関全体に広げられるべきである。しかし同時に、これまでの各国経済の歴史を振り返れば、単純に破綻させると経済全体に及ぶ影響が大き過ぎるとの結論に至った金融機関には、預金を受け入れている銀行が多かったということも事実である。

システミックに重要な度合いは何によって規定されるのかということを改めて考えてみると、すぐ思い付くのが金融機関の大きさである。それ以外にも、金融市場における相互の繋がり度合い、代替的な金融機関を探すことの困難さといった側面もあるだろう。一方、金融機関の破綻処理の制度、あるいは銀行であれば預金保険の制度などの設計次第では、事前の意味で、ある経済において最もシステミックに重要な金融機関でも破綻させることができるようにすることは、理念的には可能かもしれない。しかし問題は、そのような金融機関が破綻してしまったら、金融市場の状況がどうなってしまうかということだ。その結果、銀行が短期的な資金をやり取りする市場の機能が停止するような事態となれば、それはまた金融危機の再来である。それを放置すれば、経済全体にとって長い目でみればマイナスとなることが多いはずだ。そうなると、やはりシステミックに重要な金融機関の破綻ということは、その金融機関個別の事情に起因するような場合を除き、事後的には許容できない場合もあると考えておくべきだろう。

　現実に金融市場の機能低下の引き金となった金融機関は、大きな金融機関とは限らない。日本の1997年11月の金融混乱の際、銀行間市場の緊張を最初に招来したのは、相対的に規模の小さな証券会社であった。今回の金融危機においても、その初期の段階で英国において取り付け騒ぎを引き起こしたのも、相対的に規模の小さな住宅金融機関であった。このように、事後的な議論としては、どのような金融機関でもその経営行き詰まりが金融システム全体の動揺を引き起こす可能性があるので、事前にそれを色分けしておくことはかなり難しいだろう。

　だからといって、どんな金融機関でも金融システム全体の安定を脅かす場合には公的救済されるという認識が広まってしまうと、それはまさにモラル・ハザードの状態である。それを防止するためには、事前の意味でも、破綻した場合に影響の大きな金融機関には、破綻の可能性を低くするようないっそう厳しい規律を求める必要が生じる。このように今回の金融危機の発端となった国々を中心に、システミックに重要と考えられる金融機関には、規制・監督の面で

何らかの特別な扱いをすべきであるとの主張がなされているのである。

そのようなシステミックに重要な金融機関への特別な扱いの候補としてよく挙げられるのが、銀行の場合であれば最低自己資本比率の上乗せである。そのほかにも、流動性規制の強化、日常の監督の強化、業務範囲の制限、規模の制限、コーポレート・ガバナンス面の強化、事前の破綻対応策の策定、破綻処理制度の充実、一定の客観的条件のもとで損失吸収力の高い普通株式に自動的に転換される負債商品による自己資本（contingent capital）の充実等々、さまざまなアイディアが出されている。銀行だけでなく、システミックに重要な金融機関すべてを視野に入れて、これらのアイディアをどう実践的な規制・監督に組み込んでいくのか。この点についても、なおなすべき議論はたくさんある。

(2) 金融面の過剰の防止策

以上では、主として、2009年12月にバーゼル銀行監督委員会から出された、新しい銀行規制についての提案の内容をみてきた。銀行に対する規制・監督にここでみたような変更を加えれば、将来の金融面の過剰の蓄積、すなわちバブルは避けることができるだろうか。この点については、これまで2つの考え方があったと言える。1つは、前出の米国連邦準備銀行のグリーンスパン前議長のように、事前の意味ではバブルは認定できず、バブルが崩壊してからでないと対応はできないとする立場である。もう1つは、何らかの形で事前にバブルを認定し対応すべきであるとする立場であり、世界決済銀行（BIS）の前調査局長のホワイト氏の主張などがこれに当たる。

本章でもみたように、事後的にみれば、実体経済活動の水準に比して金融仲介が活発化し過ぎ、同時に資産価格の顕著な上昇が観察される時に往々にしてバブルが生成されている。しかし、その過程の最中で、政府あるいは中央銀行が、現在バブルが発生していると断言できるかとなると、その難しさも想像に難くない。バブルが発生している状況では、当然、多くの人々の将来への期待は強気化しているので、今回は違うとの思惑が支配的であろう。日本の経験からもわかる通り、今回は違うという理由づけは、その都度、実にさまざまな形

で可能となるのである。

　また、仮に説得的にバブルの生成が始まっていることを示せたとして、それがさらに大きく膨れて崩壊するのをどのような手立てで防ぐのかという問題がある。バブルを事前に認識し対応すべきと主張する人々も、何か決定的な対応策を示しているわけでなく、たとえば金融政策の運営において、一息早く引き締め方向に動くという、風が吹いてくる方向に寄りかかるような対応（leaning against the wind）の可能性が示唆される程度である。すでにみた、景気の良い時に銀行に自己資本のバッファーを持たせるという対応も、裁量的な政策ではないが、うまく機能すればバブルの生成を防ぐことには寄与するだろう。しかし、それで十分と断言することは出来ず、今後なお、マクロ・プルーデンス政策として、どのような対応をとればバブルの生成を防ぐことができるかという議論が続けられていくものと思われる。

　バブルには、少なくともそれが破裂するまでの間は、多くの人を幸せに感じさせる面がある。したがって、これはバブルだと主張し、その空気抜きに成功したとしても、あったはずの利益を手に入れることができなかったという不満の声が残る。民主主義の枠組みの中で、多数の選挙民から不人気な政策を正当化することは、特に政治的には非常に困難であろう。日本の銀行危機や、今回の世界金融危機のような大きなショックの記憶がなお新しいうちは、バブルは良くないとの認識が多くの人によって共有されるかもしれない。しかし、そのような記憶が薄れ、さらに金融技術の発達に伴って、また新しいパターンでのバブルが生成され始めた時に、果たしてその拡張と崩壊を未然に防ぐことができるか。まさに、歴史に学ぶ賢者となることができるかどうかが問われていると言えるのではないだろうか。

## おわりに

　本章の冒頭で、1990年代以降の日本のバブル崩壊後の調整過程においては、金融面では、主として建設・不動産・卸小売等の特定の業種向けの不動産関連

貸出の不良債権化が典型的な是正すべき不均衡であったと述べた。その裏には、実体経済面で、それら業種を中心とする過剰投資・過剰雇用という不均衡があった。これら不均衡をすべて解消しなければ、バブル崩壊に伴う調整は完了したことにはならなかった。

90年代初頭以降の日本経済のパフォーマンスをみると、20年間近くの長きにわたり決して順調とは言えない道のりを辿ってきた。これは、単にバブル崩壊後の金融面・実体面の不均衡を解消するのにこれだけの時間がかかったということだけを意味するのではない。今回の世界的な金融危機への対応において、日本のケースはしばしば反面教師として取り上げられ、それが欧米主要国の素早くかつ抜本的な対応に繋がった側面もあるだろう。しかし、日本がこれほどに困難な調整の道のりを歩まざるをえなかったのは、問題が、単に金融面での過剰の生成と崩壊の後始末にとどまらなかったからでもあると思われる。

今から振り返ってみれば、90年代以降の日本経済が置かれた環境は、それまでのものと抜本的に違うものであった。まず1つは、本格的なグローバライゼーションの展開である。これは、単に日本だけに影響するものではないが、中国をはじめとする東アジアの巨大な経済圏が、地理的にすぐそばに現出したことのインパクトは日本にとってきわめて大きなものであった。日本経済の場合、すでに80年代を通じて、為替円高化傾向のもとで、東アジア経済との間で新しい分業体制の構築が進んでいた。まずは、為替円高化による輸出不採算化への対応として、生産拠点を人件費の廉価な海外へ移すという動き（海外現地生産）が顕著になった。また、廉価な完成品の海外生産拠点からの輸入（逆輸入）も増加した。そのような生産・貿易構造の変化は国内の物価にも影響を及ぼした。こうした経済構造の変化は、金融面での過剰の生成・崩壊の影響とは独立に、日本経済に対し資本・労働の再配置を迫るものであった。バブル生成期における国内の財・サービスの価格の安定にも、為替の急速な円高化や廉価な輸入品の増加は影響していた。そうした物価環境のもとで、緩和的な金融環境が続くという期待が生成されたことが、バブルの遠因になった側面があるとも考えられる。

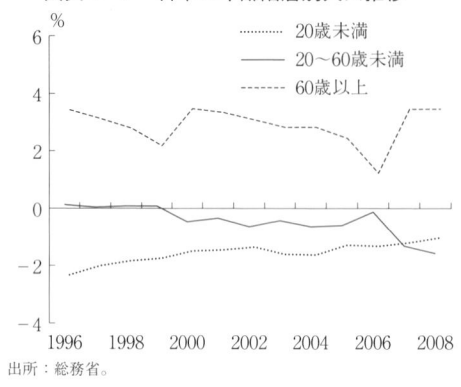

図表 4-7　日本の年齢階層別人口推移

出所：総務省。

　90年代以降の日本経済にとっての大きな環境変化のもう1つは人口動態である。日本の人口増加率は1970年代に入ってから一貫して低下傾向を辿ってきたが、20～60歳未満の労働力となる世代の人口は、実は90年代に入ってからその低下が顕著となり、総人口に先んじて2000年以降、減少に転じている（図表4-7）。こうした、労働力となる世帯の人口動態は、需要面でも、供給面でも、マクロの日本経済に大きな影響を及ぼしているはずである。まず需要面では、ライフ・サイクルにおいて貯蓄—支出バランスが最も支出超に振れると思われる世代が人口減少に転じるということが、総需要にとっては決定的なマイナス要因となる。今後、日本の国内経済においては、年々、来店顧客数が減少することを前提にビジネスを考えなくてはいけない。そうした状況への対応がこれまでに経験したことのない困難さを伴うことは言うまでもない。

　この点、米国の状況をみると、人口は一定の人口増加を維持している（図表4-8）。今後、米国でも高齢化は進展していくと予想されているが、人口増加が続いているというのは、たとえば住宅価格の先行きなどを考える上でも、日本とは決定的に違う。人口が減少していく中で地価が上昇するとすれば、それは、その土地を使って生み出すことのできる付加価値が将来増えていくと期待できるような場合以外にない。人口が増加を続けるのであれば、最大限供給できる土地面積には制約があるため、住宅需給面の状況はかなり違ったものになるはずである。

　このほかにも、90年代以降の日本経済にとっては、情報通信技術をどう経済に組み込んでいくかという、技術革新の面からの環境変化もあった。80年代までの社会構造が成功モデルとして多くの人に刷り込まれていただけに、社会全

体を覆う技術革新の波への対応が日本経済において大変であったということかもしれない。

以上のような中長期的な視点からの分析は、現在なお世界経済に残っている調整すべき分野がどのようなものかを、日本のケースとの対比で考える際にも有用と思われる。もちろん、こ

図表 4-8　日米の総人口増減率

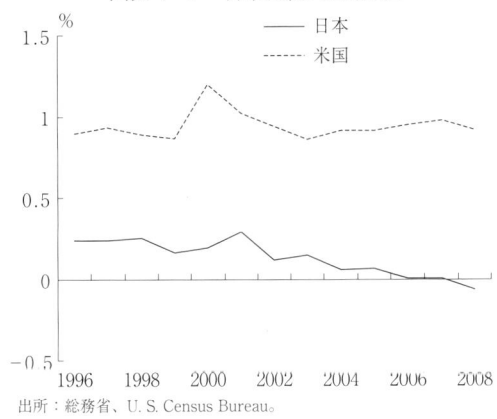

出所：総務省、U. S. Census Bureau。

こで取り上げた点以外にも、世界の成長センターのシフト、財政不均衡、資源価格の上昇、環境面からの制約の強まりといった、今日的な新しい構造要因が存在している。これらに関する調整も、今後の過剰の解消の過程に上乗せされてきて、その総体として、今後の世界経済の動向が定まっていくとみるべきであろう。

### 参考文献

伊藤修（2007）：『日本の経済——歴史・現状・論点』中公新書

小野有人（2009）：「金融規制とプロシクリカリティ——G20における金融規制改革論の現状と今後の課題」みずほ総研論集Ⅳ号

神津多可思（2006）：「バブル崩壊後における日本経済の調整過程」『社会科学論集』第115号、埼玉大学経済学会

──（2008）：「今回の国際的な金融混乱を踏まえたバーゼル銀行監督委員会の取り組み」『証券アナリストジャーナル』11・12月号、日本証券アナリスト協会

神津多可思・佐藤嘉子・稲田将一（2003）：「わが国の人口動態がマクロ経済に及ぼす影響について」日本銀行ワーキングペーパー・シリーズ No. 01-J-1

貞廣彰（2005）：『戦後日本のマクロ経済分析』東洋経済新報社

Alerlof, A. G. and R. J. Shiller（2009）：*Animal Spirits*, Princeton University Press

Basel Committee on Banking Supervision (2009) : "Strengthening the resilience of the banking sector", BIS web site http://www.bis.org

—— (2009) : "International framework for liquidity risk management, standards and monitoring", BIS web site http://www.bis.org

Bernanke, B., M. Gertler, and S. Gilchrist (1999) : "The Financial Accelerator in a Quantitative Business Cycle Framework", in J. B. Taylor and M. Woodford ed., *Handbook of Macroeconomics 1C*

# 第5章　金融危機管理の国際比較[1]

徳丸　浩

## はじめに

　本章のテーマは、金融危機管理の国際比較分析による、プルーデンス政策上の含意の導出である[2]。金融危機の発展段階と政策対応を整理したのち、各国における金融危機管理を事例分析することにより、プルーデンス政策における含意の導出を試みる。

　本章における事例分析は、金融危機管理の決定過程（政策問題の認定、政策アジェンダの設定、政策手段の選択・執行等）を中心的な視点とする。これは、プルーデンス当局による政策実務の立場からは、こうした視点からの知見の体系化が有用だからである。

　事例分析の対象は、1990年代における金融危機管理の事例として、スウェーデン（北欧金融危機）、インドネシア（アジア通貨危機）、日本（邦銀の不良債権問題）を取り上げる。これは、①システミック・リスクが顕在化した事例であること、②スウェーデンは金融危機管理のモデルとして国際的に高く評価されているのに対し、インドネシアと日本（特に初期対応）は否定的評価が一般的であり、それぞれプルーデンス政策上の教訓が豊富であるためである[3]。また、今次のグローバル金融危機については、各国政府・中央銀行による政策対応が完了したわけではないが、現時点での事例分析を試みる。

　本章の構成は以下のとおりである。第1節は、金融危機管理の枠組み（金融

危機管理の理論的背景、金融システム危機の発展段階と各フェーズにおける政策対応）を整理する。第2節は事例分析であり、1990年代におけるスウェーデン、日本等における金融危機管理、および今次のグローバル金融危機に対する政策対応を考察する。第3節では本章全体を総括する。

## 1 金融危機管理の枠組み

### (1) プルーデンス当局による金融危機管理の理論的背景

金融危機管理を論ずる前提として、公的当局であるプルーデンス当局が金融システム危機になぜ介入すべきかについての理論的背景を簡単に整理しておく。

金融システム危機は、市場機能のみによっては対処できず、金融監督当局、中央銀行をはじめとするプルーデンス当局による公的管理が必要となる。この理論的根拠としては、市場の失敗、すなわち情報の非対称性と、負の外部性が挙げられる。

まず、情報の非対称性についてみると、金融機関の財務内容に関する、経営者等の内部者と預金者等の外部者との間に存在する情報の差は、適時開示によっても完全に解消されることはない。殊に、家計をはじめとする小口預金者は、情報生産費用が大きいため、金融機関の財務内容について十分な知識を持たない。このため、預け先金融機関の健全性に関して何らかの疑義が生じた場合、これら預金者にとって合理的な行動は、金融機関の財務分析ではなく、速やかに預金を引出し現金として手許に置くことである。また、情報の非対称性にもとづく行動は、ホールセール取引においても生ずる。たとえば、銀行間取引において、取引先の信用度に疑義が生じた場合、カウンターパーティー・リスク分析によって取引の適否を判断するより、ロール・オーバーを即座に停止する方が合理的な場合があり得る。こうしたリスクテイキングの忌避が金融機関の間に広汎化すると、市場流動性が急激に低下し、中央銀行がカウンターパーティー・リスクを肩代りすることによって市場機能を代替せざるをえなくなる[4]。

このように、個々の預金者や金融機関が合理的な行動をとるにもかかわらず、金融システムが不安定化し、市場機能のみによっては安定化が期待できない場合、プルーデンス当局による介入が正当化される。

また、負の外部性についてみると、個別金融機関に対する出資額以上の損失を被らない株主や、そのエージェントとして個別金融機関の経営のみに責任を有する経営者は、金融システム危機を抑止する直接的なインセンティブを持たない。したがって、個別金融機関の破綻が金融システム全体に波及するリスクがある場合でも、このリスクは、株主、経営者の最適化行動において内部化されることがない。むしろ、金融機関経営者は、金融システムの安定性を詐害する可能性すらある[5]。こうした負の外部性が、中央銀行による流動性支援や、預金保険制度による問題金融機関の処理等、公的な金融セーフティ・ネットを有すべき動機の１つとなる。

### (2) 金融システム危機の発展段階と各フェーズにおける政策対応

各国におけるこれまでの金融危機管理の経験をふまえると、金融システム危機は、個別的な金融リスクの増嵩→金融機関の財務・経営内容の悪化→金融機関の破綻→システミック・リスクの顕現化という発展段階を辿る（小林［2002］、Blanchard［2009］等）。金融システム危機が顕現化すると、プルーデンス当局は、流動性供給等の政策手段を動員し金融システムの安定化を図りつつ、破綻金融機関の処理に当たる。金融システム危機の収束が視野に入ると、再発防止の観点から金融規制・制度の改革論が浮上する。このようにみると、金融システム危機の発展段階は、次の５つのフェーズに分けることができよう。すなわち、第１フェーズは個別的な金融リスクの増嵩、第２フェーズは金融機関の財務・経営内容の悪化、第３フェーズは金融機関の破綻、第４フェーズはシステミック・リスクの顕現化、第５フェーズは金融規制・制度改革である[6]。

金融システム危機の各フェーズにおいて、金融監督当局、中央銀行等の政策主体は、政策問題を認定し、政策アジェンダ（政策目標と工程）を設定し、最適な（と思われる）政策手段を選択・執行するという過程により、危機管理を

図表5-1　金融システム危機のフェーズと政策対応

| | フェーズ | 政策主体 | 政策目的 | 政策手段 | Considerations |
|---|---|---|---|---|---|
| 1 | ・個別的な金融リスクの増嵩 | ・金融監督当局<br>・中央銀行 | ・リスク管理の改善<br>・経営内容の是正 | ・モニタリング・検査<br>・指導・行政処分<br>・規制・監督 | ・金融機能の維持<br>・金融の革新・効率化<br>・実体経済の動向 |
| 2 | ・金融機関の財務内容の悪化（債務超過、流動性不足が表面化） | ・中央銀行<br>・金融監督当局<br>・預金保険機構<br>・財政当局 | ・システミック・リスクへの転化の防止<br>・経営改善に向けた動機の付与 | ・流動性供給（貸出）<br>・信用補完<br>・資本増強<br>・政策広報 | ・情報の非対称性<br>・負の外部性<br>・市場のセンチメント |
| 3 | ・金融機関の破綻 | ・財政当局<br>・預金保険機構<br>・資産管理会社<br>・金融監督当局<br>・中央銀行 | ・迅速性<br>・市場の信認<br>・処理コスト（財政負担）の極小化<br>・金融機能の維持 | ・Diagnostic Review[1]<br>・破綻処理方策[2] | ・金融機関経営の改善（動機の付与）<br>・実体経済への影響 |
| 4 | ・システミック・リスクの顕現化（市場流動性が枯渇、金融仲介・与信機能が低下） | ・中央銀行<br>・金融監督当局<br>・預金保険機構<br>・財政当局 | ・迅速性<br>・信認の回復<br>・金融機能の維持<br>・実体経済への波及の防止 | ・流動性供給（貸出、公開市場操作）<br>・ブランケット保証<br>・資本増強<br>・政策広報 | ・情報の非対称性<br>・負の外部性<br>・市場のセンチメント<br>・金融機関経営の改善 |
| 5 | ・金融規制・制度改革 | ・金融監督当局<br>・中央銀行 | ・金融システム危機の再発防止<br>・金融機関経営の改善 | ・法令<br>・規制・監督 | ・金融の効率化<br>・金融革新と信用秩序の比較考量 |

注：(1) Diagnostic Review は、問題金融機関の資産査定、資本不足額の算定、存続可能性の評価を行う。この結果にもとづいて金融機関の処理方法が決定される。
　　(2) 破綻処理の選択肢としては、救済（Bail-out）、国有化、資本増強、資金援助・合併、清算・ペイオフ等がある。
出所：Estrella (2001)、小林 (2002)、Blanchard (2009) 等を参考に筆者作成。

行う。また、金融危機管理に当たり、政策主体は、直接的な政策目標だけでなく、政策の前提条件、副作用をはじめとする種々の顧慮すべき事項（considerations）に留意しつつ行動する。同一の事項が、金融システム危機のフェーズによって、直接的な政策目標とも、またconsiderationsの1つともなる。

　金融システム危機の発展段階と、各フェーズにおける政策対応を整理すると図表5-1のとおりである。以下ではこれをやや敷衍する。

## 第1フェーズ——金融リスクの増嵩

 金融システム危機の第1フェーズにおいては、金融機関の破綻を誘引する個別的な金融リスクが増嵩する。こうした金融リスクとしては、信用リスク（例：不動産など単一の業種・部門に対する与信集中）、市場リスク（例：経営体力に比して過大な金利・為替ポジションの形成）、経営リスク（例：経営陣によるリスク認識・管理への容喙［management override］）等、多様である。経験的にみると、長期にわたる低金利や資産価格の上昇などのマクロ経済環境が、経営体力に比して過大なリスクテイキングへと金融機関を誘引し、経済環境が反転するに伴って金融機関の財務内容が急激に悪化することが少なくない。

 このフェーズにおける政策対応としては、金融監督当局または中央銀行が、オフサイト・モニタリングや実地検査を通じて、金融機関に内在するリスク・経営管理上の問題を早期に発見し、指導または行政処分によって金融機関経営を是正する。

 プルーデンス政策の観点から注意すべきポイントとして、第1に、個別的な金融リスクが増嵩する過程では、金融機関の業績はむしろ改善し（金融機関によるリスクテイキングの前傾化に見合って収益が増加する、ハイリスク・ハイリターン）、これに伴って収益率、不稼働資産比率、自己資本比率など、プルーデンス政策上重要な計数も良好となることが多い[7]。こうした状況下、リスクの増嵩にもかかわらず、プルーデンス当局が金融機関の経営を是正することは実務上困難である[8]。

 第2のポイントは、金融システム危機の誘因となる金融リスクは、金融機関に内在するとは限らないことである。アジア通貨危機を例にとると、その誘因となった二重のミスマッチ（資産負債における期間構成および通貨構成のギャップ）は、銀行ではなく、借り手である企業のバランスシートに形成されていた。したがって、金融機関の財務内容が健全にみえても、金融システムの安定性は必ずしも保証されないことに注意を要する。

## 第2フェーズ——金融機関の財務内容の悪化

　信用リスク等が顕現化すると、不稼働資産の増加、収益の悪化、引当・償却による自己資本の毀損など、金融機関は財務内容が悪化する。これにより信用度が低下すると、金融機関は資金調達が困難となる。さらに進んで債務超過に転落し、手許流動性が枯渇した金融機関は支払不能に陥り、破綻する。殊に、決済に占めるプレゼンスが高い金融機関が破綻した場合、金融システムや実体経済に与える影響が大きい。

　こうした状況下、プルーデンス当局は、問題金融機関の財務・経営の悪化が金融システム全体に波及し、システミック・リスクへと転化することを防止せねばならない。このための主な政策手段としては、個別の問題金融機関を対象とした、窓口貸出を通じた流動性供給、中央銀行によるライン保証等の信用補完、政府（または中央銀行）の出資による資本増強などが用いられる。この間、プルーデンス当局は、問題金融機関に対し指導や行政処分を発出し、リスク・経営管理を是正する。

　また、プルーデンス当局は、情報の非対称性に起因する市場参加者の行動を防止するため、情報の適時開示を行う。これにより、市場の圧力を低減し、市場参加者の合理的な行動を促すことが必要である。こうした政策広報は、金融危機管理の重要な一環である。

## 第3フェーズ——金融機関の破綻

　第3フェーズにおいて、プルーデンス当局は、破綻した金融機関を処理し、当該金融機関の不稼働資産（換言すれば劣化した企業債務）を処分・回収する。

　破綻金融機関の処理に当たっては、プルーデンス当局はトレード・オフに直面する（図表5-2）。清算・ペイオフは、迅速であり、問題金融機関に対し銀行経営の改善に向けた強いインセンティブを与えるが、金融システム危機の渦中では、情報の非対称性もあって預金者・市場心理を却って不安定化させ、金融機能を毀損する可能性が高い。一方、破綻金融機関に公的資金を用いた資本注入を行い、さらに事業再構築を行った上で売却する方法は、銀行部門への信

図表5-2　破綻金融機関処理の選択肢

| 処理方式＼政策目標 | 迅速性 | 処理コストの極小化 | 銀行経営改善への動機づけ | 銀行システムへの信認 | 金融仲介機能の維持 |
|---|---|---|---|---|---|
| 救済（Bailout） | ●●●●●● | ● | ● | ●● | ●●●●● |
| 国有化 | ●●● | ●● | ● | ●●●●● | ●●●●● |
| 資金援助・合併 | ●●● | ●●●●● | ●●●● | ●●●● | ●●●● |
| 資本増強 | ●● | ●●● | ●●●●● | ●●●● | ●●●● |
| 事業再構築 | ●● | ●●●● | ●●●●● | ●●●●● | ●●●● |
| 清算・ペイオフ | ●●●●● | ●●●●●● | ●●●●●● | ●●●●● | ● |

注：●が多いほど、当該目標のために望ましいことを示す。
出所：World Bank（1998）、著者による修正。

認を向上させ、経営改善効果も期待できる。しかし、この選択肢は処理の過程に長時間を要するというコストを伴う。このように、プルーデンス当局は、政策目標と処理方式の得失を考慮し、適切な破綻処理方策を選択する必要がある。

　不稼働資産の再構築は、短期的な政策目的とされる（米国のケース）ことも、より中長期的な政策目的とされる（スウェーデン）こともある。また、破綻処理の一環として、不稼働資産を当該金融機関から切り離し、資産管理会社へ移管して処理または再構築することが多い。

### 第4フェーズ──システミック・リスクの顕現化

　金融機関に連鎖的に破綻が波及する事態に至れば、システミック・リスクの顕現化である。システミック・リスクが顕現化する中では、市場参加者のカウンターパーティー・リスク認識が著しく高まるため、タームの長い資金取引を中心に市場流動性が急減し、中央銀行をはじめとする公的当局以外にリスクテイカーがみられなくなる。また、金融機関の取引態度は消極化し、金融仲介・与信機能が著しく低下する。

　この第4フェーズでは、流動性を支援し、市場の信認を回復し、金融機能を再生するなど、金融システム危機の深刻化を抑止しつつ、実体経済への波及を防ぐことが、プルーデンス当局にとって喫緊の課題となる。このため、中央銀行による無制限の流動性供給、預金をはじめ銀行の全債務を公的保護の対象と

するブランケット保証、当局による公的資本注入などの政策手段が動員される[9]。金融規制の適用の一時的な猶予（forbearance）が行われる場合もある。

### 第5フェーズ　金融規制・制度の改革

金融システム危機に対応する中で、従来の金融規制・制度やリスク管理の問題点が認識されることが多い。第5フェーズでは、金融システム危機の再発を防止すべく、金融規制・制度改革が進められる。今次のグローバル金融危機においても、マクロ・プルーデンスの強化などを柱とする改革が議論されている。

## 2　金融危機管理の事例分析

本節では、1990年代における事例として、北欧金融危機におけるスウェーデン、アジア通貨危機におけるインドネシア、および邦銀の不良債権問題を取り上げ、金融危機管理の決定過程（政策問題の認定、政策アジェンダの設定、政策手段の選択・執行等）を視点とした分析を行う（結論を予め要約すると図表5-3のとおりである）。また、今次のグローバル金融危機に対する各国政府・中央銀行による政策対応につき、現時点での整理を試みる。

### (1)　1990年代における金融危機管理の事例

#### 北欧金融危機におけるスウェーデン

スウェーデンは、他の北欧諸国と同様、1980年代末から90年代前半にかけ、資産価格の下落に伴う深刻な金融危機に見舞われた。これに対し、スウェーデン当局は、適時開示により透明性を確保しつつ、無制限の銀行債務保証（ブランケット保証）、コンディショナリティを賦課した公的資本注入・国有化、不良債権の資産管理会社への移管（「グッドバンク／バッドバンク」方式）等を矢継早に実施し、90年代央までに金融危機を収束させた。スウェーデンの対応は「金融危機管理のモデル」（European Commission [2009]）と国際的に高く評価され、その後の金融システム安定化政策のガイドラインとなった。注目に

図表 5-3　各国における金融危機・対応の概要

|  | 北欧（スウェーデン） | アジア（インドネシア） | 日本 |
|---|---|---|---|
| 原因背景 | ・金融自由化の副作用<br>・資産価格の下落<br>・与信集中<br>・リスク管理の脆弱性 | ・資産負債における二重のミスマッチ（通貨・期間）<br>・リスク管理・内部統制の脆弱性<br>・他国の金融危機の伝染 | ・漸進的金融自由化の弊害<br>・資産バブルの形成と崩壊<br>・与信集中<br>・リスク管理・内部統制の脆弱性 |
| 政策環境 | ・対外債務への依存（▲）<br>・高金利（▲）<br>・主要行の資産内容悪化（▲） | ・対外債務への依存（▲）<br>・金融統計の未整備（▼） | ・対外債権国（▼）<br>・低金利（▼）<br>・市場・預金者の意識（▼）<br>・保有有価証券評価益（▼） |
| 初期対応 | ・ブランケット保証<br>・コンディショナリティを賦課した公的資本注入<br>・資産管理会社の設立<br>・投資銀行的手法による資産再構築 | ・中小問題銀行の清算<br>Diagnostic Review（健全性分析）<br>・リスク管理の改善<br>・監督体制の改善 | ・金利引下げによる業務純益の増嵩（償却原資の捻出）<br>・引当・償却の弾力化<br>・共同債権買取機構の設立<br>・検査・考査による指導 |
| 含意 | ・政策目標・割当の合理性<br>・透明性<br>・インセンティブ整合的な制度設計 | ・市場との意思疎通<br>・政策アジェンダの適切性<br>・企業財務に内在したシステミック・リスク要因 | ・政策問題の認識の適切性 |

注：（▲）は当局に迅速な金融危機対応を促すためプラスに働いた要因、（▼）は同じくマイナスに働いた要因。
出所：Ingves（1999）; Kawai, Ozeki, and Tokumaru（2002）等。

値するのは、①スウェーデン当局による金融危機対応のプロセスが、政策問題の認定、政策アジェンダの設定、政策手段の割当等、いずれの面でも合理的であったこと、また、②適時開示による透明性の確保（情報の非対称性にもとづく市場参加者の行動の抑制）、公的資金投入に伴うコンディショナリティによる動機づけ、資産管理会社におけるインセンティブをベースとした組織運営など、経済原理に則した政策が採択されたことである。こうしたスウェーデン当局による対応は、不良債権問題の最終的な収束に10年以上を要した我が国と比べ、政策決定過程のあらゆる面で対照的である。

金融危機当時、スウェーデンでは銀行部門の資金原資に占める対外債務の比重が44％に達していた。したがって、スウェーデン当局にとって、市場の信認、特に海外債権者からの信認の維持により、金融システム、ひいては国民経済の

崩壊を防止することが、短期的な政策目標として決定的に重要であった。換言すれば、スウェーデンにおける金融危機の本質は、海外債権者からの信認喪失による、金融・経済システム全体が崩壊する可能性であった。このことが、スウェーデン当局に対し、金融システムの早期安定化に向けた強いインセンティブを与えた。

　スウェーデン当局はこうした政策問題を的確に認定した上で、金融システムに関する情報の適時開示により透明性を確保しつつ、短期的目標として緊要であった信認の維持に対し、ブランケット保証や問題銀行の国有化という政策手段を割り当てた[10]。一方、処理コストの極小化という目標に対しては、銀行の不稼働資産を資産管理会社に移管した上、再構築（合併、スピン・オフ等）により中長期的な回収額を極大化する手法を採用した（図表5-4）。

　この間、金融機能の維持・再建のためには、問題銀行の経営内容と存続可能性を判定し、その結果に応じて処理方法（信用補完、公的資本注入、清算・合併）を選択するという、「ハンモック・アプローチ」と呼称される手法を取った[11]。公的資本の注入には、自己資本比率の維持などのコンディショナリティを賦課することにより、経営改善へのインセンティブを附与した[12]。

　独力での再建が困難と判定された問題銀行（ノルド銀行、ゴータ銀行等）に対しては、国有化した上で、グッドバンク／バッドバンク方式による処理が行われた。これは、①問題銀行ごとに、問題資産を移管・処理する受皿としての資産管理会社（バッドバンク）を政府が出資・保証して設立し、債権回収を進める、②問題資産を切離した健全資産の部分をグッドバンクとして存続させ、コンディショナリティを賦課した上で公的資本を注入し、経営再建・民営化を図る、という処理方法である。

　ノルド銀行のバッドバンクである資産管理会社セキュラムは、移管された不稼働資産を、単なる早期処分ではなく、再構築することによって資産価値を増加させ、回収額を極大化するという手法をとった。すなわち、セキュラムはノルド銀行から移管された不稼働資産の処理に当たり、M&Aをはじめとする投資銀行的な手法を用いて再構築し、高付加価値化した上で売却等の処分を行っ

**図表5-4　スウェーデン：金融危機対応の政策目標、政策手段の割当**

| | 政策目標 | 政策手段の割当 |
|---|---|---|
| 短期的目標 | ・金融システムに対する信認の維持 | ・ブランケット保証<br>・破綻銀行の国有化 |
| | ・金融仲介機能の維持 | ・信用補完<br>・公的資本注入 |
| 中長期的目標 | ・銀行経営の改善に向けたインセンティブの附与 | ・コンディショナリティの賦課<br>・ハンモック・アプローチ<br>—Diagnostic Review にもとづく処理方式の選択（信用補完／合併／清算） |
| | ・処理コストの極小化<br>・不良債権回収額の極大化 | ・The Swedish Model<br>—不稼働資産の資産管理会社への移管（グッドバンク／バッドバンク方式）<br>—投資銀行的手法（M&A、スピン・オフ等）を用いた資産再構築 |

出所：Ingves and Lind（1996）等。

た[13]）。

　セキュラムの組織・運営面では、資産再構築を通じた回収額の極大化という目的のため、信認、透明性、インセンティブの観点に立った工夫がなされた。すなわち、①厚い公的自己資本・保証による強固な財務体質、②時価をベースとした資産移転価格（キャッシュフローの割引現在価値）を用い、財務体質への信認・透明性を確保、③高度な技術を有する外部専門家の登用等、自主的な経営管理のもとでの民間ベースの経営、④管理対象資産ごとの管理子会社の設立、⑤役職員に対し経営目標達成を動機づけるインセンティブの賦課等、業務・組織運営に工夫が凝らされた。

　スウェーデンによる金融危機管理から得られるプルーデンス政策上のインプリケーションとしては、①短期／中長期の政策目的と政策手段の割当てにみられる、政策問題の的確な認定を基盤とした、政策アジェンダ（目的・工程）の合理的な設定、②情報の非対称性に配慮した適時開示による透明性の確保や、インセンティブ適合的かつコア・コンピテンシーを極大化させる資産管理会社の組織運営など、経済合理性の高い危機管理機構の設計、③対外債務への依存

による海外債権者からの信認確保の重要性の認識や、市況の状況をふまえた中長期的な処理コストの極小化の選択など、市場のセンチメントに対する的確な認識が挙げられる。

**アジア通貨危機におけるインドネシア**[14]

インドネシアをはじめ、1990年代後半のアジアにおける金融危機は、通貨危機によって引き起こされたという特徴を有する。すなわち、危機が顕現化した過程をみると、①為替レートの暴落→②期間・為替ミスマッチに伴う、企業の借入債務（自国通貨換算）の増大→③債務不履行に陥った企業の経営破綻、金融機関の資産内容悪化→④金融機関による与信機能の低下→⑤生産・投資活動の停滞、という展開を示した。

こうした状況下、IMFを中心とする国際機関の主導により調整プログラムが策定されたが、その初期対応には批判が多い[15]。特に、プログラムの決定過程のうち、前提となる政策問題の認定段階で錯誤があった。すなわち、インドネシア経済に内在するリスクについて、市場の認識と国際機関の認識には大きな乖離が存在していた（図表5-5）。危機直前のインドネシアにおいて、市場が求めていたのは、時宜を得た流動性供給パッケージの策定と、これによる信認の維持・回復であった。しかし、IMF主導で策定された当初のプログラム（1997年11月）は、民間中小銀行16行の閉鎖・清算という急進的な措置を中核とし、これに加えて銀行監督体制、リスク管理等の改善を提言するという内容で、却って市場の不信感を醸成した。

また、国際機関には、市場がすでに指摘していたインドネシア経済に内在する不安定性（企業財務における資産負債の期間構成と通貨構成の二重のミスマッチ、インターバンク市場における分断化）を、重大なシステミック・リスク要因として事前に認識していた形跡はない。この間、インターバンク・レートは危機が顕在化する前の時点で大きくスパイクし、市場心理が不安定であったことを示唆している（図表5-6）。このように、国際機関が市場との意思疎通を十分行ったとは言い難い。市場の認識が織り込まれていれば、異なったプロ

図表5-5 危機前のインドネシア経済に対するリスク評価

| 国際機関の認識 | 市場参加者の認識 |
|---|---|
| ・インドネシア経済は70年代以降、年平均実質7％の成長と低インフレなど、良好である。対外経済面も、経常収支の赤字（対GDP比）は他のアセアン諸国に比べ小さく、外貨準備は輸入額の6カ月相当である<br>・インドネシア経済のファンダメンタルズは健全で、市場の信認も維持されている。こうした状況下、タイにおける金融危機の伝染は限定的である<br>・ルピアに対する信認を毀損しかねない問題は、不稼働資産、債務超過の銀行の存続、監督・規制の執行の不徹底など、金融セクターの脆弱性である<br>・したがって、インドネシアの優先的な政策課題は、①不稼働債権、問題銀行処理の加速（more aggressive closure policy）、②銀行監督・規制の強化、③リスク管理の改善である | ・米ドル建てCPの無統制な発行がインドネシア経済の不安定要因である。こうした米ドル建てCPは、地場コングロマリットにより、特別目的会社を通じた私募の形でオフショア発行され、ルピアに転換されて運転資金や設備資金として用いられている（ルピア・レートの安定を前提とした、先物ヘッジなしでの米ドル建短期借入への依存）16)<br>・米ドル建てCPの残高は50～60億ドルと推定されるが、インドネシア当局の規制・監視の対象外で、統計もない。このことがルピアに対する市場の強い不透明感と投機心理を醸成している<br>・銀行間市場では、健全行と不健全行の分断化が進んでいる。外国銀行は地場銀行への与信枠を縮小し、財務内容の不芳な地場銀行は、高金利を提示しても資金調達が困難である<br>・こうした状況下、最も重要な政策課題は、市場の信認・安定を回復し、インドネシア経済のファンダメンタルズの悪化を防ぐことである。このため、公的な流動性支援パッケージを策定し、ルピア・外貨流動性を市場に供給すべきである |

出所：Bank Indonesia (1998)、およびSEACEN Seminar on Financial Crisis in the Asian Region (Kuala Lumpur, 23-25 June 1998) におけるセミナー参加者との議論等による。

グラムが策定されていた可能性は否定できないであろう[17]。

　政策割当の面でも、IMFによるインドネシアの金融セクターに対する初期対応は、適切な選択であったかどうか疑問である。プログラムの意図は、中小銀行16行をbad applesとして除去することにより、市場および預金者の信認を確保しようとするものであった。しかし、プルーデンス政策の経験的な観点からは、金融システムが不安定化している時期における問題銀行の清算・ペイオフは、金融システムへの信認を却って揺るがすことが多く、政策の選択肢として用いられることは稀である。理論的にも、インドネシアの場合、預金保険をはじめとするセーフティ・ネットが存在せず、金融機関によるディスクロージャーが不十分な中、小口預金者が情報の非対称性を誘因として行動する可能性は高かったと言える。その上、政策責任者による声明発出などの政策広報が

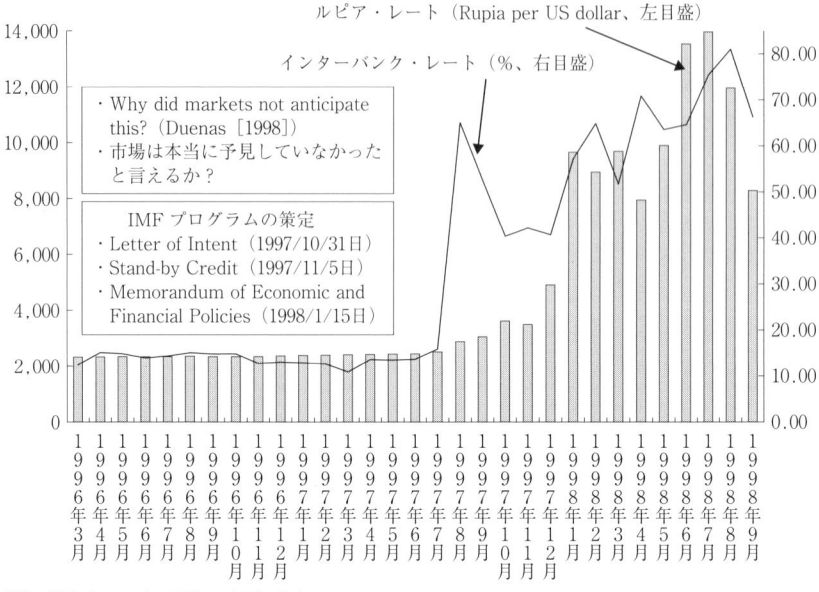

図表5-6 インドネシア：危機前後のルピア・レート、短期金利の推移

ルピア・レート（Rupia per US dollar、左目盛）
インターバンク・レート（％、右目盛）

・Why did markets not anticipate this?（Duenas [1998]）
・市場は本当に予見していなかったと言えるか？

IMFプログラムの策定
・Letter of Intent（1997/10/31日）
・Stand-by Credit（1997/11/5日）
・Memorandum of Economic and Financial Policies（1998/1/15日）

出所：IMF, *International Financial Statistics*.

行われなかったため、プログラムの意図は預金者に理解されず、情報の非対称性は減殺されないままであった。こうした状況下、インドネシアで実行された中小銀行の清算は、プログラムの意図に反し、預金者の動揺と預金流出（民間銀行から国営銀行や外国銀行へ預金がシフト）を引き起こし、Bank Indonesiaは1997年末から98年初めにかけ、中央銀行信用の拡大を余儀なくされた。

こうした初期対応ののち、1998年にIMFおよびインドネシア当局は、金融システム安定化政策を修正した。その内容は、スウェーデンによる金融危機管理との類似点が多く、①インドネシア国内銀行のルピア建て・外貨建て債務を対象とする政府の無制限保証、②問題金融機関に対するインドネシア銀行の流動性支援・介入、③インドネシア銀行再建庁の設置、④国際的な監査法人による国内銀行の区分（A-banks〔自己資本比率4％以上〕、B-banks〔同－25％から4％〕、C-banks〔同－25％以下〕）に応じた公的資本注入、経営再建等である。

インドネシアのケースから得られるプルーデンス政策上の含意としては、①市場、金融機関のモニタリングを通じた政策問題の的確な認定や、②政策手段の合理的な割当の重要性のほか、③金融機関でなく、企業財務に内在したシステミック・リスク要因というマクロ・プルーデンス上重要な教訓を挙げることができる。

**邦銀の不良債権問題**

我が国における金融システム安定化の枠組みは、最終的には公的資本注入、特別公的管理をはじめ標準的な措置が出揃うこととなった。しかし、こうした金融危機管理の標準的な枠組みが整い、不良債権の処理がほぼ完了したと認められるまでに、日本では10年以上の時間を要した。日本の不良債権問題から教訓が得られるとすれば、危機管理の手法よりも、これ程長い時間を要した理由であろう。

結論を先取りすれば、その理由は、邦銀の不良債権に対する初期対応の段階において、政策問題の認定に過誤が存在し、このため政策アジェンダ(目的・工程)の設定も不合理となったことによる。以下では、我が国における不良債権問題が表面化した90年代初めを振り返り、如何なる過程を経て政策決定がなされたかをトレースする[18]。

まず、邦銀大手行が破綻する以前の1990年代前半における、邦銀の不良債権を巡る政策問題の認定は、おおむね以下のような内容であった。すなわち、バブル崩壊による邦銀の不良債権は相当の規模であるものの、業務純益は堅調であった。また、有価証券評価益がバッファーとなっていたこともあって、邦銀の財務内容は大幅に毀損されていないとみられた。また、資産価格の下落は循環的であり、我が国製造業の収益力をもってすれば、実体経済面でもバブル崩壊後の調整は数年のうちに可能であると考えられた。さらに、日本では戦後長く銀行の破綻がなく、銀行の破綻処理法制も不十分(預金保険機構による資金援助合併が、事実上唯一の選択肢)であっただけに、邦銀の資産・経営内容を全面的に開示し、一度に償却・引当を行って多額の赤字を計上した場合、市場

や預金者がどう反応するか読みきれないと危惧された[19]。

　こうした認定のもと、政策アジェンダとして、「本業の収益と評価益による不良債権処理」というアプローチが設定された。すなわち、金利引下げにより梃入れした業務純益と有価証券評価益を「償却原資」としつつ、引当・償却の税務上の弾力化、共同債権買取機構の設立、検査・考査による指導等の外延的な措置を通じ、邦銀に不良債権処理を促した[20)21)]。この間、政府は大規模な財政支出を行い、日本銀行は金融政策を緩和し、金融システム問題を軽減する景気回復に望みを託した（Kawai, Ozeki, and Tokumaru [2002]）。

　当局のこうした考え方は、1992年8月18日に大蔵省が発表した『金融行政の当面の運営方針』や、1994年2月8日に同省が発表した『金融機関の不良債権問題についての行政上の指針』に示されている。同指針は、不良債権処理につき、「この課題は、金融機関が、徹底した経営努力を前提に、毎期の業務純益を主たる財源として、実質的な引当金である含み益などの内部蓄積も長い目で考慮しながら、所要の償却等を積極的に進めていくことにより、解決できるものである」と述べている[22]。また、日本銀行（1996）は、不良債権処理の見込額は、一般貸倒引当金や有価証券評価益等の範囲内であるとした上で、「業務純益力や不動産含み益等をも勘案すれば、いずれの業態においても平均的には不良債権を処理する力は十分に有しているとみられる」と述べ、行政当局の見方に同調している。

　我が国の不良債権処理は、先送り政策の典型的な失敗という否定的な評価が、最近に至るまで一般的である（堀内 [2006] 等）。不良債権処理の過程で、中間決算における株式評価損償却の不計上等の猶予措置がとられたことは事実であるにせよ、必ずしも全般的な先送り政策が遂行されたわけではない。1992年や1994年に発出された行政当局の指針をみると、不良債権問題の早期処理の必要性が述べられている。むしろ、以上でみたとおり、我が国における不良債権処理の政策過程を分析すると、初期段階における政策問題の認定が楽観的に過ぎ、前提としたシナリオが崩れる中で長期間にわたる試行錯誤を余儀なくされたのが実態と言えよう。この意味で、我が国の不良債権処理から得られる政策

上の最も重要な含意は、政策問題の的確な認定の重要性である（山口［1997］）。

(2) 今次のグローバル金融危機における各国政府・中央銀行の対応

今次のグローバル金融危機については、政策対応の途上であるが、各国政府・中央銀行による危機管理を整理した上で、現時点での暫定的な評価を行う。

米国におけるサブプライムローン問題に端を発した今次のグローバル金融危機に対し、各国政府・中央銀行がとった措置をみると、金融機関の流動性・資金調達を支援するため、中央銀行による積極的な流動性供給、政府による金融機関の市場性資金調達の保証、預金保護の拡充といった措置が講じられた。また、不良債権処理や資本増強を支援するため、公的資本注入、資産買取が実施された。さらに、問題金融機関の処理・再構築のため、政府管理、国有化が実施された（図表5-7）。このように、今次金融危機における金融システム安定化政策の枠組みは、各国中央銀行による為替スワップを通じたドル資金供給を除けば、過去の金融危機に対してとられた措置と大きな相違はない。

今次のグローバル金融危機における欧米当局の対応の評価としては、公的資本を含めた資本増強等の対応は、日本の1990年代当時の対応に比べ迅速であった（日本銀行［2009b］）。また、各国金融当局、殊に中央銀行が国境を越えて連携し、為替スワップにもとづく外貨供給オペは、金融機関の外貨資金繰りを支える有効なツールとなった。また、清算機関の設立、DVPスキームの導入をはじめとする決済システムの整備が、債務不履行による資金決済のデフォルトの連鎖など金融機関の破綻に伴う決済上の混乱を抑止したことも重要である（日本銀行［2009c］）。

この反面、初期段階における政策問題の認定の適切性や、リーマン・ショック前後における当局と市場センチメントとの乖離など、問題があったことも事実である。まず、金融リスクが増嵩していた段階（金融システム危機の第1フェーズ）においては、信用リスク移転市場に対する問題意識は提起されていたものの、各国当局による政策問題の認定は楽観的であり、金融システムに内在するリスク評価が正鵠を射ていたとは言い難い[23]。また、問題金融機関に対す

図表5-7　今次のグローバル金融危機における政策対応

| 政策問題・アジェンダ | 主な政策手段 | |
|---|---|---|
| ・金融機能低下による実体経済の悪化・下方リスクの高まり<br>・緩和的な金融環境の確保 | 政策金利の引下げ | ・FRB等6中央銀行による同時利下げ<br>・政策金利の継続的な引下げ（FRB、ECB等） |
| ・金融・資本市場の機能低下<br>―カウンターパーティー・リスク、流動性に対する予備的需要の高まりによる、短期金融市場におけるターム物取引の忌避<br>―最終投資家のリスク回避姿勢の強まりなど、企業の資金調達環境の悪化<br>―預金者・市場センチメントの悪化<br>・流動性・資金調達面の公的支援<br>―中央銀行による市場機能の代替、企業金融の支援<br>―政府によるカウンターパーティー・リスクの肩代り | 流動性供給の拡大 | ・中央銀行間の為替スワップによる外貨（ドル、ユーロ、スイス・フラン）供給オペ（FRB等）<br>・PCDF（プライマリー・ディーラー向け貸出ファシリティ）等の導入（FRB）<br>・長期国債買入の増額（BOJ） |
| | 市場操作対象先の拡充 | ・TAF（預金金融機関向け貸出ファシリティ）等の導入（FRB） |
| | 市場操作の頻度・額の引上げ<br>同・期間の長期化 | ・TAF（1カ月、3カ月）の1回当たり資金供給額の引上げ（FRB）<br>・6カ月物までの資金供給の実施（ECB） |
| | 市場操作の対象資産の適格要件緩和（中央銀行による信用リスクテイキング）<br>市場操作の適格担保範囲の拡大 | ・適格担保範囲の拡充（ECB、BOE、BOJ）<br>・企業金融に関わる金融商品の買入れ（FRB等）<br>・APF（社債買取ファシリティ）の導入（BOE）<br>・市場流動性が低下した証券化商品を担保に国債を貸し出す制度を実施（FRB） |
| | 特定市場での資産買取 | ・エージェンシー債等買入プログラムの導入（FRB） |
| | 資金調達の政府保証 | ・30日超シニア無担保債務の保証（FDIC） |
| | 預金保護の拡充 | ・預金保護上限の引上げ（$10万→$25万）、無利子決済用預金の全額保護（09年末迄）（米国） |
| ・自己資本の毀損<br>―証券化商品関連の損失<br>―不稼働資産の増加<br>・増資の困難化<br>―金融機関の健全性・支払能力に対する懸念<br>・不良債権処理および資本増強面の公的支援<br>―実体経済の下振れに対する公的な保険の提供<br>―金融機関の信用補完 | 資本増強<br>公的資本注入 | ・緊急経済安定化法にもとづく不良資産買取計画（TARP）資金（総枠7,000億ドル）を用いた資本注入（米国）<br>―予防的措置として、685行に2,046億ドルを注入 |
| | 資産買取<br>損失上限の確定 | ・個別行の申請に応じ、不良資産に関する損失保証を付与するスキームの導入（英国）<br>・資産管理会社に不稼働資産を移管し処理するスキーム（バッドバンク）の導入（ドイツ）<br>・金融機関保有株式の買入再開（BOJ） |
| ・システミックな影響<br>・債務の円滑な履行を確保しつつ、金融仲介機能を維持 | 問題金融機関国有化・公的管理 | ・ノーザン・ロック等2行を国有化（英国）<br>・公的資金投入により保有した優先株を一部普通株に転換（米国） |
| ・継続可能性に関する疑問<br>・財務・経営体力の評価 | Diagnostic Review | ・ストレス・テストの実施（Supervisory Capital Assessment Program）（米国） |

出所：日本銀行（2009b）等。

る米国当局の対応については、預金受入機関でないベア・スターンズを救済したことに対する原理・原則の明確な説明がないままに、同種のリーマン・ブラザーズを破綻処理し、さらにその直後にはメリルリンチやAIGに救済の手を差し伸べるという姿勢が、市場に疑心暗鬼を生んだと指摘されている（西村［2009］）。

## おわりに —— Policies to Avoid a Repeat? ——

　本章で事例分析の対象としたスウェーデン、インドネシア、日本の事例からは、市場との意思疎通にもとづく政策問題の認定、政策アジェンダ・政策割当の合理性、透明性が高くインセンティブ整合的な制度設計、企業財務に内在するシステミック・リスク要因など、プルーデンス政策上重要な教訓が得られた。こうした金融システム危機の経験を経て、各国のプルーデンス当局や金融機関は、監督体制やリスク管理体制を整備してきたはずであった。しかし、そうした努力（？）にもかかわらず、今次のグローバル金融危機が発生した。

　今次のグローバル金融危機を受け、各国当局、国際機関等により、危機の再発防止に向けた改革が議論されている。その基本的な問題意識は、おおむね以下のとおりである。

①個別金融機関の健全性確保（ミクロ・プルーデンス）に加え、金融システム全体のリスクを分析・対応する、マクロ・プルーデンスが重要である。

②今回のグローバル金融危機の原因となった、システミックに重要な非預金金融機関（投資銀行、保険会社等）に対する規制・監督を改善する必要がある。

③損失を吸収するバッファーとしての自己資本、ストレス時に対応できる流動性の重要性を再認識すべきである。

④プルーデンス政策における中央銀行の位置づけを見直し、役割を強化すべきである[24]。

⑤各国プルーデンス当局、国際機関による国際的な連携が重要である。

こうした問題意識のもと、現在進められている金融システム改革は、①金融システム全体におけるリスクの所在を早期に認識するための、事前的な監督体制の見直し（システミック・リスク監督当局の設立等）、②自己資本規制、流動性規制の改善、③プルーデンス政策上の国際的な連携、④事後的な危機管理（システミックに重要な金融機関に関する破綻処理スキームの整備）などを柱として進められている（図表5-8）[25]。

こうした金融システム改革の帰趨を評価することは時期尚早であり、ここではいくつかの論点を指摘するにとどめる。まず、現在提起されている金融改革の提言は、各国当局者の議会証言、国際機関の報告の中で、今次金融危機が起こる以前から指摘されてきたものが多い[26]。例を挙げると、①金融市場の統合や通信技術の発展により金融システム危機はグローバルに伝染する可能性があるため、各国当局の国際的な連携が重要であること（IMF［1995］）、②金融派生商品は金融機関のリスク・プロファイルを急速に変化させ、金融機関経営と金融システムに対し重大な影響を及ぼすため、金融派生商品取引が多い大手金融機関の経営内容に注意すべきこと（Spillenkothen［1996］）、③マクロ的な観点から市場全体のリスクの規模や態様を観察し、早期に適切に評価する存在が必要であり、それには中央銀行が適任であること（山口［1997］）、④金融システムの安定化にはマクロ・プルーデンスが重要であり、非預金金融機関、企業財務を含むシステミック・リスクに注目すべきこと（Ryback［2006］）等、いずれもかねて指摘されていたことである[27]。また、高木（2009）が指摘するとおり、IMFのサーベイランスを強化せよという提案は、1994年のメキシコ危機直後から繰り返し述べられ、1999年5月、IMFは金融システムの脆弱性の早期発見を目的とする金融セクター評価プログラムを導入済みである。

このようにみてくると、現在検討されている改革の帰趨は、新たな政策の枠組みを確立し、実効性を賦与できるかどうかにかかっている。これをマクロ・プルーデンス政策についてみると、単なる情報発信にとどまらないマクロ・プルーデンス政策のあり方は、システミック・リスクの代理変数をモニターし、金融機関行動に影響を及ぼす政策ツールを調整することにより、金融システム

## 図表 5-8　金融システム改革の概要[28]

| 目的 | 措置 | 各国、国際機関における検討・実施の状況 |
|---|---|---|
| マクロ・プルーデンス体制の強化 | マクロ・プルーデンス当局の設立 | ・Financial Services Oversight Council を新設（米国）<br>・European Systemic Risk Board を新設（EU） |
| | 中央銀行の役割の拡大 | ・FRB が Tier 1 金融持株会社に対する監督を一元的に所管（米国）[29]<br>・金融システムの安定に対する BOE の責任を規定（英国）[30] |
| | 当局間の連携 | ・Council for Financial Stability（財務省、FSA、BOE で構成）を新設し、システミック・リスクに関する評価、措置等を検討（英国） |
| | IMF サーベイランスの強化 | ・金融システムに内在する脆弱性の発見、金融リスクやストレスの早期認識、必要な是正措置等を具申する |
| | 市場・決済制度の整備・改善 | ・CDS 取引に関する清算機関の導入、レポ市場の整備等<br>・金融機関のリスク・プロファイルに関するディスクロージャーの拡充 |
| ミクロ・プルーデンス体制の強化 | 金融監督当局の統合・強化 | （米国）<br>・連邦免許預金金融機関の監督当局の一元化— OCC と OTS を統合<br>・金融商品・サービスの利用者保護体制の一元化— Consumer Financial Protection Agency を設立<br>・州当局の保険会社監督を補完— Office of National Insurance を設立<br>（EU）<br>・業態別監督組織の改組— European Banking Authority 等 3 機関を設立し、監督ルールの設定等の権限を付与<br>・上記 3 機関および各国監督当局から構成される European System of Financial Supervisors を設立 |
| | 規制客体の拡大 | ・Tier 1 金融持株会社に対する規制水準の引上げ—その他の銀行持株会社に適用されるよりも、厳格かつ保守的な資本、流動性、リスク管理基準等の健全性基準を適用（米国）<br>・格付会社、ヘッジファンド等の監視強化—情報開示、登録制の導入（米国） |
| | リスク管理体制の強化 | ・Chief Risk Officer の独立性確保、証券化商品・仕組み商品に対するリスク管理手法の強化、流動性リスク管理の強化、VAR の限界の認識、ストレス・テスト手法の強化、外部格付への過度の依存の是正等 |
| 金融安定化政策上の国際連携 | FSB の設置 | ・Financial Stability Forum（FSF）を Financial Stability Board（FSB）に改組し、国際的な金融危機への対応等の権限を付与[31] |
| 金融規制・会計基準の見直し | 業務規制 | ・銀行によるヘッジファンド等への投資、自己勘定取引等の制限 |
| | 自己資本規制 | ・金融機関の自己資本の質・量両面にわたる規制強化（Tier 1 と Tier 2 適格要件の厳格化等）、景気循環の影響を減殺する資本バッファーの導入、補完的なレバレッジ比率の導入等 |
| | 流動性規制 | ・定量的な流動性比率規制の導入 |
| | 会計基準 | ・金融商品の価格・公正価値評価方法の見直し<br>・貸倒引当に関する会計基準の改善— pro-cyclicality に対応する観点から、将来予測的な引当基準を策定 |
| | 報酬制度 | ・金融当局による金融機関の役員報酬に関する基準・ガイダンスの策定 |
| 事後的な危機管理体制の整備 | システミックに重要な金融機関の破綻処理スキームの導入 | ・金融システム的に重要な証券会社、保険会社等の、公的管理による破綻処理スキームの整備（米国）<br>— FDIC による破綻処理をモデルとし、財務省・FDIC は、FRB 等の連邦監督当局と協議の上、処理方策を決定 |

出所：各国当局公表資料等。

危機を防止するものとなろう。このためには、情勢判断の基礎となる金融指標の選択、政策手段・ターゲットの設定、透明性の高い決定過程の形成が必要となる。

　マクロ・プルーデンス政策上の情勢判断に用いられる金融指標の候補としては、IMF の Global Financial Stability Report が採用している市場参加者のリスク許容度・回避度指数、投機的格付銘柄のデフォルト率など信用・市場・流動性リスクに関わる諸計数、銀行与信のトレンドからの乖離等が挙げられている（大山［2009］、翁［2009］等）[32]。実際には、複数の指標をモニタリングし、総合的な判断を行うこととなろう。また、政策ツールとしては、自己資本比率、同比率算定上のリスク・ウェイト、貸倒引当率、担保掛目、預金保険料率等の可変的な調整が提案されている。このうち、大山（2009）は、マクロ・プルーデンス政策手段として、自己資本比率算出上のスケーリング・ファクター（自己資本比率の分子となる調整リスクアセットの算出のため、オリジナル・リスクアセットに乗ずる係数）を提案している。この提案によると、スケーリング・ファクターを情勢判断の対象となる金融指標に応じて動かすことにより、算出される自己資本比率を調整することとなる[33]。

　また、金融規制改革の一環として、IMF のサーベイランスなど、国際機関によるプルーデンス機能の活用が提言されているが、ここで留意すべき点は、国際機関と金融市場との「距離」である（高木［2009］）。金融市場におけるリスク・プロファイルを把握するためには、データ分析のみでは不十分であり、市場との距離の近さ、すなわち市場参加者との恒常的な人的コンタクトによる human intelligence が不可欠である。IMF などの国際機関にこうした機能を求めることは非現実的であろう。むしろ IMF は、各国における金融システム、市場の動向を横断的・包括的に分析できるという、国際機関に固有の強みを活かしたプルーデンス機能に特化することが望ましい。

　このほか、今次のグローバル金融危機では、金融機関経営者の高額な報酬が金融危機の誘因となったとして、報酬額をリスクと整合的にすべきこと、報酬支払のスケジュールがリスクの発生する時間軸に応じたものとすべきこと等の

提言が行われている。これについては、経営効率を損なう過度の行政介入を避けつつ、健全性と業績改善のバランスがとれた動機づけが必要であろう（野崎 [2010]）[34]。

世界は、21世紀に至っても金融システム危機から解放されることはなかった。各国当局は、今度こそ危機の再発防止に向けた体制を整備できるであろうか。

1) 本章は、徳丸（2010）を大幅に加筆したものである。荒巻健二（東京大学）、小野有人（日本銀行）の両氏からは貴重なコメントを頂いた。ただし、本章の内容、ありうる誤りは執筆時点における著者の個人的な見解にもとづき、また、日本銀行、以前に所属したIMF、世界銀行その他いかなる組織とも無関係である。
2) プルーデンス政策は、金融システムの安定化を目的として、金融機関・市場に対する規制・監督、検査・モニタリング、流動性供給、預金保険、破綻処理等の政策手段を用いて行われる。金融危機管理は、プルーデンス政策の一環である。プルーデンス政策の担い手であるプルーデンス当局は、主として金融監督当局（我が国の金融庁など、法律にもとづいて金融機関を規制・監督する行政官署）、中央銀行、預金保険機構である。金融危機管理には、財政当局、資産管理会社が政策主体として参加することが多い。
3) システミック・リスクとは、金融機関の破綻や債務不履行が、金融機関相互の債権・債務関係を通じて金融システム全体に波及するリスクである。システミック・リスクが顕現化し、金融機能が著しく低下した事態が、金融システム危機である。また、最近におけるシステミック・リスクの特徴として、金融機関がテイクするリスクの相関が高く、このため金融システムに内在するリスクが同質・同方向的（金融システム全体のリスクのベクトルが大きい）である結果、金融システムが急速に不安定化し、市場流動性や与信機能が急減する傾向がみられる（白川 [2008] は、これを「市場型システミック・リスク」と形容している）。今次のグローバル金融危機は、市場型システミック・リスクの顕現化であると言える。
4) この例として、1997年11月4日の三洋証券のデフォルトに端を発する、我が国のインターバンク市場における市場流動性の急激な低下がある。当時、少数の高格付先を除き、本邦金融機関は市場における資金調達が困難となった。また、今次のグローバル金融危機では、3カ月ものを超える米ドル資金の市場流動性が急減し、市場調達が困難となる局面がみられた。
5) この例として、破綻した旧日本長期信用銀行や旧山一證券の経営者による財務

操作を挙げ得る。
6） 金融システム危機の各フェーズは、必ずしも時間的経過ではなく、むしろ政策の局面と解することが適当である。たとえば、破綻金融機関の処理・再構築（第3フェーズ）は、システミック・リスクが顕現化（第4フェーズ）する中で行われることが多い。また、第2フェーズで行われることもある。
7） 1990年代の日本における資産バブル形成過程では、不動産関連融資への与信集中が進む中で、邦銀の収益は好調であった。また、今次のグローバル金融危機前の欧米金融機関の収益も好調であった。
8） 1980～90年代以降、各国の金融監督当局は、リスク・ベース監督、早期是正措置をはじめ、金融機関の経営問題を早期に発見し、早期に是正する努力を続けてきた。しかし、金融機関の資産内容、自己資本比率等が良好な段階で、リスクの増嵩を理由とする是正措置を講ずることは、実務的には依然として困難なのが実情である。
9） 無制限の流動性供給、ブランケット保証は、破綻処理のための財政コストを増大させる効果を有意に持つという実証研究（Honohan and Klingebiel［2000］等）がある。これは、こうした措置が、継続可能性のない金融機関を延命させる場合、最終的な処理コストの増加に繋がる可能性があると理解すべきであろう（小林［2002］）。
10） 1992年9月、スウェーデンの銀行免許を有する全銀行の債務を、政府が無制限に保証（株式、永久債を除く）し、国内外の債権者、預金者は一切損失を被らない旨を宣言した。また、92年6月にスウェーデン商業銀行第4位のノルド銀行を、12月に同じく第3位のゴタ銀行を100％国有化した。
11） 公的支援を申請した銀行から貸倒損失、延滞利息等のデータを徴求し、計量モデルで収益性、経営体力等を予測した。また、経営戦略・効率、リスク・内部管理の定性的な分析結果もふまえ、各行を「Ａクラス銀行」、「Ｂクラス銀行」、「Ｃクラス銀行」に分類し、公的支援のあり方を決定した。中長期的な存続可能性があると判定された「Ａクラス銀行」は、自主再建を中心とし、銀行支援庁が信用補完（デット／エクイティ・ファイナンスを保証）により下支えした。一時的に自己資本比率が8％割れとなると判定された「Ｂクラス銀行」は、エクイティ・ファイナンスの保証や、公的資本注入を行った。「Ｃクラス銀行」は、継続企業としてのバイアビリティがないと判定された先であり、不稼働資産を資産管理会社に移管した上で、優良資産を残した銀行本体を合併・清算した。
12） たとえば、国が銀行の転換社債を引き受けたのち、自己資本比率が8％割れとなった場合には、普通株の10倍の議決権を有する株式に転換することとされた。

13) セキュラムは、債務者企業の担保株式を取得して経営権を取得し、①非効率な部門を売却、②コア業務部門を内外の有力企業と合併させる、③シナジー効果を狙って、当該企業と補完的なノウハウを有する他の企業を買収し、企業集団を形成する、といった投資銀行的な手法を用い、企業価値を高めた上で、株式を売却した。ただ、セキュラムによる中長期的な債権回収額の極大化手法は、資産管理会社を用いた不良債権処理方式としてはむしろユニークな部類に属する（Klingebiel［2000］）。
14) 徳丸（2009）による。
15) IMFによる対インドネシア・プログラムは、金融セクターのほか、財政、国際収支など、同国経済全般にわたる内容であったが、本章では金融セクターの安定化政策に焦点を当てる。因みに荒巻（2006）によると、アジア通貨危機におけるIMFのプログラムは、通貨の安定という危機の性質（資本の急激な流出による危機）に対応した目的を掲げたにもかかわらず、財政政策、為替レート政策、構造政策のいずれもが、危機管理策（深刻化防止策）としてはその狙いが不明確でまた実効性を欠くものとなった。唯一、金融引締めによる通貨安定は危機タイプの相違を反映した適切なものであったといえるが、現実には期待された効果は発揮されなかった。
16) 一部のインドネシア当局者は、こうした企業財務の問題点を明確に認識し、「ヘッジなしの外貨建債務と現地通貨建の収益の組合せや、中長期資金ニーズの短期調達への依存等、企業の資金調達構造が問題を内包している。マクロ的な経済パフォーマンスのミクロ的な基礎（Micro-foundations of macro-performance）に対するリスク認識が不十分である」と指摘していた。しかし、これらは直感的なコメントであり、問題を立証できるデータがなかったこともあって、国際機関側との共通認識とはならなかった。
17) IMFが主導したプログラムに問題があったことは否定し難い。しかし、IMFはプログラムの策定過程で、必要な計数・情報が得られないまま、作業を進めざるをえなかった事情に留意すべきであろう。アジア通貨危機の初期段階においては、統計のカバレッジや信頼性の問題もあって、債務残高や不稼働債権残高等は不明で、問題の深刻さは現地当局も把握できていなかった。そもそも、どの時点で通貨・金融危機の局面に入ったかなどという判別は、事後的にはともかく、その渦中では困難である。
18) 西村（2006）等、当時の政策担当者による資料による。
19) こうした認識のもとで、邦銀の経営内容の情報開示は漸進的に進められた。しかし、情報開示が制限された結果、市場規律は働き難く、金融機関に経営改善を

促す市場の圧力や、セーフティ・ネットの整備への原動力となる国民的な政策合意を弱める要因となった（白塚・田口・森［2000］）。
20) 大蔵省、国税庁は、有税償却は金融機関の自己認定によることを確認するとともに、無税償却の認定基準を、①債務者の実質債務超過期間を「概ね2年以上」から「概ね1年以上」に短縮する、②債権額に占める回収不能割合を「概ね50％以上」から「概ね40％以上」に引き下げる、③保証人の保証能力が実質的にない場合は償却を容認する等、弾力化した（平成4.9.18国税庁通達）。
21) 1993年5月、共同債権買取機構が設立され、金融機関が同機構に不動産担保付債権を持ち込めば事実上無税償却（売却損、支援損）を認める仕組みが手当てされた。同機構の狙いは、不稼働債権の再構築よりも、移管債権の無税償却を認める点にあった。これは、不稼働債権の処理は移管元の金融機関の責任とされ、また権利関係が複雑な債権の移管は認められなかったことからも明らかである。
22) こうした日本のアプローチに対しては、国際機関、海外当局、格付会社から懸念・批判が繰り返された。こうした批判の嚆矢としては、Fries（1993）がある。
23) 2007年の段階では、米国の金融システムに対する見方は楽観的で、システミックな金融危機は予見されていなかった。まず、モーゲージローン全体に占めるサブプライム層のシェアは1割程度で、マクロ経済・金融システムへの影響度は限定的と考えられていた。また、モーゲージローン残高の6割程度が証券化され、これによるリスク分散効果が期待されていた。また、サブプライムローン問題により市場が混乱し始めた段階でも、多くの銀行破綻は推測されず、米国の銀行セクター全体としての自己資本、支払能力、リスク管理能力について、重大な懸念は持たれていなかった。
24) この反面、米国では、FRBから金融監督権限を外し、単一の統合的な金融規制機関を設立すべきであるとの主張もなされている。
25) 自己資本、流動性等に関する規制を巡る国際的な議論については、第4章第5節を参照。
26) 大山（2009）によると、提言内容の多くは、今次危機が起こる以前から指摘されてきたものである。リスク管理に関しては、見方によっては管理のイロハと言われてきたものも多い。
27) 金融規制のプロシクリカリティ、すなわち、バーゼルⅡにおける自己資本比率規制、金融商品の時価会計などが、リスク許容度の低下や貸出の抑制などを誘引し、金融機能や実体経済の循環を増幅させる効果を有することについても、かねて議論されていた（IMFとHong Kong Monetary Authorityが2004年11月に共催したConference on Managing Procyclicality of the Financial Systemなど）。また、too

big to fail を認めるのであれば、金融機関が何らかの代価を支払うことによってその適用を可能とすべきであり、その代価は、通常の金融機関よりも高い自己資本比率、高率の預金保険料であるという主張は、Cargill 等により1990年代前半になされていた。

28) 本表に示した金融システム改革の多くは、当局、議会等が検討中の段階である。
29) Tier 1 金融持株会社とは、規模、レバレッジ、金融システムに対する相互関連度合いにもとづき、その破綻が金融安定に脅威となり得ると判断されたすべての金融機関を指す。
30) BOE は半期ごとの Financial Stability Report において、①金融システムおよび実体経済にかかるリスク、②当該リスクに対処するための対応、③当該対応の効果の予測、④当該対応を BOE、FSA、政府のいずれが取るべきか、あるいは国際的な協力が必要かについての見解等を示すとされている。
31) FSF は、金融市場の監視・監督に関する情報交換、国際協力の強化を通じて国際金融の安定を促進することを目的に、1999年に G7 が創設した。
32) このほか、ややナイーブな指標であるが、資産市場における取引高、売買回転率、およびこれらのトレンドからの乖離なども、市場参加者のスタンスからバブルを推定する上では有用かもしれない。また、銀行・証券・保険を含む大手金融機関の相互間、企業との間、資本市場との間の直接・間接のエクスポージャー（相互関係 [interconnections]）を体系的に把握するデータベースが必要である。
33) たとえば、リスクが顕現化し自己資本が減少した場合、スケーリング・ファクターを引き下げ、算出される自己資本比率の低下を小幅に止める。
34) 野崎（2010）によると、規制は金融技術革新に対し常に後追いとなり、規制上の裁定を排除することは難しい。必要な措置は、金融機関の過度なリスクテイクを抑止するインセンティブ設計であり、このため経営者の報酬に劣後債を組み込み、その比率を健全性指標とリンクさせよとの提案を行っている。

### 参考文献

荒巻健二（2006）:「資本取引規制と国際資本フロー」*PRI Discussion Paper Series* No. 06 A-22（財務省財務総合政策研究所）
内野好郎（2008）:「インドネシアにおける通貨・金融危機の再考」『立教経済学研究』第61巻第3号、171-205頁、第4号、227-246頁（立教大学）
大山剛（2009）:『グローバル金融危機後のリスク管理』（金融財政事情研究会）
翁百合（2009）:「金融規制監督政策におけるマクロプルーデンスの視点——金融危機

後の新しい規制体系への模索」『Business & Economic Review 2009. 12』157-214頁（日本総合研究所）

小林慶一郎（2002）：「銀行システム危機への政策対応——実証研究および事例研究とその教訓」*RIETI Discussion Paper Series* 02-J-016（経済産業研究所）

白川方明（2008）：『現代の金融政策——理論と実際』（日本経済新聞出版社）

白塚重典・田口博雄・森成城（2000）：「日本におけるバブル崩壊後の調整に対する政策対応」『金融研究』第19巻第4号、261-322頁（日本銀行金融研究所）

高木信二（2009）：「国際金融アーキテクチャーの改革について——G20声明の実現性を考える」『ESP』2009年1・2月号、39-42頁（社団法人経済企画協会）

徳丸浩（2009）：「アジア通貨危機と日本の金融機関行動」内閣府経済社会総合研究所企画・監修、伊藤元重編著『バブル／デフレ期の日本経済と経済政策3　国際環境の変化と日本経済』第6章、201-234頁（慶應義塾大学出版会）

——（2010）：「金融危機管理の国際比較」『経済科学論究』第7号（埼玉大学経済学会）

西村吉正（2006）：「金融機関破綻処理方式の手法とその変遷」中北徹・西村吉正編著『金融機関の破綻事例に関する調査』14-24頁（金融庁）

——（2009）：「米国発の金融危機と日本の経験」『ESP』2009年1・2月号、30-33頁（社団法人経済企画協会）

日本銀行（1996）：「金融機関の平成7年度決算」『日本銀行調査月報』1996年8月号、43-57頁（日本銀行）

——（2009a）：「金融市場レポート」2009年1月号（日本銀行金融市場局）

——（2009b）：「金融システムレポート」2009年3月号（日本銀行金融機構局）

——（2009c）：「リーマン・ブラザーズ証券の破綻がわが国決済システムにもたらした教訓——証券取引、上場デリバティブの決済に関して」（日本銀行決済機構局）

堀内昭義編著（2006）：「金融危機とその対応策の評価」『フィナンシャル・レビュー』平成18年第7号、70-141頁（財務省財務総合政策研究所）

野崎浩成（2010）：「銀行経営者のインセンティブ設計」『証券アナリストジャーナル』Vol. 48, No. 1（日本証券アナリスト協会）

山口泰（1997）：「金融システム不安：日本の経験からの教訓」香港貿易発展局主催コンファレンスにおける講演（日本銀行）

Bank Indonesia (1998): "Banking Crisis Resolution: An Experience of Indonesia", Presentation at *SEACEN Seminar on Financial Crisis in the Asian Region* (Kuala Lumpur: South East Asian Central Banks (SEACEN) Research and Training Centre)

Blanchard, Olivier (2009) : "The Crisis: Basic Mechanisms and Appropriate Policies", *IMF Working Paper WP/09/80* (Washington, D. C.: International Monetary Fund)

Committee on the Global Financial System (2003) : "Credit Risk Transfer", (Basel: Bank for International Settlements)

Demirgüç-Kunt, Asli and Enrica Detragiache (2005) : "Cross-Country Empirical Studies of Systemic Bank Distress: A Survey", *IMF Working Paper WP/05/96* (Washington, D. C.: International Monetary Fund)

Drees, B., and C. Pazarbaşioğlu (1998) : "The Nordic Banking Crisis: Pitfalls in Financial Liberalization?" *IMF Occasional Paper No. 161* (Washington, D. C.: International Monetary Fund)

Duenas, Daniel (1998) : "Crises in Asia — Macroeconomic Aspects", Presentation at *Annual Seminar for Senior Bank Supervisors from Emerging Market Economies* (Washington, D. C.: International Monetary Fund)

Estrella, Arturo (2001) : "Dealing with Financial Crises: The Central Bank's Tool Kit", *Sveriges Riksbank Economic Review No. 2* (Stockholm: Sveriges Riksbank)

European Commission Directorate-General for Economic and Financial Affairs (2009) : "Public Finances in EMU — 2009", Commission Staff Working Document (Brussels: European Commission)

Fries, Steven M. (1993) : "Japanese Banks and the Asset Price Bubble", *IMF Working Paper WP/93/85* (Washington, D. C.: International Monetary Fund)

Honohan, Patrick and Daniela Klingebiel (2000) : "Controlling the Fiscal Costs of Banking Crises", *Policy Research Working Paper No. 2441* (Washington, D. C.: World Bank)

International Monetary Fund (1995) : *International Capital Markets: Developments, Prospects, and Policy Issues* (Washington, D. C.: International Monetary Fund)

Ingves, Stefan (1999) : "Swedish Experience and Solution Procedures of Non-Performing Loan Problem including its Macroeconomic Impact", *Economic Research No. 7* (Tokyo: Economic Planning Agency)

Ingves, Stefan and Göran Lind (1996) : "The Management of the Bank Crisis — In Retrospect", *Sveriges Risksbank Quarterly Review No. 1* (Stockholm: Sveriges Risksbank)

Kawai, M., Y. Ozeki, and H. Tokumaru (2002) : "Banking on East Asia: Expansion and Retrenchment of Japanese Firms", In *Winning in Asia, Japanese Style*, ed.

Vinod K. Aggarwal and Shujiro Urata (New York: Palgrave Macmillan)

Klingebiel, D. (2000) : "The Use of Asset Management Companies in the Resolution of Banking Crises: Cross-Country Experience", *Policy Research Working Paper No. 2284* (Washington, D. C.: World Bank)

Nier, Erlend W. (2009) : "Financial Stability Frameworks and the Role of Central Banks: Lessons from the Crisis", *IMF Working Paper WP/09/70* (Washington, D. C.: International Monetary Fund)

Ryback, William A. (2006) : "Macro Prudential Policy: A New Name for Some Old Ways of Thinking?" Presentation at *Macro Prudential Supervision Conference: Challenges for Financial Supervisors* sponsored by Korea Financial Supervisory Commission and International Monetary Fund (Hong Kong: Hong Kong Monetary Authority)

Spillenkothen, Richard (1996) : "Statement by Richard Spillenkothen—Federal Reserve System Banking Supervision and Regulation Director Richard Spillenkothen—Statements to the Congress", *Federal Reserve Bulletin May 1996* (Washington, D. C.: Board of Governors of the Federal Reserve System)

World Bank (1998) : *East Asia: The Road to Recovery* (Washington, D. C.: World Bank)

# 第6章　不良債権処理制度と貸出条件緩和

岩崎 美智和

## 1 不良債権とは何か——2つのアプローチ、2つの原理と税制の制約——

### (1) 問題の所在

　バブル崩壊以降日本経済は不良債権問題に悩まされてきたが、不良債権問題をわかりにくくしている原因の1つとして、「いわゆる不良債権」という言葉に代表されるように不良債権の定義が論者によって異なっていることがあげられる。本章においてはバブル期までは不良債権として取り扱われていなかった不稼働貸出金等の問題債権がどのように不良債権処理の制度的枠組みに組み込まれていったかを論証していく。

　バブル期における不良債権処理の制度的枠組みは1960年代後半にその概要を整えられたものである。この制度的枠組みでは捉えきれない問題債権が銀行に存在していたことは監督当局も承知していた。問題債権のうち利払いに問題のある資産を把握しようとした動きは少なくとも大蔵省検査部が1981年から1998年まで実施していた検査結果に関わる評定制度までさかのぼることができる。評定制度の評価項目の1つである収益・効率性の指標の1つとして大蔵省は不稼働貸出金比率【(資産不計上未収利息対応貸出金＋利息免除対応貸出金)／貸出金末残（金融機関貸付を除く）】を採用していた。不稼働貸出金比率が資産の健全性の指標に採用されず収益・効率性の指標とされていることに見られる

ように、銀行の健全性とは切り離した観点からではあるが、利払いに問題のある不稼働貸出金の把握が行われていた。1986年には大蔵省は把握の対象となる問題債権の範囲を拡大し、各銀行が自主的に計上している問題債権[1]を「管理債権」としてその件数や金額の報告を求めるようになった。1989年には大蔵省検査の検査報告書提出資料に「不稼働貸出金等の状況」表が追加[2]された。この状況表は不良と思われる貸出金を一覧的に観察する目的で作成されたものであり、不稼働貸出金等として資産不計上未収利息対象貸出金（有税により利息棚上げ免除している貸出金も含む）、元本延滞貸出金（6カ月超）および管理債権（以下本稿においてこの3つを総称して「不稼働貸出金等債権」とする）の推移の把握を可能にしたものである。このことより遅くとも1989年には、収益性に問題のある「不稼働貸出金等債権」は不良債権との認識が浸透したことがわかる。このように金融機関・監督当局とも従来の不良債権処理の枠組みから外れる「不稼働貸出金等債権」の存在を把握していたが、一方、不良債権処理の制度的枠組みの再設計を行うことなく、バブル崩壊を迎えたのである。この「不稼働貸出金等債権」を「不良債権」として不良債権処理の制度的枠組みの中に取り込んでいく過程において不良債権とは何かについてさまざまな定義が行われ混乱が生じた。この混乱は、不良債権処理制度の再設計において銀行の健全性を確保するために2つのアプローチがとられたこと、それぞれのアプローチが準拠する不良の判定原理が異なったこと、税制の制約が存在したことに起因する。アプローチごとに異なる判定原理が採用されたため、それぞれが対象とする不良債権は異なるものとなってしまった。また、税制の制約等により判定原理が指し示す不良債権と各アプローチが対象とする不良債権の間にも乖離が生じてしまったのである。これらの混乱により我が国不良債権問題は迷走してしまったのである。

(2) 2つのアプローチと2つの判定原理

銀行の健全性確保のためのアプローチとして償却・引当アプローチと開示アプローチの2つが存在する。また、債権の不良を図る原理として貸倒原理と収

益性原理の2つの原理が存在する。

**償却・引当アプローチ**

　償却・引当[3]により不良債権の持つ信用リスクに対し会計上の対応を行うことで銀行の健全性を維持していこうとするものである。償却・引当アプローチはバブル期以前から存在しており、その不良債権の判定原理を、最終の元本回収に対するリスクから不良の度合いを測る貸倒原理に求めた。

**開示アプローチ**

　銀行の資産の健全性に関する情報を開示することで銀行経営者による金融機関の健全経営の努力を誘発させ不良債権の発生を抑制していこうとするものである。開示アプローチはバブル崩壊以降新たに導入されたアプローチであり、その不良債権の判定原理を債権が生む収益に着目した収益性原理に求めた。

**貸倒原理**

　最終の元本回収に危険性がある債権が不良債権とする考えである。大蔵省検査以来の資産査定にその原理を見ることができる。銀行資産の過半を成す貸出金の査定の基準は「回収上の危険の度合い」であり、「通常の度合いを超える回収上の危険」を含む債権をその危険の度合いに応じてⅠ、Ⅱ、Ⅲ、Ⅳの4段階に分類を行っている。バブル期から現在に至るまでその分類定義に大きな違いはなく、バブル期の各分類の定義[4]は以下の通りとなる。

　　Ⅳ分類　回収不能と判定される債権

　　Ⅲ分類　最終の回収について重大な懸念が存し、したがって、損失の発生が見込まれるが、その損失額の確定しえない債権

　　Ⅱ分類　債権確保上の諸条件が満足に充たされないため、あるいは信用上疑義が存する等の理由により、その回収について通常の度合いを超える危険を含むと認められる債権

　　Ⅰ分類　Ⅱ、Ⅲ、Ⅳのいずれにも分類されない債権。すなわち健全な債権。

非分類債権

**収益性原理**

　収益を上げない不稼働債権を不良債権とする考えである。不稼働の捉え方として利払いの有無、延滞といった外形的要因から判断する形式基準によるものである。

　(3)　税制の制約と企業会計基準

　わが国の企業会計制度においては、債権者保護を目的とした会社法（商法）会計、投資者保護を目的とした金融商品取引法（証券取引法）会計、課税の公平を目的とした税務会計の3者が混在するといういわゆるトライアングル体制がとられていた。トライアングル体制においては税務会計の基となる企業会計が税法に影響されるという「税務の逆基準性」が存在する。また銀行決算の特色として金融当局の存在が挙げられる。銀行の決算は永らく銀行局の行政指導（決算指導通達等および口頭指導）の影響を受けていた。バブル期不良債権処理制度における税制の制約の特色は、大蔵省が行政指導を通じ税務基準を客観的な会計基準として積極的に位置づけていた点にある。バブル期の償却・引当においては決算の恣意性を避けるため、税法基準にもとづく償却・引当[5]がもとめられた。税収確保の観点より無税認定は厳しく、有税処理は規定されていたものの実際には制限されており、実質的に大蔵省の承認を必要とするものであった。開示アプローチにおいては、金融機関間の比較可能性が求められた結果、外形的な税務基準が客観的な基準として採用された。このような状況はバブル崩壊後に変更されていく。不良債権問題の高まりにより、客観的な会計基準として税務基準にかわり企業会計基準の導入が行われるとともに、適切な不良債権処理を可能とするよう、不良債権処理に関連した税負担を緩和する諸制度の導入が進められていくことになる。

### (4) バブル期の不良債権処理制度

　ここであらためてバブル期の不良債権処理の制度的枠組みがどのようなものであったかを確認してみたい。当時の枠組みは貸倒原理を基準とした償却・引当アプローチによるものであり、開示アプローチは導入されていなかった。その特色は大蔵省の有税処理に対する忌避の態度を反映し税制の制約を強く受けたものであり、「不稼働貸出金等債権」は不健全なものであることは承知していたもののその管理は行われていない状況にあった。バブル期の償却・引当アプローチと開示アプローチの状況についての概略を示すと以下のようになる。

### バブル期の償却・引当アプローチ

　バブル期の償却・引当アプローチは①決算経理基準、②不良債権償却証明制度、③口頭指導により規定されていた。

　貸倒償却等の適正な計上の前提となる資産査定は数年に一度実施される大蔵省の銀行検査によるものが中心であった。銀行の経理処理に関する基準である決算経理基準は、1967年9月に大蔵省銀行局長の通達をもって定められた統一経理基準をベースとしたものがバブル期まで踏襲されていた。決算経理基準において貸出金の償却については「回収不能と判定される貸出金及び最終の回収に重大な懸念があり損失の発生が見込まれる貸出金については、これに相当する額を償却するものとする。なお、有税償却する貸出金については、その内容をあらかじめ当局に提出するものとする」と定めており、貸倒引当金については「税法で容認される限度額を必ず繰り入れるもの」とされ、債権償却特別勘定への繰入れについては、「税法基準のほか、有税による繰入れができるものとする。なお、有税繰入れするものについては、その内容をあらかじめ当局に提出するものとする」と定めていた。大蔵省の資産分類と税務上の取扱いを調整する制度として不良債権償却証明制度が存在した。同制度は、金融検査官が「回収不可能又は無価値と判定した債権、もしくはこれに準ずる債権」として証明した額は、原則として税法上も損金として容認される制度である。この不

良債権償却証明制度によりⅣ分類債権の無税償却・引当は担保されていたが、Ⅲ分類債権の取扱いは明記されていなかった。銀行の利益操作や、問題債権の隠ぺいにつながることを恐れた大蔵省が有税償却・引当について慎重な姿勢で対応していた[6]ことよりⅢ分類債権の処理はあいまいなものとなっていた。この結果バブル期の償却・引当アプローチにおいては回収不能と判定される債権であるⅣ分類債権は償却されるべきものであり、税務上も無税対応が容認されていたが、最終の回収に重大な懸念があり損失の発生が見込まれる債権であるⅢ分類債権は償却されるべきものであったが税務上の取扱いがあいまいなものであった。貸倒原理にもとづく資産分類において通常の度合いを超えるリスクを持つと判定されるⅡ分類債権であるが、バブル期の償却・引当アプローチはその持つリスクを積極的に反映することはなかった[7]。大蔵省は銀行の健全性の比較に際し正味自己資本を利用していたが、正味自己資本の定義は【自己資本－(Ⅳ分類債権＋1/2Ⅲ分類債権)】とⅡ分類債権の信用リスクを考慮しないものであり、貸倒引当金の繰入率もⅠ分類債権と同一の税法上の貸倒引当金繰入率である0.3%[8]が適用されていた。銀行が支援を決定した債権について「不良債権」との認識はもたれておらず[9]、「管理債権」の持つリスクに対する特別な備えは用意されていなかった。

**バブル期の開示アプローチ**

　バブル期には銀行の健全性確保の手段として不良債権の開示アプローチはとられていなかった。1981年に改正された銀行法は銀行のディスクロージャー制度を定めたが、信用機関としての銀行業務の特殊性に対する考慮から、法21条但し書きにおいて、信用秩序、銀行の守秘義務、銀行業務への支障、経費負担の４つの事由を例示し開示の対象外とすることを認めた。このため信用秩序維持を理由に、不良債権残高の開示は行われなかった。1985年６月の金融制度調査会答申においてディスクロージャーのいっそうの促進がうたわれたことを受け、全国銀行協会連合会（全銀協）は1986年７月に各業態に共通する開示の最低基準として統一開示基準を制定したが、信用秩序への配慮から不良債権額は

統一開示基準に含まれておらず、自主的に開示している銀行もなかった。

## 2　税制の制約下における不良債権処理（バブル期〜1997年）

バブル崩壊に伴い不良債権問題が顕在化してくるが、バブル崩壊当初の金融当局の認識は、日本経済の回復力に信頼をおいたものであり、不良債権は時間をかけて償却等により処理していく必要があるものと認識されていた。このような認識のもと償却・引当アプローチにおいて当初とられた処置は旧来の税制の制約を漸次緩和していくものであった。不良債権問題の拡大のもと、償却・引当アプローチにおいて早期是正措置の導入が図られ、一方開示面アプローチ導入による新制度設計が進められるが、償却・引当アプローチと開示アプローチが相互に侵食することなく分立したまま、制度変更が深化していく過程をたどることとなった。

### (1) 償却・引当アプローチの変遷

不良債権問題の高まりを受け大蔵省は1992年「金融行政の当面の運営方針」において償却・引当アプローチにおける税制の制約の緩和を開始し、ついで1994年「金融機関の不良資産問題についての行政上の指針」により「不稼働貸出金等債権」である金利減免債権への対応のほか不良債権の各レベルでの対応策がしめされた。しかしながら対症療法的施策であり、各分類債権の償却・引当を定めている決算経理基準の変更は行われなかった。

**金融行政の当面の運営方針：税制の制約の緩和**

1992年8月18日大蔵省は「金融行政の当面の運営方針」を発表した。本指針は、償却・引当アプローチにおけるⅢ・Ⅳ分類債権処理の税務上の制約の緩和を中心としたものである。具体的には本指針を受け、①税務上の貸倒の事実認定の緩和、②不良債権償却証明制度の改正、③共同債権買取機構の設立が行われた。1992年9月18日の国税庁通達「認定による債権償却特別勘定の設定に関

する留意点について」により、税務上の貸倒の事実認定に関わる運用が一部緩和されたが、不十分なものであった。不良債権償却証明制度が改正され、Ⅳ・Ⅲ分類債権についての償却は金融機関が自己認定して行うものであることが確認され、税務基準にしばられない有税償却処理手続が明確化された。162の金融機関の参加により1993年1月27日㈱共同債権買取機構が設立され、不動産担保付き債権[10]を売却する際に発生する売却損を税務上の損金とすることで、不動産担保付き債権の持つ信用リスクを無税で処理することが可能となった。

**金融機関の不良資産問題についての行政上の指針**

1994年2月8日経済対策閣僚会議が「総合経済対策」において不良債権の処理促進等に言及したことを受け、同日、大蔵省銀行局は「『金融機関の不良資産問題についての行政上の指針』について」を発表し、金融機関の不良資産問題に対する金融当局の取組みの基本的な考え方を示した。

本指針における不良資産問題についての大蔵省の現状認識は、不良資産を3つのレベルに分け、それぞれの性格に応じた対応を行おうとするもの[11]である。すなわち本指針は債権を

①通常に比べて留意を要する債権

融資先企業の業績低下等により、通常に比べて留意を要する債権。金融機関の経営に直ちに影響を与えるわけではないが、各金融機関が自らの判断により、留意していく必要がある債権。

②金利減免等により支援を行っている債権

金融機関が、経営上の困難に直面した融資先に対して、金利減免等により支援を行っている債権。関係者の努力により元本が回収されるという前提で再建計画が実施されている貸出先に対するものであり、長期にわたって金融機関の収益を圧迫するという問題のある債権。

③破綻先・延滞債権

その一部につき回収不能が見込まれ、今後時間をかけて償却等により処理していく必要があるもの。

の3つに分けている。この指針により、Ⅱ分類債権が①通常に比べて留意を要する債権と②金利減免等により支援を行っている債権の2つのカテゴリーに分けられた上で、①の有税引当、②の流動化が可能[12]となり、③の処理促進が図られることになった。具体的には、ⓐ不良債権償却証明制度の改正、ⓑ金利減免債権の流動化、ⓒ共同債権買取機構の活用、ⓓ担保不動産の自己競落、の諸制度が導入され、ⓐによるⅡ分類債権の有税引当の容認、ⓑによる金利減免債権の流動化による実質無税引当、ⓒ・ⓓによる担保付債権の実質無税処理が可能となった。

### (2) 開示アプローチの導入

バブル崩壊の過程において銀行の健全性確保のため不良債権の開示アプローチが導入された。開示対象債権は各業態の意見調整を図った結果税法基準が導入され狭い範囲の開示からスタートすることとなった。不良債権問題の高まりにつれ開示範囲は拡大し、「不稼働貸出金等債権」についての定義が徐々に整えられ「貸出条件緩和債権」として開示の対象に加えられていった。

**開示アプローチの導入と税法基準**

1992年1月の金融制度調査会報告書「金融システムの安定性・信頼性の確保について」において金融機関のディスクロージャーについて開示内容の充実を図っていくことが求められたことを受け、金融制度調査会は金融機関のディスクロージャーに関する作業部会を設置、検討を行ってきたが、1992年12月2日に不良資産の開示方法を「金融機関の資産の健全性に関する情報開示について」として発表した。本報告は情報開示が金融機関の、自らの行動を規正し、経営の健全化に努めるという行動を誘発するものと位置づけ、銀行の健全性確保のため情報開示アプローチを提示するとともに具体的な開示内容を示した。この開示内容の特色は①根拠は全銀協等の統一開示基準等業界の自主ルール、②比較可能性確保の観点による税法基準[13]にもとづく外形的収益性原理の導入、③信用秩序への配慮による開示範囲・開示金融機関についての漸進的・段階的

な拡充、とまとめることができる。外形的収益性原理にもとづき不良債権は以下の３つに分類され、各業態ごとに開示の範囲が定められた。

〔健全性に問題のある債権の３分類〕
①経営破綻先に対する債権額（「破綻先債権額」）
　元本回収が不可能となる蓋然性が高い債権、すなわち近い将来において償却するに至る可能性の高い債権
　具体的範囲としては、「法人税基本通達」における「会社更生法の規定による更生手続又は商法の規定による会社整理手続その他これに類する法律上の整理手続が開始された」債務者等に関わる債権額：すべての銀行が開示する。
②未収利息不計上債権額（「延滞債権額」）
　将来において償却すべき債権に転換する可能性のある債権
　具体的範囲としては、税務会計基準との整合性も勘案し、未収利息不計上債権（「法人税基本通達」および「金融機関の未収利息の取扱いについて」通達により、金融機関は利息が６カ月以上延滞している債権等について未収利息を収益不計上としている）とすることが適当：都市銀行、長期信用銀行および信託銀行が開示
③金利減免・棚上げ先に対する債権額
　金融機関の現在および将来の収益に影響を与える債権
　金利減免・棚上げは債務者の再建・支援を図ること、すなわち元本の回収が前提となっており、「破綻先債権」「延滞債権」とは基本的にその性格を異にしていることから、金利減免・棚上げ先に対する債権額の開示はこれとは区別して考えることが適当：当面開示を求めない

**全銀協統一開示基準による不良債権開示**
　全銀協は本中間報告の内容に沿った形で1993年３月29日に自主的な開示ルールである全銀協統一開示基準を改正し、税法基準による不良債権の開示が行われることとなった。すなわち、税法上未収利息を収益不計上とすることを認め

られる債権のうち経営破綻先に対する債権を破綻先債権とし、それ以外の収益不計上債権のうち金利棚上げ債権を除いた未収利息不計上債権を延滞債権と定め、1993年3月期より全国銀行は破綻先債権額を開示し、都銀・長信銀・信託はそれに加えて延滞債権額を開示することを決定した。

**外形基準にもとづく開示範囲の拡大（金利減免等債権額、経営支援先等の開示）**

1995年5月15日金融制度調査会金融機関のディスクロージャーに関する作業部会は報告書「金融機関の資産の健全性に関する情報開示範囲の拡大について」をとりまとめた。同報告書は、元本の回収可能性に問題のある債権に加えて、金融機関の現在および将来の収益に影響を与える債権に関する情報も有用であるとの考えから、経済的困難に陥った債務者の再建・支援を図るために当初の約定条件を変更して金利減免、棚上げ等の措置を講じた債権の金額についても開示することが望ましいとした上で、最低限の比較可能性確保の観点より公定歩合以下の水準にまで金利を引き下げた金利減免債権額は開示が望ましいとした。さらに1995年6月8日大蔵省「金融システムの機能回復について」においてディスクロージャーの範囲の拡大（都銀・長信銀等については金利減免等債権の開示を1996年3月期決算より開示）が図られた。このような開示範囲の拡大の声の高まりを受け、都銀・長信銀・信託21行は1995年9月中間期決算の発表に際し、口頭ベースで金利減免等債権額を自主的に公表した。

1996年3月18日全銀協は金利減免等債権額とともに経営支援先に対する債権額に関する情報を新たな開示項目に加えることとした。経営支援先に対する債権については、経済的困難に陥った債務者の再建・支援のため、損金経理について税務当局の認定を受けて債権放棄等の支援を実施し、経営支援している債務者に対する貸出金額を開示対象とした。

1997年12月22日に大蔵省銀行局長より全銀協会長に対し「米国のSEC基準等諸外国の状況を参考にしながらディスクロージャーの拡充を図るよう」要請があったことをふまえ、統一開示基準等にSEC基準並みの内容を織り込んだものとして、1998年3月24日に全銀協は不良債権の開示内容を拡大し「破綻先

債権額」「延滞債権額」「3カ月以上延滞債権額」および「貸出条件緩和債権額」の4項目を「リスク管理債権情報」として開示することを決定した。「貸出条件緩和債権額」には従来から開示対象であった「金利減免等債権」「経営支援先に対する債権」のほか「公定歩合超金利減免債権」「元金返済猶予債権」「代物弁済を受けた債権」「債務者の株式を受け入れた債権」「その他の貸出条件緩和債権」を含むものに拡大された。従来の金利減免債権は適用金利を公定歩合以下の水準にまで引き下げた貸出金を対象としていたが、本改正により開示対象は、当該債務者と同等な信用リスクを有している債務者に対して通常適用される新規貸出実行金利を下回る水準まで当初約定期間中の金利を引き下げた場合は開示対象とした。

(3) 早期是正措置の導入

**早期是正措置導入の経緯**

　政府がとりまとめた「緊急円高・経済対策」においておおむね5年間で不良債権処理の目処をつけるとの方針が盛り込まれたことを受け、大蔵省は不良債権問題に対する当局の基本的考え方を1995年6月8日に「金融システムの機能回復について」として公表。客観的指標にもとづく金融機関経営の早期是正措置の導入についての考えかたが示された。1995年12月12日にこの当局の考え方を取り入れた金融制度調査会答申「金融システム安定化のための諸施策」が公表され、健全性確保をしていくための新しい監督手法として、自己資本比率等の客観的な指標にもとづき業務改善命令等の措置を適時に講じていく早期是正措置の導入が示された。この考え方にもとづき、不良債権処理の一般的手法に関する制度の整備として1996年6月21日に「金融機関等の経営の健全性確保のための関係法律の整備に関する法律」が公布され、1998年4月より金融機関経営の健全性を確保するため「早期是正措置」が導入されることになった。

**早期是正措置導入下の償却・引当（税法基準からの離脱）**

　大蔵省銀行局長の私的研究会である「早期是正措置に関する検討会」は1996

年9月30日より検討を開始し、12月26日に早期是正措置の概要を「中間とりまとめ」として発表した。早期是正措置発動の前提として金融機関の資産内容の実態ができる限り正確かつ客観的に反映された財務諸表が作成され、これにもとづき正確な自己資本比率が算出される必要がある。このため、本取りまとめは、適正な財務諸表の作成のため、「企業会計原則等に基づき適正な償却・引当が実施される必要がある」とし、銀行決算の前提が税法基準から企業会計原則に移ることを示すとともに、債務者区分と担保保証のカバーに応じた資産査定という自己査定に関する基本方針を示した。この中間とりまとめに示された考え方にもとづき、資産査定マニュアルおよび償却・引当てを監査する際の実務指針が公表され、決算経理基準の改正が行われた。その内容は以下の通りである。

〔資産査定マニュアル〕　1997年3月5日大蔵省金融検査部は各金融機関が作成する自己査定基準の基本的な考え方についての「適度の統一性」の確保のため資産査定マニュアルとして「早期是正措置導入後の金融検査における資産査定について」通達を発出。資産査定は、回収の危険性または価値の毀損の度合に応じて資産をⅠ〜Ⅳの4段階に区分している。その分類に際しては、①債務者の財務状況、資金繰り、収益力等により返済能力を判定して、債務者について、その状況により正常先、要注意先、破綻懸念先、実質破綻先、破綻先の5段階に区分し、②資金使途等の内容を個別に検討し、③担保や保証等の状況を勘案の上、分類を行うものとされた。

〔実務指針〕　早期是正措置導入に伴い銀行が実施する自己査定手続きと、その結果をふまえた償却・引当てを監査する際の実務指針である「銀行等金融機関の資産の自己査定に係る内部統制の検証ならびに貸倒償却及び貸倒引当金の監査に関する実務指針」を日本公認会計士協会は1997年4月15日に公表した。本実務指針により貸倒償却及び貸倒引当金の計上に関する監査上の取扱いが明らかにされた[14]。正常先債権、要注意先債権、破綻懸念先債権、実質破綻先債権、

破綻先債権の各債権についての償却・引当に関する取扱い方法が示された。

〔決算経理基準〕　早期是正措置の導入に伴い、各金融機関が自己査定基準を策定し、それに従って償却引当処理を行うことになったため、それに沿うよう、1997年7月31日「『普通銀行の業務運営に関する基本事項等について』の一部改正について」により決算経理基準の見直しがなされ、「資産の評価は、自己査定結果を踏まえ、商法、企業会計原則等及び下記に定める方法に基づき各行が定める償却及び引当金の計上基準に従って実施するものとする」とされた。これにより貸倒引当金・債権償却特別勘定・特定海外債権引当勘定への税法基準による繰入規定が撤廃された。貸倒引当金の繰入については、合理的な方法により算出された貸倒実績率にもとづき算定した貸倒見込額を繰り入れるものとされた。

　このように不良債権処理における税法基準に代わる新たな客観的な基準として企業会計の導入に関わるルールが整備され、1997年6月30日を基準日として実施された自己査定トライアルを経て自己査定を中心とした新しい償却・引当制度が導入された。この新制度下において、従来の税法基準繰入率のもとでは無視されていた要注意先債権のもつ信用リスクが認識されるようになり、要注意先債権（担保等考慮しなければⅡ分類債権となる）と正常先債権とではそれぞれの貸倒実績率にもとづいた貸倒引当金繰入率が採用されることとなった。「早期是正措置導入後の金融検査における資産査定について」において貸出条件緩和債権は要注意先の一角をなすものと位置づけられ、「金融機関監査のガイドライン」においては貸出条件緩和債権に関するDCF法適用について、日本公認会計士協会としてこの問題を引き続き検討すると言及されたが、引当率等で貸出条件緩和債権を特別扱いすることはなく、繰入率をその他の要注意先（財務内容不調先等）と同等なものとして取り扱うことが認められた。

## 3　貸倒基準不良債権処理の進展（1998〜2001年）

　早期是正措置の導入を通じ金融当局は不良債権処理手段の厳正化・拡充を図ってきたが、不良債権のバランスアウトなど抜本的措置がとられないことは、経済停滞の原因とされ、社会問題となった。ここに立法府が金融問題処理にのりだし、抜本的な措置を求めていくことになる。「1998年半ば以降は、従来は行政が実質的な推進力となって進めてきた金融問題の処理が、立案の段階から立法府が中心となって論議・決定されるという戦後の政策形成過程上の異例の時期であった」[15]とされる事態に至ったのである。不良債権のオフバランス化を指向していた政府・与党金融再生トータルプラン推進協議会は不良債権の抜本的処理策として「金融再生トータルプラン」（1998年6月23日第1次とりまとめ、1998年7月2日第2次とりまとめ）を提示した。このトータルプランにもとづき1998年8月「金融再生トータルプラン」関連6法案が国会に提出されたが、政府提出法案が審議中の9月には野党3党より対案が国会に提出された。結局、政府案と野党案を併せる形の金融再生関連法案の修正案が1998年10月13日に成立した。金融再生法により、金融機関の財務内容等の透明性の確保として金融機関は資産の査定を行い、資産の査定結果を公表すること（金融再生法開示債権）が定められた。償却・引当アプローチの前提として実施される資産査定の内容をベースとした開示がなされるに至った。ここに開示アプローチは貸倒原理を基準とする金融再生法開示債権と外形的収益原理を基準とするリスク管理債権の2つの不良債権の定義[16]を持つことになる。この両者および自己査定との関係は金融検査マニュアル作成の過程を通じ整理されていき、金利減免債権等かつての「不稼働貸出金等債権」は要管理債権として開示され、またそのリスクに応じ引き当てされるべきものとなった。不良債権の各レベルに応じた償却・引当体制を確立した金融当局は柳澤伯夫金融担当大臣のもと、貸倒原理上元本の一部ないしは全部が毀損している破綻懸念先以下の[17]の最終処理および企業再生を指向していく。

## (1) 償却・引当アプローチ

**金融検査マニュアル**

　政府・与党金融再生トータルプラン推進協議会が「金融再生トータルプラン（第2次とりまとめ）」（1998年7月2日発表）において、銀行監督および健全性基準の強化に関し「金融検査については、外部のノウハウを取り入れた検査マニュアル及びチェックリストを整備し、年内に公開する」としたことを受け金融監督庁は、検査部内に「金融検査マニュアル検討会」を設置、1998年8月25日より金融検査マニュアルおよびチェックリストの検討を開始し、1998年12月22日には「中間とりまとめ」を、1999年4月8日には「最終とりまとめ」を発表し、1999年7月1日に「金融検査マニュアル」を公表した。この「金融検査マニュアル」の発出により、資産査定と償却・引当アプローチの関係が明確化・一元化されるとともに、開示アプローチとの関係が整理され、債務者区分において償却・引当アプローチと開示アプローチとが相互浸食を見せるようになった。具体的には、金融検査マニュアルは図表6-1のように金融再生法開示債権と自己査定の関係を規定した。

　要管理債権についてはリスク管理債権に関わる貸出条件緩和債権の定義および留意事項をも参考とするとしたことより、開示アプローチ（リスク管理債権）上の不良債権概念であった要管理債権（貸出条件緩和債権）が償却・引当アプローチに浸食した。破綻懸念先、実質破綻先および破綻先に対する未収利息は、資産計上することは適当ではないとされたことより、償却・引当アプローチ上の概念である破綻懸念先、実質破綻先および破綻先という債務者区分が開示アプローチ（リスク管理債権）に導入された。

　このように相互浸食の結果、金融検査マニュアルは要管理先[18]の信用リスクをより積極的に捉えるようになった。金融検査マニュアルは要管理先に対する債権については「平均残存期間又は少なくとも今後3年間の予想損失額」、それ以外の要注意先については「平均残存期間又は少なくとも今後1年間損失額」の引当を行うことを例示する形で要管理先の持つ信用リスクに対する引当

図表 6-1　金融検査マニュアルにおける金融再生法開示債権と自己査定の関係

| 金融再生法開示債権 | 自己査定 |
|---|---|
| 正常債権 | 正常先に対する債権および要注意先に対する債権のうち要管理債権に該当する債権以外の債権 |
| 要管理債権 | 要注意先に対する債権のうち「3カ月以上延滞債権および貸出条件緩和債権」 |
| 危険債権 | 破綻懸念先に対する債権 |
| 破産更生債権およびこれらに準ずる債権 | 実質破綻先に対する債権および破綻先に対する債権 |

の強化を慫慂した。

　この要管理先の持つ信用リスク管理の強化は金融再生委員会が示した「引当ガイドライン」における引当の目安においても見ることができる。「定量的引当基準」の導入を志向した柳沢伯夫（金融再生担当相）を委員長として1998年12月15日に金融再生委員会が設置され、1999年1月25日に公的資本の増強を受ける国際決済銀行基準行の資産査定の前提として資産査定の引当における目安を示す「資本増強に当たっての償却・引当についての考え方」が公表された。法的強制力をもたないものであるが、「当局が初めて指標を示したことで銀行の健全度をはかる事実上の標準[19]となる[20]」と受け取られた。目安として、破綻懸念債権は70％、要管理先債権は15％、その他の要注意債権はその平均残存期間を勘案して算出された適正な貸倒実績率を引き当てるものとされた。

　本ガイドラインの公表により金融監督当局の銀行の健全性に関する目安が大蔵省検査目線のIV分類債権＋(1/2) III分類債権とII分類債権のリスクを織り込まないものから、要管理先債権（II分類債権中リスクの高いもの）のリスクを織り込んだより厳しいものへと転換したことが明らかにされた。

　「金融商品に係る会計基準の設定に関する意見書」が公表され、貸倒見積高の算定に関する会計基準が整備されたこと、金融検査マニュアル検討会から「最終とりまとめ」が公表され、償却・引当に関する考え方が示されたことから、これらと調和を図るため1999年4月30日に「実務指針」が改正された。この改正「実務指針」は要注意先債権には財政状態および債務の履行状況の程度の異

なる債務者に対する債権が含まれているため、信用リスクの程度に応じて区分し、当該区分ごとに貸倒実績率または倒産確率にもとづき貸倒引当金を計上するものとした。要注意債権を要管理先とその他の要注意債権に区分する方法を例示[21]することで、要管理先に対する管理強化を会計監査面においても裏づけた。本「実務指針」改正において、要管理債権のうち、債権の元本の回収および利息の受取りに関わるキャッシュフローを合理的に見積もることができる債権（貸出条件緩和債権等）については、当該キャッシュフローを当初の約定利子率で割り引いた金額と債権の帳簿価額との差額について貸倒引当金を計上することが定められた[22]が、その適用にあたっての具体的なガイドランは示されなかった。

**税制の制約の緩和**

　金融再生関連法案成立の前後において不良債権（破綻懸念先以下）のオフバランスの妨げとなる税制の制約を緩和させる制度が策定されていった。債権放棄の無税化、税効果会計の適用早期化、不良債権買取機関の強化である。

　金融再生トータルプランとりまとめの過程で債権放棄に関わる税務上の取扱いの明確化が求められたことを受け、1998年6月に法人税基本通達が改正された。この改正により、合理的な再建計画にもとづく債権放棄により発生する損失については税務上損金の額に算入する旨の取扱いについて、明確化が図られた。これにより、

- 合理的な再建計画にもとづく利益供与の類型としては債権放棄も含まれること
- 整理や再建の対象となる子会社等の範囲には取引先、役員を派遣している会社および資金を貸し付けている会社等が含まれること
- 利害の対立する複数の支援者の合意により策定されたと認められる計画については、原則として、「合理的な再建計画」として取り扱うこと

等が明らかとなり、債権放棄に関わる税務リスクが軽減し債権放棄が行いやすくなった。

早期是正措置の導入により企業会計原則にもとづいた償却・引当が行われることになり、税法基準による償却・引当と齟齬が生まれることになった。このため、有税による不良債権処理を円滑に進めていく観点からすでに「早期是正措置に関する検討会中間とりまとめ」において税効果会計導入が望ましいとされ、1997～98年に制度の整備が行われていたが、1998年11月16日の緊急経済対策において早期に内外の信認を高めるため、金融機関については税効果会計を1年前倒しで1999年3月期より実施することとされた。

　共同債権買取機構は1998年3月に担保不動産付き不良債権（主として破綻懸念以下先）の買取を停止していたが、金融再生トータルプランとりまとめの過程で買取の再開を求められたことより、1998年9月より担保不動産付き不良債権の買取再開を行った。

　金融再生関連法案の審議を通じ金融機関の破綻処理機関の設立が求められ、その破綻処理機関に一般金融機関の不良債権買取を認めることが求められた。これを受け、破綻金融機関の不良債権等の処理のために設立されていた整理回収銀行と旧住専債権の整理回収のために設立されていた住宅金融債権管理機構とが合併し1999年4月に㈱整理回収機構（RCC）が誕生。金融再生法53条にもとづき健全金融機関からの不良債権（破綻懸念以下先に対する債権）買取機能が加わり、1999年9月に健全金融機関からの不良債権の第1回買取を実施した。

(2) 開示アプローチ

開示アプローチの法定化

　1998年12月1日に金融システム改革の一環として施行された銀行法によりディスクロージャー規定は抜本的な拡充が行われた。ディスクロージャーは義務規定とされ、不良債権の開示を宥恕する但し書きは削除された。ディスクロージャーの項目は従来の全銀協統一開示基準をベースとして開示項目が法定化され、銀行単体および連結ベースにおいて「破綻先債権に該当する貸出金の額」、「延滞債権に該当する貸出金の額」、「三カ月以上延滞債権に該当する貸出金の額」、「貸出条件緩和債権に該当する貸出金の額」の開示が求められるようにな

った。

**償却・引当アプローチの浸食による税務会計からの離脱**

　金融検査マニュアル作成の過程において償却・引当アプローチと開示アプローチとの相互浸食がおきていたが、金融監督庁はディスクロージャーについてリスク管理債権の定義など省令の解釈の明確化を図るため1999年3月31日に事務ガイドラインの一部改正を実施。貸出条件緩和債権の定義を明らかにした。貸出条件緩和債権として、(イ)金利減免債権、(ロ)金利支払猶予債権、(ハ)経営支援先に対する債権、(ニ)元本返済猶予債権、(ホ)一部債権放棄を実施した債権、(ヘ)代物弁済を受けた債権、(ト)債務者の株式を受け入れた債権、を例示した。このうち金利減免債権および元本返済猶予債権については債務者の経営再建または支援を目的としている場合は金利水準のいかんにかかわらず開示の対象となるとされた。

　1998年6月8日に銀行の経理基準を定めていた大蔵省通達「普通銀行の業務運営に関する基本事項等について」は廃止されたが、全銀協は従来の決算通達内容を引き継ぐ形で「銀行業における決算経理基準等について」を取りまとめ1998年9月7日に通知した。1999年7月の日本公認会計士協会による決算基準の見直し要請等を受け、全銀協は未収利息の計上については税務基準ではなく、健全な未収収益等であって、その回収が確実なものについては、企業会計原則に従って発生主義により資産に計上するものと改めるとともに、原則として自己査定における債務者区分が「破綻懸念先、実質破綻先、破綻先」である債務者に対する貸出金の未収利息は不計上とすることとした。償却・引当アプローチの浸食の結果、金融業界のコンセンサスとして開示アプローチにおいて税務会計基準からの離脱が行われたのである。

(3) 産業再生と破綻懸念先の最終処理

　初代の金融再生委員会委員長時代から不良債権（破綻懸念先以下）の最終処理[23]論者であった柳澤伯夫が2000年12月5日に再度金融再生委員会委員長

(2001年1月6日より金融担当大臣)に就任した。2001年2月20日の記者会見において金融機関の不良債権処理について3月末までに直接償却を勧奨するスキームを作成し、2001年9月中間期決算から不良債権処理の重点を間接償却(引当)から直接償却(清算型および再建型)に移す意向を示した。この意向は2001年4月6日経済対策閣僚会議「緊急経済対策」に反映され、同対策は金融再生と産業再生を掲げ、バランスシートからはずすことこそが不良債権の最終処理になるとの認識のもと、主要行の破綻懸念先以下債権のオフ・バランス化ルール(2年3年ルール)を定めた。主要行の破綻懸念先以下の債権について、既存分は2年以内、新規発生分は3年以内にオフ・バランス化を行うことを求めたものである。あわせて経営困難企業の再建に伴う債権放棄を容易にすべく、私的整理に関するガイドラインの作成等の環境整備を決定した。以降政府・金融庁は日本全体の不良債権を削減するため、産業再生も視野にいれた不良債権(破綻懸念先以下)のオフ・バランスを求めていく。

経済財政諮問会議は2001年6月26日に「経済財政運営及び経済社会の構造改革に関する基本方針(骨太の方針)」において不良債権問題を2〜3年内に解決することを目指すとし、債権回収を主業務とするRCCに企業再生業務を加えて、RCCの機能を抜本的に拡充し、RCCを積極的に活用した不良債権処理、企業再生等を進め、銀行の不良債権のオフ・バランスシート化の確実な実現を図ることを掲げた。

2001年10月26日の経済対策閣僚会議「改革先行プログラム」においても3年後には不良債権問題の正常化を図ることが確認され、市場の評価に著しい変化が生じている等の債務者に着目した特別検査を主要行の自己査定期間中に実施し、破綻懸念先に区分された債務者について①私的整理ガイドライン等による徹底的な再建計画策定、②民事再生法等の法的手続きによる会社再建、③RCCなどへの債権売却等、の最終処理が求められた。

2002年4月12日金融庁「より強固な金融システムの構築に向けた施策」においてオフバランス化をいっそう加速するため、具体的な処理目標として、主要行の破綻懸念先以下の債権について原則1年以内に5割、2年以内にその大宗

（8割目途）をオフ・バランス化することが要請され、その手段として整理回収機構の機能を積極的に活用することが求められた。

## 4　経済価値基準不良債権処理の開始（2002年～）

2002年9月30日小泉首相は柳澤伯夫金融担当大臣を事実上更迭し、竹中平蔵経済財政担当大臣に金融担当大臣を兼務させた。竹中大臣は不良債権問題の本質を主要行における大口債務者に対する資産査定の甘さに求めていた。資産査定の甘さから処理されるべき大口不良債権が要管理先以上に査定されていると看做したのである。竹中大臣はDCF法をはじめとした手法を導入し大口債務者を中心に資産査定の厳格化を図りその処理を求めていった。将来のキャッシュフローに注目しDCF的手法等にもとづき算出した貸出の価値により債権の評価を行う経済価値原理のもと不良債権の度合いを判定する経済価値基準が導入されたのである。ここに貸倒基準上は元本が毀損していないとされ、バブル期の償却・引当アプローチ上はオフ・バランスの対象外であった大口の要管理債権は経済価値基準のもと実質的に個別引き当てされ削減の対象となった。

### (1)　経済価値基準の浸透

ここであらためて将来のキャッシュフローに着目する経済価値基準が償却・引当アプローチに導入されていった歴史を簡単に見てみたい。

取得原価主義にもとづく財務諸表がオフ・バランス取引の存在等により企業実態を表さなくなったことから、企業会計に時価主義会計・減損会計の導入を求める動きが国際的に強まっていった。不良債権の評価においても将来のキャッシュフローに着目した貸出の経済価値を重視する考えが1990年代以降海外を中心に広まっていった。

経済価値基準導入の先駆けとして1993年に米国会計基準において制定された減損ルールがあげられる。SFAS（米国一般会計基準）114号「貸付金の減損に関する債権者の会計処理」である。SFAS114号は個別に減損が認識された

債権に対する減損ルールを定めている。債権の現在価値の見積もり方法として、将来の予想キャッシュフローに貸出金の実行利子率を適用した割引現在価値、貸出金の市場価格、担保処分価値の3つの選択肢を挙げ、現在価値と当初の貸付金額の差額を貸倒引当金計上することを求めた。

早期是正措置の検討過程において日本公認会計士協会はこのSFAS114号に示されたキャッシュフローに着目した割引現在価値の考え方の採用を早期是正措置に関する研究会に提案。同研究会はこの提案に対し、1996年12月16日発表の「中間とりまとめ」において「金利減免、棚上げ及びリスケジュールされた貸出条件付債権については、割引現在価値に基づき減損額を算定し、貸倒引当金として貸借対照表に計上することについて、国際的な会計基準からみて、今後検討することはできないか」としたことで配慮を示した。

1997年4月15日には日本公認会計士協会は「実務指針」において「割引現在価値の考え方の実務への適用に関しては、種々検討すべき事項があるので、日本公認会計士協会としてこの問題を引き続き検討する」とした。

日本の企業会計制度に国際会計基準を取り込もうとする会計ビッグバンの流れの中、企業会計審議会は1999年1月22日に「金融商品に係る会計基準の設定に関する意見書」を発表。同意見書は貸倒懸念債権（経営破綻の状態には至っていないが、債務の弁済に重大な問題が生じているかまたは生じる可能性の高い債務者に対する債権）に対する貸倒見積高の算定方法として、担保の処分見込額および保証による回収見込額を考慮する方法のほか、元利金の将来のキャッシュフローを見積もることが可能な場合、元利金のキャッシュフローの予想額を当初の約定利子率で割り引いた金額の総額と当該債権の帳簿価額の差額を貸倒見積高とする方法を示した。

1999年4月30日には前述したように、日本公認会計士協会は「実務指針」を改正し破綻懸念先債権および貸出条件緩和債権等については、当該キャッシュフローを当初の約定利子率で割り引いた金額と債権の帳簿価額との差額について貸倒引当金を計上することを定めた。

2002年10月11日に日本銀行は「不良債権問題の基本的な考え方」を公表した。

貸出の経済価値は、そこから得られる将来のキャッシュフロー（元利金収入－コスト）から予想損失額を差し引いたものの割引現在価値とした上で、不良債権とは信用リスクの増大等により、経済的な価値が減価し、簿価を下回った債権だとした。減価した経済価値と簿価の差額分が不良債権の要処理額であり、適切な引当はその処理の出発点であるとして、不良債権の早期処理を求めた。

このように海外の潮流にもとづき、国際的な会計制度と我が国会計制度との調整の観点より不良債権の評価においてDCF的手法にもとづく経済価値基準の導入が求められてきたが、竹中大臣が金融担当大臣に就任した段階ではDCF的手法は金融行政・金融機関経営の分野では必ずしも一般的とはなっていなかった[24]。

(2) 経済価値基準による要管理先債権処理制度の確立

**金融再生プログラムと経済価値不良債権処理**

竹中大臣の不良債権処理策は2002年10月30日に政府が発表した「改革加速のための総合対応策」および金融庁による「金融再生プログラム」によく見ることができる。竹中大臣は主要行の要管理先以上先に存在する大口融資先に不良債権問題の本質があると看做していたため、主要行の要管理債権も含めた不良債権比率を2004年度には現状の半分程度に低下させ不良債権問題の「正常化」を図るとの目標を掲げた。竹中大臣は中小企業貸出に配慮しつつ、この目標を達成すべく主要行における大口不良債権の削減のための諸施策を打っていった。主要行における大口融資先のもつ信用リスクの厳正な算出のため、①引当に関するDCF的手法の採用、②引当金算定における期間の見直し、③大口債務者に対する銀行間の債務者区分の統一、等にもとづいた特別検査を再実施することがうたわれた。開示基準の対象債権は担保や引当金でカバーされている部分も含まれているため、単なる引当の増加等では不良債権の削減とはならない。このため、銀行は厳正な資産査定であぶり出された要管理債権についても単なる引当ではなくオフ・バランス化ないしは格付の上方遷移による最終処理が求められた。不良債権問題の解決として要管理先も含めた大口不良先の企業再生

が求められたことになる。この産業再生を容易にするため、破綻懸念先以下先を対象とするRCCの機能強化が定められるとともに、要管理先を対象とした債権買取・企業再生組織である産業再生機構の創設が準備された。産業再生機構は「要管理先」等に分類されている企業のうち同機構が再生可能と判断する企業の債権を、原則として非メインの金融機関から買い取るものとされた。

### DCF法の導入

金融再生プログラムで資産査定厳格化の1つとして主要行に対し引当においてDCF的手法を採用することが求められたこと[25]を受け、2003年2月24日日本公認会計士協会はDCF法適用に必要と思われる具体的なガイドラインとして「銀行等金融機関において貸倒引当金の計上方法としてキャッシュフロー見積法（DCF法）が採用されている場合の監査上の留意事項」を公表した。翌25日には金融庁は金融再生プログラム関連等に関わる検査マニュアルの改訂を実施し、要管理先および破綻懸念先の引当手法について、DCF法を選択肢として書き加えた上で、「与信額が100億円以上の大口債務者」については、「DCF法の適用が望ましい」とするとともに、与信額が100億円以上の大口要管理先について、やむをえずDCF法を適用できない場合には、個別的な残存期間による引当の適用がのぞましいとした。このDCF法の適用は主要行に対し2003年3月期より主要行に対し適用されるものとなった。

### 産業再生機構の設立

「株式会社産業再生機構法」が2003年4月2日に成立、4月10日に施行され、同年5月に機構は業務を開始した。機構の買取対象は、要管理先等に分類されている、機構が再生可能と判断する企業の債権であり、機構が関与して策定された再生計画により債権放棄が行われた場合の損失は税務上損金算入が認められることとなり、要管理先の最終処理手法が整備された。

産業再生機構の設立を契機に2003年5月16日金融庁は事務ガイドラインの改正を行い、貸出条件緩和債権からの卒業基準を規定。「実現可能性の高い抜本

的な経営再建計画に沿った金融支援の実施により経営再建が開始されている場合には、当該経営再建計画に基づく貸出金は貸出条件緩和債権に該当しないものと判断して差し支えない」と規定し、さらに、株式会社産業再生機構が買取りを決定した債権に関わる債務者についての事業再生計画については、「実現可能性の高い抜本的な経営再建計画」であると判断して差し支えない旨規定し、産業再生機構を利用した事業再生計画により「要管理先」が上方遷移することが定められた。

## おわりに

### (1) 不良債権問題の「正常化」

2004年12月24日金融庁は「金融改革プログラム―金融サービス立国への挑戦―」を公表した。そこで、日本の金融システムが「金融再生プログラム」の実施等により不良債権問題への緊急対応から脱却したことを明らかにした。「金融再生プログラム」において掲げた主要行の不良債権比率半減の目標は2002年3月期：8.4%⇒2005年3月期：2.9%と達成され、2005年5月25日伊藤達也金融担当大臣は不良債権問題の「正常化」を宣言した。バブル崩壊以降問題債権としての貸出条件緩和債権に対する管理取扱いは強化されてきたが、この不良債権問題の鎮静化の動きを受け、管理強化の歩みは転換する。2005年10月28日に金融庁は「主要行等向けの総合的な監督指針」および「貸出条件緩和債権関係Q&A」を策定したが、貸出条件緩和債権に関する銀行法施行規則の解釈について、①経営再建・支援目的の明確化、②基準金利の設定方法等の規定の明確化、③その他解釈の明確化を実施するとともに、Q&Aの形で事例を提示したものであり、貸出条件緩和債権の管理強化を意図したものではなかった。

### (2) リーマン・ショックと中小企業における貸出条件緩和の要件緩和

リーマン・ショックを受け中小企業への円滑な資金供給確保の観点より貸出

条件緩和債権に対する管理は緩和の方向を模索していく。

2008年9月に米国の投資銀行リーマン・ブラザーズが破綻し、これをを引き金として発生した世界的な金融危機のなか、我が国においては銀行の貸し剥がし、特に中小企業への影響が懸念された。2008年11月7日金融庁は中小企業向け融資の貸出条件緩和が円滑に行われるための措置として監督指針・金融検査マニュアル（別冊）を改正。貸出条件変更を行っても貸出条件緩和債権に該当しない例外要件として、中小企業について長期の経営改善計画を許容するなどの整備を行い、金融機関が条件変更により柔軟に対応出来るようにした。

民主党政権下の金融担当大臣である亀井静香大臣が中小企業対策として指向した「元本返済猶予」を軸としたいわゆる「モラトリアム法案」は返済猶予の一律実施を義務づけず、「努力義務」とする「中小企業金融円滑化法」に結実した。これを受け金融庁は2009年12月4日金融監督に関する指針、金融検査マニュアル等の改正を行った。貸出条件変更を行っても貸出条件緩和債権に該当しない例外要件のいっそうの緩和を行い、中小企業に関しては経営改善計画がなくても貸出条件変更後1年以内に経営改善計画を策定すれば貸出条件緩和債権に該当しないこと等が定められた。

(3) まとめと今後の課題

本章の議論を要約しよう。日本のバブル処理の過程は、バブル崩壊時銀行が抱えていた管理債権・不稼働資産と称された「不稼働貸出金等債権」を不良債権処理の枠組みに取り入れ、その削減による日本産業の再生を目差す過程であったとまとめられる。この過程は当初より計画され順調に進められてきたようなものではなく、むしろ「不稼働貸出金等債権」の何が問題でどのように処理されるべきか試行錯誤の上、進められてきたものである。

バブル崩壊時の不良債権処理の制度的枠組みは元本の回収可能性に着目した貸倒原理を基準に銀行の持つ信用リスクに対する会計的対応を図る償却・引当アプローチにより行われていた。税収・客観的基準の確保の観点より税制の制約を強く受けていたものであり、「不稼働貸出金等債権」の存在は認識されて

いたものの、当時の償却・引当アプローチの埒外におかれていた。バブル崩壊による信用リスクの高まりを受け、償却・引当アプローチは税制の制約を徐々に緩和し「不稼働貸出金等債権」の処理を可能としていったが、対症療法的なものに始終していた。バブル崩壊の過程において不良債権の開示により銀行の健全性の確保を目差す開示アプローチが導入されたが、その判断基準は利払いの有無・延滞などの外形基準にもとづく収益性原理によるものであった。開示アプローチのもとで「不稼働貸出金等債権」は「リスク管理債権」として定義の精緻化および漸進的な開示範囲の拡大が進められていったが、償却・引当アプローチと開示アプローチとは互いに分立したままであり、混乱を招いていた。この状況は1997～98年にかけての早期是正措置の導入とそれに続く金融再生への動きの中で変化していく。早期是正措置導入により銀行会計は税法基準から企業会計基準へと移行し、金融再生措置を通じ償却・引当アプローチと開示アプローチの相互浸食が図られるようになった。貸出条件の緩和を行った先は「要管理先」としてその持つ信用リスクを会計上より積極的に捉えられるようになった。

　このように銀行の持つ信用リスクに対する会計上の制度対応が一応整備されると、不良債権問題は銀行のバランスシート上の問題から日本産業の再生の問題へと移行する。2001年には柳澤金融相により産業再生のための債権放棄を含めた不良債権（破綻懸念以下先）の最終処理が求められ、2002年の竹中平蔵大臣による金融再生プログラムにおいては要管理債権も含めた不良債権の半減が目標とされた。大口の要管理先が不良債権の本質と考える竹中大臣により、資産査定厳正化の手法としてDCF法が導入された。主要行の大口要管理先については、将来のキャッシュフローに注目しDCF的手法等にもとづき算出した貸出の価値により債権の評価を行う経済価値基準にもとづき実質的な個別引当が行われることとなり、企業再生の観点よりその最終処理が慫慂されたのである。

　不良債権問題の鎮静化を経て、リーマン・ショックによるいわゆる金融サブプライム危機が発生すると、特に中小企業向け貸出において貸出条件緩和に対する厳正な取扱いは貸し剥がしの原因と看做され、現在その要件緩和が模索さ

れている。貸出条件変更についてのこの対応の変化は銀行の健全性確保と円滑な金融確保とのトレードオフのあらわれであるとともに、さまざまな可能性を持つ現在活動中の企業である要注意先・要管理先を検査マニュアル等により一律判定を行うことの危険性を示している。要注意先・要管理先が現在活動中の企業であり、さまざまな可能性を持つ以上、金融検査マニュアルの目線とは違った観点で企業の将来性をとらえ資金供給を行う多様なプレーヤーの創造育成が日本の産業のために必要なことを示唆しているのではないだろうか。

1) 各行がそれぞれ融資先ごとに範囲や基準を自主的に決めており、対象はかなりバラつきがあった。バブル期には「経営破綻先」「金利減免・棚上先」「6カ月以上の延滞先」等が報告対象となっていた。
2) 川本（1996）、165-166頁。元大蔵省銀行局検査部審査課長補佐である川本は本提出資料の改正に対し、「元本の回収は最終的に回収できるとしても長期にわたり利息が入ってきていないというような貸出金があるわけですが、その辺が検査でやや抜けていた」と解説している。
3) 償却（直接償却）とは回収不能額または回収不能見込額を直接貸借対照表の資産項目から引き落とす方法である。通常債権の放棄や売却が伴うことから「最終処理」と呼ばれる。引当とは資産の債権額はそのままとし、回収不能リスク相当分を貸倒引当金として積む方法である。引当は回収不能リスクが高い債権に対して行われる債権償却特別勘定（現在の個別貸倒引当金）の引当と回収不能リスクの低い先に対して行われる一般貸倒引当金の引当の2つに分かれる。前者を間接償却と称することがある。税務との関わりにおいては、償却・引当のいずれにおいても償却・引当で発生した損失を税務上の損金に算入できる無税償却・無税引当と損金不算入となる有税償却・有税引当とが存在する。
4) 大蔵省銀行局検査部内金融検査研究会（1991）、106-107頁。
5) この有税処理に対する忌避は、統一経理基準作成が、1965年不況で山陽特殊製鋼が倒産し粉飾決算が問題になった際、銀行は逆粉飾を行っているのではないかと問題視されたことに由来するものであること、国会等でたびたび銀行の好決算が問題視されていたこと、実際の貸倒（税法上）に対し法定の貸倒引当金繰入率が高水準であったこと等を背景にしたものである。
6) 『日本経済新聞』1993年2月4日。
7) Ⅱ分類債権のリスクを織り込まなかった理由として、バブル崩壊期に大蔵省銀

行局長を務めた西村吉正は、80年代以前においてはⅡ分類債権は回収可能であることを前提としていたこと、経済状況によってはいろいろな可能性を含むⅡ分類の債権を不良債権とすることは、その民間企業の存否を裁断することになるため、Ⅱ分類債権を不良債権とすることに慎重にならざるをえなかったことをあげている。西村（2003）、（2009）。

8) 1985年より1998年3月31日付の法人税法改正により法定繰入率が廃止されるまで、法定繰入率は0.3％が適用されていた。
9) 西村吉正（2003）、338頁。
10) 共同債権買取機構宛債権を売却する先は、一般的に当時の税務上の実質基準による間接償却先に該当する先が多いとされる。高橋洋一（1995）、293頁。
11) 銀行局金融年報編集委員会（1994）、19頁。
12) 金利減免等債権は元本が回収されることを前提に合理的な再建計画が実施されている先への債権であり、有税引当を行うことは、当面、企業会計上の合理性がないとされ、自主的な対処法として流動化のスキームが採用されたものである。処理を要する不良債権の概念に金利減免等債権が含められることとなるのは、1995年6月8日大蔵省「金融システムの機能回復について」においてである。
13) 開示ベースとしては税法基準の他各行が大蔵省に提出している「管理債権の状況」ベースの開示案、開示範囲として不良債権のグロス（総額）開示（都銀主張）、ネット（担保等控除後の額）開示（地銀主張）、より狭い範囲の開示（第二地銀主張）の各案が検討されたが、最終税法基準のグロス開示が採用された。
14) 「実務指針」は金融機関による資産査定が金融検査部作成の「資産査定について」の分類に整合しているかを求めている。
　　・償却・引当については、正常先債権、要注意先債権については貸倒実績率にもとづいて貸倒引当金を計上
　　・破綻懸念先債権については、債権額から担保の処分可能見込額および保証による回収が可能と認められる額を減算し、残額のうち必要額を貸倒引当金として計上
　　・実質破綻先債権、破綻先債権については債権額から担保の処分可能見込額および保証による回収が可能と認められる額を減算し、残額を貸倒償却するか貸倒引当金を計上
　　とされた。
15) 西村吉正（2003）、379頁。
16) 「金融再生法開示債権」は公表対象資産の範囲が総与信（貸出金の他支払承諾見返、外国為替等を含む）であり債務者ベースにより分類した債権（ただし要管理債権は個別の貸出金単位）。

「リスク管理債権」は公表対象資産の範囲が貸出金であり債権ベースにより分類した債権。いずれも担保や引当金でカバーされている部分も含んでいる。

17) 担保・保証等を考慮しなければ当該債務者に対する債権はⅣないしⅢ分類（元本の一部ないしすべてが毀損している債権）となる。
18) 要注意先である債務者のうち当該債務者の債権の全部または一部が要管理債権（3カ月以上延滞債権および貸出条件緩和債権）である債務者を要管理先と言う。要管理先に対する債権額を要管理先債権と称する。
19) 従来の実情は「各行でばらつきがあるだけでなく、『明らかに引き当て不足の銀行もある』（金融監督庁幹部）」とされる状況にあった（『日経金融新聞』1996年1月12日）。
20) 『日本経済新聞』1999年1月26日。
21) 当面の間要管理先債権については3年間それ以外の要注意先については1年間の予想損失額の引当を見込んでいる場合は妥当なものと認めるとされた。
22) 金融検査マニュアルにおいては要管理債権に対するDCFの適用について言及されていない。これは日本の貸出金利が低いためDCF法を適用しても一般貸倒引当率よりも低い引当率となってしまうことよりDCF法を採用しなかったとされる（平成13年2月19日森金融庁長官記者会見）。
23) ①債権譲渡、②法的整理（いわゆる倒産）、③私的整理（債権放棄を使う企業再建が中心）により損失を確定させバランスシートから債権残高を引き落とすこと。直接償却。
24) 西村吉正（2009）、259-263頁。
25) その他の要注意先（要管理先以外の要注意先）についてはDCF的手法の導入が求められていない。この結果、銀行および金融監督当局はその他の要注意先のもつDCF的手法ベースでの経済価値の毀損は把握していない。債務者区分自体をDCF的手法のもとに行うべきとする議論については、吉田（1998）、小川（2002）等を参照のこと。

## 参考文献

氏兼浩之（1993）：「『金融機関の資産の健全性に関する情報開示について』の概要」『財経詳報』1993年2月号

梅森徹（1995）：「『金融システムの機能回復について』の概要」『金融』1995年7月号

大蔵省銀行局検査部（1989）：『検査報告書資料編の作成要領』全国地方銀行協会

大蔵省銀行局検査部内金融検査研究会（1991）：『新時代の金融検査実務』㈶大蔵財務

協会

小川真人（2002）：「DCF はたんなる引当金算出方法ではない」『金融財政事情』2002年11月18日号

川本勇夫（1996）：「銀行の検査資料の改正について」地域金融研究所編『金融検査の歩み』地域金融研究所

銀行局金融年報編集委員会（1994）：『第43回　銀行局金融年報　平成6年版』金融財政事情研究会

木下信行（1999）：『解説　改正銀行法』日本経済新聞社

木村剛（2003）：『竹中プランのすべて』アスキー・コミュニケーションズ

櫛田誠希（1994）：「『金融機関の不良資産問題についての行政上の指針』（二月八日公表）の概要」『ファイナンス』1994年3月号

小山嘉昭（2004）：『詳解銀行法』金融財政事情研究会

整理回収機構（2007）：『債権回収と企業再生』金融財政事情研究会

全国銀行協会連合会／社団法人東京銀行協会（1997）：『銀行協会五十年史』全国銀行協会連合会／社団法人東京銀行協会

高橋洋一（1994）：『ケース・スタディによる金融機関の債権償却』金融財政事情研究会

─── (1995)：『金融機関の不良債権償却必携』銀行研修社

竹中平蔵（2006）：『構造改革の真実　竹中平蔵大臣日誌』日本経済新聞出版社

谷川浩道（1983）：『ケース・スタディによる金融機関の債権償却』金融財政事情研究会

内藤純一（1996）：「『金融システム安定化のための諸施策』の概要」『金融』1996年2月号

─── (2004)：『戦略的金融システムの創造』中央公論新社

中井省（2002）：『やぶにらみ金融行政』財経詳報社

西崎哲郎（1997）：「適正な引当・償却後の実質自己資本比率に基づく監督を実現する」『金融財政事情』1997年1月20日号

西村吉正（2003）：『日本の金融制度改革』東洋経済新報社

─── (2009)：「不良債権処理政策の経緯と論点」池尾和人編『不良債権と金融危機』慶應義塾大学出版会

原田要暢（1997）：「早期是正措置に関する検討会『中間とりまとめ』の概要について」『金融』1997年2月号

星野一郎（2000）：「金融機関の不良債権をめぐる分類基準と貸倒引当金の計上」『広島大学経済論叢』

細田隆（1998）:『転換期の金融システム』金融財政事情研究会
吉田康英（1998）:「銀行の真の体力を表すため貸出金評価に時価概念を導入せよ」『金融財政事情』1998年9月7日号

# 第7章　銀行検査と金融バブル

大江 清一

## はじめに

　本章の目的は、1875年から1980年代後半までの銀行検査の歴史を概観し、わが国における銀行検査行政と銀行検査の内容推移を把握した上で、1989年以降の銀行検査と金融バブルの関係を探ることである。具体的には、最近の20数年間を検討期間として銀行監督行政の推移を考察し、検討期間中に生じた金融バブルとその崩壊を銀行検査行政との関係から分析する。

　検討期間である20数年間の前半10年間に相当する期間においては、銀行検査は『新版　金融検査の実務』『新時代の金融検査実務』にもとづいて実施された。また、大蔵省が改組され銀行検査機能が金融監督庁、金融庁に移管されてのちの10数年間は、『金融検査マニュアル』が現在までの銀行検査実務の基盤となってきた[1]。1998年以降については、『金融検査マニュアル』の内容を中心に分析する。

　本章では、まず金融バブルと銀行監督行政の関係を概観したのち、銀行検査がその本来の役割である、「銀行検査の情報把握機能」と「把握情報の監督行政への展開機能」をどのように発揮したのかを検証する。

## 1  1988年までの銀行検査の歴史

　現代における銀行検査の有効性を考えるとき、まず念頭に浮かぶのが金融バブルとの関係である。銀行検査と金融バブルを結びつけるのは、現場に最も近接した立場で銀行経営を監督指導する役割を担っていたはずの銀行検査が、十分その機能を果たさなかったために、銀行の放漫な貸出姿勢を正すことができず、結果としてそれが金融バブルを招く一因となったのではないかという基本認識である。

　バブル崩壊という外的要因変化がどのように銀行検査を変質させて現在に至っており、今後それをいかなる方向に進化させるべきかを考察するにあたっては、分析視角を定めて銀行検査を通史的観点から精査し、歴史的事実に解明の糸口を見出すことが合理的である。

### (1)　明治期 (1875〜1911年)

　日本の銀行検査はアレキサンダー・アラン・シャンド (以下「シャンド」) による第一国立銀行に対する検査に始まる[2]。

　1875年から1911年に至る期間は日本が近代国家へと脱皮していく過程である。この過程においては、銀行法規が国立銀行条例から銀行条例へと変わり、銀行検査の対象金融機関も国立銀行から普通銀行へと変化した。明治中期に至って、「銀行の公共性」を構成する概念の萌芽が銀行条例に見られた。また、それが公共性の高い企業であるがゆえに認められるという、明治商法に見られる公的介入手段としての「会社の検査」の概念とあわさって、銀行検査の法的、思想的基盤が整った。

### (2)　大正期 (1912〜25年)

　金融制度調査会では銀行検査充実に向けての議論が行われた。その議論は、明治期以降、銀行検査の底流にあった指摘型検査の流れを提言型検査に変えよ

うとするものであったが、実態はむしろ指摘型検査の色彩が強まった。つまり、銀行検査行政と銀行検査実務のねじれ現象がこの時代の特徴であった。

金融制度調査会の内部監査に対する姿勢は、民間銀行の役員である監査役を法的手当により実質的な大蔵省検査局の外局として取り込もうとするものであった[3]。

(3) 昭和期（1926～88年）

1931年までの銀行検査行政は検査カバー率向上が主たる目的であり、銀行検査のコンセプトや個別の銀行検査の質的充実を目指したものではなかった。しかし、1935年に大蔵省が打ち出した「銀行検査の新方針」は銀行検査の質的向上を目指したものであった。つまり、検査頻度を高水準に保つという意味で検査を間断なく実施しうる制度整備がほぼ終了したのち、制度の運用としての個別検査の質的充実に大蔵省の関心が移ってきたというのが、1935年頃までの大きな銀行検査の流れであった。

戦後占領期にはGHQ/SCAPの指示を受けて新検査方式が導入された。銀行検査結果を見ると、戦後占領期においては「預金者保護」と「信用秩序維持」を担保すべく、銀行検査が実施され銀行検査行政が運営されていた。「信用創造機能の保護」に関しては、きわめてプリミティブなレベルで個別銀行の与信・受信を検査することを通して業務の健全性を回復させる役割を銀行検査が果たしていた[4]。

1950年代半ばから1960年頃にかけて金融機関の課題として積み残されたのは、(1)経常収支率改善、(2)粉飾預金と両建預金の自粛をはじめとする臨時金利調整法違反の問題、(3)大口信用供与制限の3点であった。これらの課題に対しては、実務に近接した領域で大蔵省通達の趣旨を汲んだ銀行検査が遂行されており、地道にその役割を果たしつつあった[5]。

1980年までの時期における銀行検査の特質の1つは、銀行検査マニュアルで銀行監督行政の重点課題を先取りしたにもかかわらず、銀行検査実務レベルでは必ずしもその重点課題がフォローされたといえないという点である。つまり、

銀行検査マニュアルに示される当局の問題意識と銀行検査実務に非連動性が見られた。

## 2　1985年から98年までの銀行検査

　1990年代に崩壊した金融バブルと銀行検査の関係については、銀行検査行政の推移を踏まえた上で考察する必要がある。そのためには、銀行検査行政がマクロ経済政策や銀行監督行政との関わりからどのように位置づけられるのかを明確化し、金融バブルと銀行検査の関係を検討するための基本的な考え方を明らかにする。

### (1)　金融バブルと銀行監督行政および銀行検査

　金融バブルの原因は1つではなく、複数の原因が輻輳したものであるので、銀行監督行政との関わりからのみ金融バブルを議論することはできない。

　しかし、銀行の貸出行動に銀行監督行政が大きく影響するとすれば、銀行監督行政の適否が金融バブルの発生、崩壊に与える影響は決して小さくはない。少なくとも、銀行行動の内で最も重要な貸出行動を銀行監督行政で適切に規制し、金融バブルを回避することはある程度可能であったはずであり、「もしも」銀行監督当局者に対して、銀行検査当局者が検査現場で捉えた事実を的確に伝えることができていれば、間違いなく金融バブルは小規模なもので済んでいたはずである。

　本章では、金融バブル発生の主要な原因の1つを、銀行の野放図な貸出行動とそれを規制しきれなかった銀行監督行政当局の監督能力不足および、銀行検査当局による「銀行検査の情報把握機能」、「把握情報の監督行政への展開機能」の発揮不足と理解する。

　銀行検査の範囲には大きく2つのカテゴリーがある。1つは、銀行検査に求められるカテゴリー全般をカバーした範囲であり、もう1つは、銀行検査が被検査銀行の実態に合わせて力点を置いて検査すべき範囲である。前者は「基本

的範囲」、後者は「運用的範囲」と位置づけられる。前者の具体的事例としては、資本、資産、経営、利益、負債に加えて経営管理状況のチェック等が含まれる検査範囲全般であり、後者は、これらの項目の中で特に力点を置いて検査すべき範囲に相当する。

　従来の銀行検査で、基本的範囲と運用的範囲に相当するのは、それぞれ総合検査と部分検査であるが、従来の部分検査は、その範囲を「資産査定」「歩積両建預金」「内部事務管理」というようにテーマを限定するのが特徴であった。しかし、監査範囲を硬直的に設定することにより、被検査銀行の個別事情に合わせて検査対象項目を変化させる柔軟性に欠けていたため、部分検査は間もなく総合検査に統合されてその使命は短期間で終了した[6]。

　この短所を改善するためには、銀行検査行政当局による検査範囲決定の裁量を増やすことが必要である。つまり、検査の基本的範囲の中で最低限カバーすべき検査範囲を定め、それ以外については、被検査銀行の実態に即して力点を置いて検査すべきポイントを検査現場の責任者が柔軟に決定できれば、それが銀行検査の有効性を高めることになる。つまり、「やらされる検査」から、主体的に「やる検査」に転換することにより、銀行検査の有効性を増大させることができる。金融バブルへの対応の失敗原因の１つは、銀行検査制度が柔軟な検査の運用を許さない硬直的なものであったことに由来すると考えられる。

(2)　1985年から98年までの銀行検査結果

　本節では、1985年から1998年までの銀行検査がいかなる特徴を有していたのかを、銀行検査結果を通して金融バブルとの関わりから考察する[7]。

**1985～87年度の銀行検査**

　1985年度の地方銀行検査結果については、従来と比較して詳細な検査コメントが出されている。貸出金については、不動産・サービス業等非製造業の一部を除き、企業の資金需要が低調であることや、貸出金の内容が前回検査比、総じて悪化していることを指摘している。貸出金内容の悪化原因としては、地場

産業の不振に加え、融資の審査・管理の不十分さが指摘されている。分類貸出金の業種別分析では、関連会社が最も多く、ついで、サービス業、小売業、建設業の順としている。

1986年度の都市銀行の検査結果については、貸出金に関して従来比多くのコメントが付されている。特定大口取引先の経営不振や、債務累積問題から発展途上国向け貸出金で多くの分類債権が発生したこと等から、平均分類率は引き続き大幅に上昇していると指摘している。それに比して支払承諾見返の内容は改善している。

1987年度の都市銀行の検査結果では、1985年6月の金融制度調査会答申「金融自由化の進展とその環境整備」と、1987年12月の金融制度調査会専門委員会報告「専門金融機関制度のあり方について」という、答申と報告を引用して銀行検査のあるべき方向性を示している。検査当局のこれらの基本認識は、今後の検査結果報告に反映されるものと考えられるが、1987年度の検査結果報告で特徴的であるのは、米国のCAMEL方式に沿った記述様式が取り入れられたことである。

有価証券については、貸出金の増加を上回る伸びを示しているとして、特定金銭信託、ファンドトラストの急増と、1987年5月の債券市況軟化で多額の評価損を抱える状況となっていることを指摘している。また、これに国際業務に伴うリスクを勘案して、その管理を充実、強化する必要性を強調している。

**1988年度の銀行検査**

1988年度の銀行検査結果は、1987年度に引き続き米国のCAMEL方式に沿った記述様式が取り入れられたことに加えて、検査の概要の記述が充実した。検査の概要は、「検査方針」「金融検査とリスク管理」「検査実績」「検査要員」の4つの項目から構成されるが、「金融検査とリスク管理」は初めて取り上げられた項目であるにもかかわらず、他の項目と比較するとボリュームおよび内容が充実している。

「金融検査とリスク管理」では、金融機関のリスク内容と管理の現状という

観点から、信用リスク、金利リスク、価格変動リスク、為替リスク、流動性リスクの5つのリスクについて触れたのち、リスク管理に関わる検査の視点について詳述している。信用リスクに関しては、総じて慎重かつ適切に管理されているという評価が与えられている。金利リスクに関しては、ALMによるリスク管理の不十分さが指摘されている。価格変動リスクのうち証券ディーリングについては、相場の予測体制の整備、自己の体力に見合ったポジション設定、ロスカットルールの設定等が行われていることから、一般的にリスク管理の整備はなされているという評価が与えられている。特定金銭信託やファンドトラスト等での運用に関しては、運用規程の未整備、担当役員の独断、証券会社主導の運用等の問題点が指摘されている。

金融機関の経営に関しては、自己責任原則を前提にして、経営者の自覚と組織の内部管理体制を充実させることが出発点であるとしながらも、自由化、国際化、機械化の進展によるリスクの増大に対しては、2つのアプローチにより銀行検査の責任を全うすべきであるとしている。1つ目は、経営諸比率の指導（自己資本比率規制、大口融資規制等）によるミニマムスタンダードの対応、2つ目は、検査による個々の金融機関の健全性チェックである。つまり、数値規制による金融機関全体への網掛けと、金融機関の実態に即した個別指導が検査によるアプローチの内容である。

しかし、経営諸比率の指導という名目でくくられる自己資本比率規制と、大口融資規制あるいは土地関連融資規制のような融資目的ごとの量的規制とは、その規制効果において大きく異なる。厳密にいうと、比率規制と量的規制の効果は異なるということである。自己資本比率に代表される比率規制の縛りは間接的であるのに対して、大口融資や土地関連融資を金額で規制する量的規制は、より直接的で効果的な規制である。つまり、土地関連融資を目的とした与信取引自体を金額で規制することにより、規制された側の金融機関は、土地関連融資以外のビジネスチャンスを探さざるをえなくなるので、直接的な規制効果が得られる。

銀行監督行政と銀行検査の関係から考察すると、銀行監督行政によって規制

される内容が量的規制のようにダイレクトであればあるほど、銀行検査の情報把握機能と把握情報の監督行政への展開機能が発揮されやすくなる。金融機関サイドが土地関連融資を他の要資事情の貸出と偽って報告していたとすると、その見極めは貸出稟議書や融資責任者に対する問審等を駆使すれば、検査実務において比較的容易である。それに比して、自己資本比率や経常収支率等の検査は、検査対象金融機関全体に関わる比率であることから、詳細なチェックによって、ごまかしや虚偽記載を発見するには膨大な時間と手間を要する。銀行検査のアベイラビリティを前提に銀行監督行政を行うことは、いうまでもなく本末転倒であるが、シンプルでダイレクトな規制は効果が大きく、ごまかしも困難である点はメリットとして重視すべきである。銀行監督行政と銀行検査のシナジー効果を上げ、規制の趣旨を金融機関に徹底するためにも量的規制の重要性を再認識する必要がある。

### 1989年度の銀行検査

　1989年度の銀行検査結果についても、1988年度と同様、検査の概要の記述が充実している。検査方針においては、1989年5月の金融制度調査会金融リスク等専門委員会中間報告「金融リスクとその対応について」に言及して、「最近の検査においては、いわゆるCAMEL検査の考え方にもとづき、資産の健全性はもとより金利や為替等マーケットリスクの変動に伴って生じる新しいリスクの管理や自己資本等の充実方策、収益管理等に一層の重点を置いているところである」としている。また、全国銀行、相互銀行計155行を対象に行ったアンケート調査にもとづき、独自に金融機関のリスク管理の状況を分析している。

　アンケート調査で判明した金融機関におけるリスク管理の特徴は、伝統的なリスクである信用リスクや流動性リスクは量的把握、管理が十分ではない一方、金利リスクや価格変動リスクは量的把握が進んでいる。伝統的リスクの量的管理が十分ではない理由として、信用リスクについては、審査管理の徹底、融資先ごとの与信枠の設定、担保の徴求等を通して効果的なリスク回避のシステムが出来上がっていること、また、流動性リスクについては、伝統的な資金管理

手法で十分手当できていること等があげられている。

　信用リスク、流動性リスクに関しては、伝統的手法でのリスク管理が極端に破綻した事例がないことから、従来の手法を大幅に改善する動機づけを銀行経営者が持ち得ないというのが、量的管理が遅れている理由と考えられる。しかし、信用リスクの場合は、融資実行や借り替え時の審査管理に加えて、分類債権の把握がリスク管理手法の中心に置かれるべきであり、これが銀行経営者の意識に上っていない点が問題と考えられる。

　信用リスクを最小化するためには、まず、既往貸出を対象にした分類債権の量や分布（地域的、業種別）を分析した上でリスクの実態を把握し、その上で新規貸出の対応を行うべきである。1989年時点の銀行経営者の信用リスク管理の基本的姿勢は、新規貸出の可否の判断を中心としたリスク管理のフローを分析把握する姿勢は有していても、既往貸出の質を中心とした信用リスクのストックを認識し、負の資産の実態を的確に把握した上で新規貸出に対応するという姿勢が十分ではなかった。

　つまり、信用リスクを動態的に捉えることについては、従来の管理手法で十分であったが、積み上げた貸出資産を静態的に捉えて、動態的な融資戦略の参考にするという視点が欠けていた。

**1990～92年度の銀行検査**

　1990年度の銀行検査結果は、1988年度や1989年度のような詳細さでリスクの分析はなされていないが、検査の効率化に関して多く言及されている。1990年度の検査においては証券市況が暴落した事実を真摯に捉えてはいるが、それに対応する具体的施策を銀行検査として打ち出すには至っていない。株価の暴落が金融機関の自己資本比率に大きな影響を及ぼした時点で、銀行検査はその基本動作に立ち返ることを再自覚するのが精一杯で、各種リスクを客観的に論じる余裕はなかった。

　1991年度の銀行検査結果については、検査の概要の記述が著しく簡素化され、リスクに関する言及も少ない。都市銀行、地方銀行の検査結果についての記述

も全般的に減少しているが、審査管理面の疎漏、収益主義で業務運営が行われた結果、不祥事件等が散見されること等について注意喚起している。

1992年度の定例検査実績は、検査体制再編の影響からか、信用金庫、信用保証協会等を除く金融機関に対する検査実施率が、例年の13％程度から８％へと落ち込んだ。銀行検査結果の記述も、従来、都市銀行、長期信用銀行および信託銀行、地方銀行、第二地方銀行協会加盟行に分けて記述されていたものが、統括してかつ簡素なものになった。また、1988年度から1991年度まで４年間踏襲してきたCAMEL検査様式を廃止し、「資産及び融資の審査管理について」、「損益収支について」、「内部管理体制について」の３項目に分けて記述されている。従来と比較して、記述内容に際立った特徴は見られない。

### 1993～96年度の銀行検査

1993年度の銀行検査結果において初めて「バブル」という言葉が記述された。検査の重点課題は、金融機関を取り巻く経営環境が、金融・資本市場の自由化・国際化等の進展に加えて、バブル経済の崩壊等による影響から一層厳しい状況に置かれているという前提で設定されている。

検査指摘の内容は、「融資審査管理体制の実態把握」、「損益収支内容の的確な把握」、「内部管理体制の実態の機能状況の点検」に大きく整理される。しかし、これらはバブル崩壊を目の前にして銀行検査が何を緊急に実施すべきかを認識した検査課題ではない。３つのポイントのいずれもバブル崩壊以前から述べていたことの繰り返しである。

1994年度の銀行検査結果では、前年度の検査課題に２つの新たなポイントが加えられた。それらは、(1)金融派生商品を含むオフ・バランス取引が急増しているので、これに対するリスク管理体制の実態把握に努めること、(2)金融制度改革の実施に伴い、証券会社の信託銀行子会社設立が相次いでおり、これらの子会社の業務運営の実態把握に努めることの２点である。

これらの２点についても、実態把握のレベルにとどまっており、銀行検査を通した具体的施策を打ち出すための直接的な契機となるものではない。1993年

度、1994年度の検査当局対応は、敵の侵入に備えてつかわされた斥候がその役割を果たさずに帰還し、その結果、敵の侵入をゆるして城内を破壊され、あわてて再度敵状視察に向かうような事態にたとえられる。

　銀行検査結果については、不動産関連融資に加えてノンバンク向け融資の不良債権化により、金融支援を余儀なくされるノンバンクがあることが指摘されている。また、デリバティブ取引を含む市場関連取引に関わるリスク管理に関しては、管理手法の高度化を図りつつある銀行がある一方、リスク管理体制の整備は総じて緒についたところであるという指摘がなされている。市場関連取引に関しても、リスク管理体制が不備な状況のままで、これまで業務が推進されており、早晩、問題が露呈する状況下に置かれていた。

　1995年度の銀行検査結果における検査課題の内容は前年度と変わらない。銀行検査結果については、ノンバンク、金融保険業を中心に、不動産業、サービス業貸出の内容が前回検査よりも悪化している。損益収支に関しては、貸出金の償却原資を有価証券や不動産の益出しに依存せざるをえない脆弱な体質を問題としている。また、リスク管理に関しては、市場関連取引に関わるリスク管理の体制構築は緒についたところであり、牽制機能は不十分との指摘がなされている。

　1996年度は、損益収支に関するポイントが簡素化され、それに代わって海外拠点のリスク管理・内部管理等の実態を明確にするための検査ポイントが追加された。銀行検査結果については、系列ノンバンクに対する多額の金融支援を必要とする金融機関がある等、関連企業からの貸出内容が深刻化している実態が指摘されている。市場関連取引に関わるリスク管理の重要性についての認識と、体制面の整備は充実しつつあるものの、運用面において、規程の遵守が不十分との指摘がなされている。不良債権のディスクロージャーについて、その趣旨に照らして不適切な事例が見られ、マネー・ロンダリングの防止対策が不十分である点が、法令遵守に関わる不備として指摘されている。

**銀行検査結果と金融バブルの関係**

　本章で考察の対象とする銀行検査結果は、個別金融機関に対する検査結果報告書ではなく、『銀行局金融年報』等で検査当局が各年度の検査結果を集約したものである。したがって、使用した文献は一次史料がもつ生々しさを欠く一方、各年度に実施された検査に対する検査当局の姿勢や考え方が記述されているという長所を有している。

　1985年から1987年に至る3年間の検査結果は、従来の銀行検査と比較して特段異なる点は見られない。バブル崩壊後大きな問題となる不動産・サービス業等に対する融資、および金融機関の関連会社に対する融資が融資額および分類貸出額の上位を占めるという状態について、検査当局は問題意識を有しているが、銀行検査で把握したこれらの実態を金融バブルの萌芽と捉え、警鐘を発してはいない。

　1987年度は銀行検査で金融機関のリスク管理の問題を正面から取り上げた最初の年度である。検査結果からは、金融リスクを信用リスク、金利リスク、価格変動リスク、為替リスク、流動性リスクの5つのリスクに整理して体系的にアプローチする姿勢は見られるものの、金融機関のリスク管理に対する検査当局の危機感は感じられない。特に、信用リスクに対しては、この時期に金融バブルの萌芽が芽生えていることを検査当局が把握していたとは考えられない。

　1989年から1992年に至る4年間の検査結果を見ても、金融機関が抱えるリスクを検査当局が正確に認識しているとは考えられない。1988年度から1991年までの4年間続いたCAMEL検査様式の導入も検査当局のリスク認識を強化する上でプラスに作用したと結論づけることはできない。

　「バブル」という言葉が最初に現れたのは、1993年度の検査結果報告であるが、それ以降、1996年度に至るまでバブルの崩壊に銀行検査がどのように対応するべきかという観点からの報告やコメントは見られない。

　総じて、1985年から1998年に至る期間に実施された銀行検査は、金融バブルに結びつく可能性のある金融リスクを適時に把握し、将来にわたるそのマイナス影響を分析した上で、現場に最も近接した立場から警鐘を鳴らす役割を適切

に果たしたとはいえない。その原因を1989年以降の銀行検査行政に探る。

### (3) 1998年までの銀行検査行政

ここでは1987年から1990年にかけて提出された金融制度調査会の答申や報告、参考計数を分析する。1987年12月4日には、金融制度調査会の制度問題研究会報告「専門金融機関制度のあり方について」が出された[8]。「専門金融機関制度のあり方について」で明白に示されているのは、金融の自由化・国際化による銀行の経営環境変化を正確に理解すること、そして、その理解にもとづいた銀行検査の介入強化が必要であること、の2点である。それらをキーワードでまとめると、「リスク管理強化」、「自己資本充実」、「銀行経営の実態把握強化」の3つとなる。

金融制度調査会の「制度問題専門委員会参考計数」では、リスク種類ごとに「リスク量の把握の状況」と「リスク許容限度の設定状況」が示されている[9]。「リスクの種類」と「リスクの計量化」の関係を示すことは、金融機関の自由化と国際化によって今後増加するであろうリスクを回避するためのメドを示すという意味においては有益と考えられる。しかし、金融機関は「制度問題専門委員会参考計数」が発表された1991年より以前の段階において、これらのリスクにどのように対処すべきかという点については、明確に認識できてはいなかった。

リスクの種類とその深刻度に応じていかに合理的に対応するかという問題については、銀行経営者のリスク認識が成熟するだけではなく、システマティックにリスクに対応するための知識や制度インフラの整備が必要である。しかし、各種リスクのうちで実質的に最も重要なのは、従来と同様、貸出リスクであった。貸出リスクを軽視したことが金融バブルの発生原因となり、貸出リスクが現実化した時点で金融バブルが崩壊したという構図になる。つまり、貸出リスクの軽視と、その結果としてのリスクの現実化が金融面から見たバブルの発生と崩壊の主たるプロセスである。

銀行監督行政、銀行検査ともに、経済メカニズムの異常性によってすでに発

生じた資金需要に対して、どのように対処すべきかというセカンドフェーズに関わる行政手段であり、実物経済と金融経済のすべてを含めた金融バブル発生メカニズムの根本に切り込むものではない。監視、監督を主眼とする行政は、いずれにせよセカンドフェーズにおける対応を主として行うもので、このフェーズで有効に行政施策を機能させることが重要である。

　自己資本の充実は、リスクに対する金融機関の耐性を強化するために行われるもので、銀行検査には、自己資本充実の源泉が収益力の強化にあることを前提として、その実態把握を行うことが求められる。つまり、リスクに対する金融機関の耐性を強化するためとしながら、自己資本を充実させるには収益力を上げる必要があり、収益力を上げるためには多少の潜在リスクには眼をつぶり、目先の収益を増加させ、自己資本を充実させる行動を銀行にとらせる可能性がある。この点において、自己資本充実はリスク管理強化という目的との関係からみると、自己矛盾を含む検査規範である。つまり、銀行監督行政、銀行検査がその舵取りを間違えると、「リスク管理強化」と「収益力増強」が主客転倒し、かえってリスクを含む資産構成を銀行自らが作り出す結果となる。

　これが現実味を帯びるのは、「リスクの実現」と「収益の実現」が時間差をもって顕在化するという構造があるからである。つまり、目先の収益を追ってそれを実現した時点では、リスクが潜在したままで表面化しない。しかし、華やかな宴のあとのツケとして、リスクが実現した時点では不良債権化した銀行の貸出資産の質は著しく低下し、以後もそのまま残り続ける結果となる。この意味で、リスクに対する金融機関の耐性を強化するために収益を追求することが、逆にリスクを増やし、金融機関のリスク耐性を低下させる結果を生む可能性を含んでいる。

　検査の情報取得能力を強化すべきという考え方は、「銀行検査の情報把握機能」と同じである。銀行検査の情報把握機能は、個別金融機関の状況把握、全金融機関の状況および変化の動向を把握する機能を含意している。これに対して、「専門金融機関制度のあり方について」で示された情報取得能力は、国内外の金融業務、金融環境等の急速な変化に応じた、検査関係資料・情報の収

集・管理体制を整備することを示している。銀行経営の実態を把握するということは、具体的には経営計画、機械化計画、組織改革、関連会社・現地法人施策等にもとづく重点施策の内容を把握することである。

「銀行検査の情報把握機能」を銀行検査本来の機能と位置づけ、この機能が適切に発揮できれば金融バブルの兆候も適時に把握できたのではないかと考える本稿の立場からすると、「専門金融機関制度のあり方について」で示された検査の情報取得能力の強化は、まさにこれを可能にするための基礎インフラ整備にあたる。銀行検査が金融機関の変調を的確に捉え、確信をもって監督当局に伝達するためには、個別金融機関の実態に応じた基本的範囲の検査に加え、問題点を含むと考えられる運用的範囲に検査対象領域を絞り込み、そこで拾い上げた事象を分析することが必要となる。つまり、これが「銀行検査の情報把握機能」の具体的内容である。その点を考えると、銀行検査が金融バブルの回避に貢献するためには、「専門金融機関制度のあり方について」の考え方を一歩進め、「把握情報の監督行政への展開機能」を発揮するための情報把握能力を向上させることが必要であった。

次節で1999年以降の銀行検査を通して、この点がどのように改善されているかを考察するに先立ち、1989年以降の銀行検査行政の推移を概観する。具体的には、大蔵省銀行局の『銀行局金融年報』や『金融年報』および金融監督庁、金融庁の金融白書の内容に沿って銀行監督行政の推移を銀行検査との関わりから考察する[10]。注視するのは、大蔵省銀行局から銀行監督行政の権限が金融監督庁、金融庁に移行してから、銀行監督行政がどのように変化したかという点である。

金融監督庁が発足し、新たな体制がスタートした1998年の銀行監督行政の基本方針については、『金融監督庁の１年』で明確に述べられているので、その記述を参考に銀行検査との関係に焦点を当てて考察する[11]。この時期の銀行監督の基本的な考え方は、(1)市場規律と自己責任の原則の徹底、(2)金融システムの安定と再生、(3)モニタリングの充実、(4)外国金融監督当局との連携の強化、等の４項目で構成される。

金融庁の設立による基本的な金融行政の方向性は金融監督庁時代と大幅な変更はないものの、新たに目指す方向性として、「時代をリードする金融インフラの整備」と「金融行政の専門性・先見性の向上と態勢の整備」が加えられた[12]。おそらく、金融行政の専門性と先見性を向上させるためのインフラ整備の一環と思われるが、2001年度の体制整備の冒頭に、検査・監督・監視体制の強化があげられている。

　2002年から現在までの銀行監督行政の流れは、2002年から2004年までが「金融再生プログラム」、2005年から2006年までが「金融改革プログラム」、2007年から現在までが「ベター・レギュレーションへの取り組み」と大きく3つに分類できる。

## 3　1999年から現代に至る銀行検査

　1989年以降の銀行検査については、『金融検査マニュアル』の内容を分析することにより、それが検査実務でどのように実践されるのか、また、過去の銀行検査マニュアルの歴史を勘案していかなる意義を有するのかを考察する。

### (1)　『金融検査マニュアル』の特徴

　『金融検査マニュアル』の底流にあるのは、自己責任原則にもとづく経営と銀行の内部管理を重視する考え方であり、BISと方向を同じくするものである。つまり、内部監査体制および会計監査法人による外部者による監査体制を確立し、効率的な銀行検査の実施を目指す金融庁の考え方は、世界的潮流と時期的、内容的に平仄がとれていた。

　『金融検査マニュアル』は、金融監督庁が法律家、公認会計士、金融実務家等の外部者を入れて1998年8月に発足した、「金融検査マニュアル検討会」での審議を通して策定作業が進められた。その策定プロセスは大きく、(1)「中間とりまとめ」の作成（1998年12月）、(2)「パブリック・コメント」のとりまとめ（1999年2月）、(3)「最終とりまとめ」の作成（1999年4月）の3段階から

なるもので、「金融検査マニュアル検討会」の発足から「最終とりまとめ」まで8カ月の短期集中プロジェクトであった。以下で、3段階の各ステップのうち「中間とりまとめ」および「最終とりまとめ」に焦点をあてて考察する。

## 「中間とりまとめ」の作成

　「中間とりまとめ」の特徴は、(1)当局指導型から自己管理型への転換、(2)資産査定中心の検査からリスク管理重視の検査への転換、の2点である。これは自己責任原則の徹底を図る、金融監督庁発足当時の銀行監督行政の方向性と平仄が合ったものとなっており、当局指導型から自己管理型の検査に転換した意味は大きい。中間とりまとめの言葉を借りると、「検査は、金融機関自身の内部管理と会計監査人による厳正な外部監査を前提として、内部管理・外部監査態勢の適切性を検証するプロセス・チェックを中心とする」ものである[13]。

　従来の検査を象徴的に表現すると、「箸の上げ下ろしの共通ルールを指示するもの」が通達行政であり、さらにその「箸の上げ下ろしの作法を個別指導するもの」が銀行検査である。つまり、銀行検査の自由度は銀行局通達の範囲内に限定されており、「把握情報の監督行政への展開機能」を発揮するにあたっても、その範囲は銀行通達の内容を超えるものではなかった。

　それに対して、自己管理型の検査では、「箸の上げ下ろしの作法を個別指導する役割」を銀行の内部管理と会計監査人の外部監査に譲り、当局はその指導状況が適切かどうかを客観的にチェックする役割を担うことになった。この転換によって必要とされるのは、銀行の内部管理と外部監査の充実である。銀行の内部管理を、内部監査を含む銀行の管理体制と理解すると、「中間とりまとめ」の発想は、銀行検査が銀行の内部監査の実効性をチェックするものになる。

　資産査定中心の検査からリスク管理重視の検査への転換は、資産査定を捨てて、リスク管理のみを重視する検査を実施するという意味ではない。資産査定を重要な銀行検査の1項目として残し、それに加えて、リスク管理を重視した検査を取り入れるものと理解するのが適切である。

　リスク管理重視の検査を実施するためには、銀行のリスク管理態勢が充実し

ていることが重要で、さらにその前提として、経営陣が金融機関の社会的責任と公共的使命を柱とした企業倫理を構築し、法令が遵守される体制を整備していることが重要となる。したがって、リスク管理態勢のチェックは、法令遵守態勢のチェックと並行して行われることが必須となり、「中間とりまとめ」もそれを基本的な骨子としている。

「最終とりまとめ」の作成

　「最終とりまとめ」は、「中間とりまとめ」に対するパブリック・コメントを一応考慮している。検査における『金融検査マニュアル』の機械的・画一的な運用については、金融機関の対応の実態を勘案し、かつ、金融機関の規模・特性を踏まえて機械的・画一的にならないようにすべきことが述べられている。また、立入検査においては、検査官は金融機関と十分な意見交換を行う必要がある旨を明確にしている。

　これまで「箸の上げ下ろし」のレベルで詳細な指導をしてきた当局指導型の検査から、自己管理型の検査に転換するにあたり、当局はリスク管理について従来と同様なチェックは行わない。その代わりに、多少強引ではあっても金融機関の通常業務における最高意思決定機関に行政サイドからの縛りを加えようとしている。

　銀行経営の自律性を促進することは、1975年以降の金融の自由化・国際化の流れの中で、銀行監督当局によって奨励されてきたが、それは精神論に近いもので、銀行検査行政が銀行監督行政に平仄を合わせ、銀行経営の自由度を認める方向で運営されてきたとはいえない。しかし、金融バブルの崩壊や旧大蔵省の構造的問題に端を発して発足した金融監督庁の銀行検査行政は、従来の曖昧さを払拭し、実質的な銀行経営の自律性をサポートしようとする点において具体性が見られる。

　この金融監督庁の意図を支えるのは、組織の形式的な改編ではなく、新しい銀行検査行政の本質を理解して、『金融検査マニュアル』を適正に運用できる検査官の存在である。これを可能にするのは、従来の銀行検査官の発想を変え

る外部の血であり、銀行監督当局の問題点を客観的に指摘できる外部者の知恵である。銀行検査当局が本当に銀行検査行政のあり方を変革しようとしているのか否かの見極めは、まさにこの点にあり、プライドを捨てた本当の生まれ変わりを目指す姿勢が求められていた。

### (2) 『金融検査マニュアル』にもとづく銀行検査

『金融検査マニュアル』にもとづく銀行検査については、特徴的な銀行検査行政上の施策が打ち出された年度を中心に考察を加える。本章で焦点をあてるのは、2004年度、2007年度、2008年度の3つの年度である。

### 2004年度の銀行検査

2004年度は、2002年から開始された「金融再生プログラム」の仕上げの時期であるとともに、不良債権問題の決着にメドをつけることを前提に、「金融改革プログラム―金融サービス立国への挑戦―」の実施が公表された年度でもある。

「金融改革プログラム」等にもとづいた金融検査の充実、強化の内容は、金融検査に関する基本指針と金融検査評定制度の策定・公表である。この背景には、「金融行政の透明性と予測可能性の向上」と「メリハリの効いた効果的・選択的な行政対応」を実現しようとする当局の思惑がある。「金融検査に関する基本指針」は5原則から構成されている。それらは、(1)利用者視点の原則、(2)補強性の原則、(3)効率性の原則、(4)実効性の原則、(5)プロセス・チェックの原則である。このうち、「補強性の原則」には銀行検査当局と金融機関の双方向の議論を重視することが含まれている。この場合、検査当局が双方向の議論を行う相手は金融機関の内部監査部署であるので、金融機関の内側でモニタリング機能を担う監査部署と、外側でモニタリング機能を担う検査当局とで協力関係を確立することと同義といえる。

「効率性の原則」と「実効性の原則」は、銀行検査当局と銀行監督当局の緊密な連携および、検査指摘事項の改善に向けての検査当局と監督当局の協調の

重要性を述べたものである。つまり、これらの原則は、「情報把握機能」と「把握情報の監督行政への展開機能」にほぼ相当する。本章で想定している、銀行検査による把握情報の監督行政への展開機能は、行政当局の銀行検査機能と銀行監督機能がある程度明確に切り分けられていることを前提としている。「効率性の原則」と「実効性の原則」は、把握情報の監督行政への展開機能からさらに踏み込んで、検査当局と監督当局の検査指摘をめぐる協働を重要な命題として設定している。

金融検査評定制度は、各金融機関に対して指摘事項の内容を示すと同時に評価段階を提示することにより、(1)経営改善に向けての動機づけとすること、(2)金融機関と検査官の双方向の議論を充実させること、(3)より効率的かつ実効的な検査を実施できるようにすること、(4)金融行政の透明性を高めること、(5)金融機関にとっての予見可能性の向上に資すること、の５点を狙いとしている[14]。

金融検査評定制度の狙いを金融行政の透明度との関わりから述べることには、自ずと限界がある。その透明度は、検査当局と金融機関の間での透明度にとどめるべきであり、その結果を一般に公表すると著しい混乱を招くからである。たとえこれが公共性の高い金融機関でなくても、監督当局による個別企業に対する評価結果が一般に公表されると、それがただちに企業業績に影響を与えることになる。評定結果を検査当局と金融機関で共有するレベルにとどめる場合、金融機関の経営改善に向けての動機づけの源泉は、評定結果にもとづいたペナルティが伴うことである。金融機関にとっては、銀行検査というきわめて「鬱陶しい」当局介入自体がペナルティであるが、評定が低い金融機関に対して検査頻度を上げた場合、これを回避することが金融機関の業務改善のインセンティブとなる。

「補強性の原則」、「効率性の原則」、「実効性の原則」と銀行検査の関わりは上記のように明確であるが、この関わりを金融検査評定制度がどのように補完するのかを検討する必要がある。

補強性の原則は、銀行検査当局と金融機関の双方向の議論を通して互いの意思疎通を密にして透明性を高めることを目的としている。評定制度を通して検

査当局の対象金融機関に対する評価レベルを示すことは、当局サイドの意思表示を明確化する上で効果的と考えられるが、この運用を誤ると、評定者と被評定者という一種の上下関係が強調され、かえってコミュニケーションを阻害することになりかねない。したがって、補強性の原則を貫く上で金融検査評定制度は「両刃の剣」ということになる。

　効率性の原則は、金融機関の監督機能や検査・監督における関係部署と十分な連携を保ち、メリハリの効いた検査を実施することである。検査の評定結果が金融機関に還元された場合、金融機関サイドの窓口は監査機能を担当する部署となることが多い。したがって、監査部署は個別指摘事項の管理と補完を通して金融機関の統制レベルを向上させ、併せて評定を改善させるために当局と連携を保つことになる。この意味で、効率性の原則と金融検査評定制度は密接な関係にあると考えられる。

　実効性の原則は、検査における指摘が金融機関の適時適切な経営改善につながるよう、検査部局が監督部局と密接な連携をとることにより達成される。評定結果は検査部局と金融機関との間だけではなく、検査部局と監督部局で共有されることから、監督部局は個別金融機関の評定のみならず、各年度の検査レベルを複数金融機関の平均値として認識することができる。つまり、評定結果の集積、平均、傾向値等は金融監督行政を適正に実施する上で重要なメルクマールとなる。この意味において、実効性の原則と金融検査評定制度は不可分の関係にある。図表7-1に「金融検査に関する基本指針」5原則をまとめる。

　金融検査評定制度は別の見方をすると、日本版CAMELの実現である。金融機関の経営状態と財務諸表を基礎に置いて検査の切り口を定め、検査官が銀行実務の詳細を検査して数値評価を行う米国のCAMELと、金融機関の自律性を重視しプロセス検査を通した金融庁の検査評定とは、そのスタンスが異なることは明白である。しかし、長い間踏み切れなかった金融機関の数値評価を検査当局が実施することは画期的なことであり、評定を行うことによって生じる当局サイドの責任を承知の上で実現させたことは、日本の金融システムと検査風土に米国流検査の長所を効率的に取り入れようとする試みに等しいものと

図表7-1 「金融検査に関する基本指針」5原則

| 原則 | 内容 |
|---|---|
| 利用者視点の原則 | 一般の利用者および国民経済の立場に立ち、その利益保護を第1の目的とすること。 |
| 補強性の原則 | 自己責任原則にもとづく金融機関の内部管理と会計監査法人等による厳正な外部監査を前提としつつ、「市場による規律」などを補強すること。その一方で、銀行検査当局と金融機関の双方向の議論を通して互いの意思疎通を密にして透明性を高めること。 |
| 効率性の原則 | 金融機関の監督機能や検査・監督における関係部署と十分な連携を保ち、メリハリの効いた検査を実施すること。 |
| 実効性の原則 | 検査における指摘が金融機関の適時適切な経営改善につながるよう、検査部局が監督部局と密接な連携をとること。 |
| プロセス・チェックの原則 | 原則として、各金融機関の法令遵守態勢・各種リスク管理態勢に関して、そのプロセス・チェックに重点を置いた検証を行うこと。 |

出所：金融庁編『金融庁の1年（2004年度版）』（財務省印刷局、2005年）資料22-1。

して評価される。

### 2007年度から2008年度の銀行検査

　2007年度の銀行検査の特徴は、2007年12月に策定、公表した「金融・資本市場競争力強化プラン」において、より良い規制環境（「ベター・レギュレーション」）を実現させるための一環として、「重点的・機動的な検査の推進等」を掲げて3つの施策を実践したことである[15]。それらは、(1)主要行担当主任検査官の複数年担当制の導入、(2)特定のリスクまたは業務に的を絞ったターゲット検査の積極的活用、(3)小規模で業務が限定されている金融機関に対する簡易検査の導入の検討等である。

　これらの施策のうちターゲット検査と簡易検査は、銀行検査の歴史の中で従来から試みられ、最終的には十分な実績を上げないまま実質的に廃止されたが、主要行担当主任検査官の複数年担当制は初めての試みである。したがって、ベター・レギュレーションを実現する上で効果が期待できるのは、この複数年担当制である。

　2006年度から本格的に実施した金融検査評定制度の対象金融機関は、2007年

度に至って137行から338行に急増した。検査官による経営者評価の実際は、経営者との面談を通して感じられる見識や人物に対する質的評価が重要と考えられる。このような、質的評価を階層表示するのは容易ではないが、検査官が互いに評価の横串を通せば、それによって客観的な評価が可能になると思われる。これらの工夫により、金融機関の経営者が自分の経営能力の客観的な位置づけを認識できれば有益である。

　2008年度については、金融検査の透明性・実効性の向上のための方策として、ベター・レギュレーションをさらに推し進めていくことを打ち出している。具体的には、アクション・プログラムⅠとアクション・プログラムⅡを策定し、各アクション・プログラムで実践すべきことを項目別に実践していく。アクション・プログラムⅠは2008年6月に策定され、2008年度から実践された。アクション・プログラムⅡは2009年5月に策定された。

　アクション・プログラムⅠは39項目から構成されるが、その中で特徴的な施策は、(1)中間報告会等の運用改善、(2)検査モニターの全件実施、(3)主要行における主任検査官の複数年担当制導入、(4)検査結果通知の改善、(5)クロス検査・共同研修、(6)「金融検査マニュアル別冊」説明会の実施、の6項目である[16]。

　アクション・プログラムⅡは、52項目から構成されるが、その中で特徴的な施策は、大きく、「検査力・検証力の向上」、「人材の育成・強化」に分かれる。これらはいずれも検査当局内部で自己完結する施策が中心で、被検査金融機関とのインターフェイスを主眼に置いたアクション・プログラムⅠとはコンセプトが異なっている。

### (3) 1999年から現代に至る銀行検査行政と金融バブル

　2004年度は、「金融検査に関する基本指針」、「金融検査評価制度」、「金融検査指摘事例集」等の新機軸が出された年度である。このうち、「金融検査に関する基本指針」と「金融検査評価制度」は、「金融改革プログラム」等にもとづいた金融検査の充実、強化の内容を具体的に示すものである。「金融検査に関する基本指針」を構成する5原則は、いずれも銀行検査のコンセプトを根本

から見直すもので、かつ金融バブルの再発を銀行検査の立場から極小化するには最も有効と考えられる。

「補強性の原則」と「効率性の原則」は、銀行検査当局と金融機関の双方向の議論を重視するものである。「補強性の原則」だけでは、銀行検査当局と金融機関の内部監査部署でモニタリングの目的が正しく共有され、かつ共有された目的を遂行するための制度が整っていることが完全には担保されない。したがって、「補強性の原則」に「効率性の原則」を加えることにより、銀行検査当局と金融機関の内部監査部署でモニタリングの目的を正しく共有し、その目的を達成するためにいかなる協力を行うかが重要である。

モニタリングの目的の1つとして「金融バブルの回避」を設定すると、銀行検査当局と金融機関の内部監査部署は、それぞれ銀行検査、内部監査というモニタリングを通して、金融バブルの回避に向けて相乗効果を発揮することが必要になる。その意味で「補強性の原則」と「効率性の原則」は、銀行検査当局が金融機関の監査部署と同じレベルに目線を下げて、相互の関係を重視するという点で画期的な銀行検査のコンセプトの転換を含んでいる。「実効性の原則」は銀行検査当局と銀行監督当局の緊密な連携および、検査指摘事項の改善に向けての検査当局と監督当局の協調の重要性を述べたものである。

これらの3原則を合わせて考察すると、銀行検査と内部監査は互いに目的を共有し、互いの立場を超えない範囲で歩み寄って補完し合う協働関係を構築すべきという姿勢が当局によって打ち出されたことが明らかである。

そして、この協働関係を発揮する具体的な目的が検査指摘の是正であったとすれば、銀行検査の歴史において定番の指摘となっていながら改善されない重要項目を一挙に改善する契機になり得ると考えられる。そして、その検査指摘の重要課題が金融バブルの原因となる各種金融リスクに関わるものである場合は、その課題を地道に解決することにより金融バブルを回避することが理論的には可能になる。

「金融検査評定制度」と「補強性の原則」、「効率性の原則」、「実効性の原則」の関係は、前者が後者の3原則を補完する関係である。検査当局は「金融検査

評定制度」を有効に運用するために、同評定制度が、(1)金融機関の自主的な経営改善に向けた動機づけになっているか、(2)金融検査に期待される任務に則った評定制度になっているか、(3)真に検査の効率性と実効性の向上に資する制度となっているか、の3点をチェックポイントとした。これは、検査当局自身が「金融検査評定制度」を、3原則を効果的ならしめるものと位置づけていることの証左である。

「金融検査評定制度」は当然のことながら、評定自体を目的とするものではなく、評定を通した金融機関の規律づけが主目的であることから、規律づけの対象となる金融機関のパフォーマンスをどのような方向に指導するのかという基本原則が必要である。そして、それが「補強性の原則」、「効率性の原則」、「実効性の原則」である。

2007年度に出された施策で重要と考えられるのは、主任検査官の複数年担当制である。この施策の長所は、「連続的な検査行政」、「実質的な行政指導」、「重点的・機動的な検査」等を可能にすることである。つまり、金融検査評価制度を主任検査官の複数年担当制のもとで運営することは、銀行検査の「補強性の原則」、「効率性の原則」、「実効性の原則」を有効に機能させる上で大きなプラスとなる。

2008年度には、アクション・プログラムⅠとアクション・プログラムⅡによって、ベター・レギュレーションを具体的に推進する方針が打ち出されている。2つのアクション・プログラムの中で特に注目すべきは、検査当局内部での「中間報告会等の運用改善」と「バックオフィスの事前分析・着眼指示事項の充実」、「監督局との連携」である。これらの施策により、銀行検査プロセスの飛躍的改善が期待される。中間報告会等の運用改善を実施することは、銀行業務にたとえると、その遂行過程において中間モニタリングを実施することに等しい。これは業務プロセスを重視した検査実務を遂行することと同義である。

2008年度のバックオフィス構想は検査当局がバックオフィスの実質的な意義を自律的に議論して導入した初めてのケースである。戦後占領期にバックオフィスの強化を指導したのはGHQ/SCAPであった。当時のアメリカには、銀行

検査の厳格性を担保し、銀行検査報告書内容の正確性、客観性を保証するため、銀行検査報告書の再審査、報告書の誤謬訂正、銀行に対する是正行動の勧奨、客観資料や統計資料の作成をつかさどる検査官制度が存在していた。GHQ/SCAPは、再審査制度が有する牽制機能により銀行検査官の規律とモチベーション維持を要求してきた。これに対して大蔵省は、1950年4月1日に検査部審査課を設置することにより応えた[17]。

GHQ/SCAPが主張したバックオフィスの中核業務は検査報告書の事後審査であった。しかし、検査当局のバックオフィス機能は、フロントオフィスである検査の実働部隊の対極にあって企画・総務・審査すべてを引き受ける機能と理解されるので、検査部審査課はバックオフィスの一部を構成する機能を有するに過ぎなかった。1950年の銀行局検査部審査の設置は、検査結果の監督部局への還元のみならず、検査報告書レベルの高度化、均一化の趣旨からも有益と考えられ、組織手当てとしては合理的であった。

2008年度に打ち出された、(1)事前分析、(2)着眼指示事項の充実、(3)監督局との連携窓口、等はいずれもバックオフィスが担当すべき業務内容と理解される。これらは、検査報告書の再審査による検査内部の牽制機能を狙ったものではないが、事前分析や着眼指示事項を充実させるには高度な検査技術が必要であり、監督局との連携には省内および省庁間の折衝力を有する優秀な人材が求められる。検査当局内でのフロントオフィスとバックオフィスの機能分化を有効に機能させるためには、金融庁自身が1950年以降の検査部審査課の貢献内容や問題点を時系列的に振り返る必要がある。

## おわりに

本章の目的は、1988年から現在までの20数年間を検討期間として銀行検査の推移を考察し、検討期間中に生じた金融バブルとその崩壊を銀行検査行政との関係から分析することであった。金融バブルの崩壊を金融リスクが実現した状態と解釈して分析を進めたため、銀行検査マニュアルが金融リスクをどのよう

に認識して策定されたのかを解明することが中心となった。そして、金融リスクに対する銀行検査の有効性を測るための概念として、「銀行検査の情報把握機能」と「把握情報の監督行政への展開機能」を設定し、この両機能が銀行検査マニュアルや銀行検査結果を通して確立される過程を考察した。

　1998年から現在に至る10数年間は、銀行検査の担い手が大蔵省から金融監督庁、金融庁に変わった時期と重なる。この時期に制定された銀行検査マニュアルは、数種のチェックリストから構成される『金融検査マニュアル』という集合名詞で表現される。その中心的なコンセプトは法令遵守とリスク管理である。

　『金融検査マニュアル』のもとで実施される銀行検査の特筆すべき変化は、当局指導型検査から自己管理型検査への転換である。この転換を可能にするのは、金融機関の内部管理と外部監査の充実である。銀行検査当局は当局指導型検査のもとでは、金融機関のリスク統制を完遂することはできなかった。しかし、自己管理型検査のもとでは、リスク管理の原則を明確に示し、関係当事者を動員することにより金融リスクを統制しようとした。

　つまり、銀行検査当局は、金融リスクに対して、銀行検査のコンセプト転換と検査当局自身の立ち位置の変更によって現実的に対応した。そして、それは検査当局の能力を直視した合理的な選択であった。

　2004年度に至って、『金融検査マニュアル』のもとで実施される銀行検査を理論面と実務面において強化する原則と制度が導入された。具体的には、「金融検査に関する基本方針」と「金融検査評価制度」がそれにあたる。金融検査に関する基本方針を構成する5原則のうち、「補強性の原則」、「効率性の原則」、「実効性の原則」の3つは、銀行検査当局と金融機関の双方向の議論を通して透明性を高めるとともに、金融機関の関係部署と十分な連携を保ち、メリハリの効いた検査を実施し、かつ検査部局が監督部局と密接な連携をとることを明らかにしたものである。そして、これはまさに「銀行検査の情報把握機能」と「把握情報の監督行政への展開機能」の重視を標榜することにほかならない。

　「金融バブルの回避」という目的を明確に念頭に置いて「補強性の原則」、「効率性の原則」、「実効性の原則」を実践することは、その目的の実現に向けた官

民協働の枠組みを機能させることに等しい。そして、それを効果的たらしめるために、「銀行検査の情報把握機能」と「把握情報の監督行政への展開機能」のレベルを上げる工夫を検査当局が行えば、理論的には金融バブルを回避する上で銀行検査が一定の貢献を果たし得ることになる。

「金融検査評価制度」は、2007年度に導入された主任検査官の複数年担当制との相乗効果によって、検査官が権威をもって時系列的に被検査金融機関を監督することができる点で有効と考えられる。ただし、主任検査官の人格および識見が重要な意味を持つという点において、属人化による一種の危うさを有する「両刃の剣」ともいえる制度である。しかし、複数年担当制のもとで主任検査官が金融検査評価制度の狙いを正確に理解し、「補強性の原則」、「効率性の原則」、「実効性の原則」の3原則を実践すれば、従来には見られなかったダイナミックな銀行検査が期待されることになる。

2008年度に打ち出された銀行検査行政の目玉であるバックオフィスの充実については、この機能の設置によって銀行検査が分析的、目的合理的に実施されると考える。つまり、バックオフィスに期待される、事前分析、着眼指示事項の充実、監督局との連携窓口等の機能が実効性を持てば、フロントオフィスである現場検査チームの業務効率が格段に改善される。また、フロントとバックの協調に加えて、両者間に健全な牽制関係が確立されれば、銀行検査業務の内部統制が強化されることになる。

2004年度以降の銀行検査行政で打ち出された諸施策は、金融リスクに対する銀行検査の有効性を強化する上ではいずれも合理的なものであった。銀行検査行政を制度整備とその運用に分けて考えた場合、制度整備は従来の銀行検査行政には見られない斬新なコンセプトによって充実した。今後の課題は、この制度にもとづいて、いかに地道に銀行検査を運用していくかということである。

重要なのは、検査官を含む銀行検査行政責任者が銀行検査を運用するにあたって、基本的な軸をブレさせないことである。そのためには、銀行検査に携わる者の職業倫理を強化し、「金融検査に関する基本指針」等に代表される銀行検査の基本コンセプトを明確に認識して銀行検査実務を遂行することである。

そして、このことが金融バブルの発生と崩壊の過程を通して露呈した銀行検査の問題点を是正し、銀行検査本来の役割である、「情報把握機能」と「把握情報の監督行政への展開機能」を適正に発揮させることになると考える。

1) 『金融検査マニュアル』は、従来1冊にまとまっていた銀行検査マニュアルと異なり、いくつかの分冊で構成されているが、本稿で対象とするのは、「預金等受入金融機関及び保険会社に係る検査マニュアル」を中心に、預金等受入金融機関の検査に関わる別冊を含めたマニュアル全体である。
2) 大江清一「明治前期における金融当局検査の考察——第一国立銀行に対するシャンドの銀行検査報告書を中心として——」『社会科学論集』第119号、埼玉大学経済学会、2006年11月。
3) 大江清一「大正期における行内検査の考察——銀行の内部監督充実に関する議論と行内検査の事例研究——」『社会科学論集』第125号、埼玉大学経済学会、2008年9月。
4) 大江清一「戦後揺籃期における金融当局検査の考察——旧銀行法における銀行検査の位置づけとGHQ/SCAPとの関係——」『社会科学論集』第118号、埼玉大学経済学会、2006年7月。
5) 大江清一「昭和30年代前半における銀行検査の考察——『新しい銀行検査法』に基づく地方銀行の検査結果と銀行検査行政——」『社会科学論集』第127号、埼玉大学経済学会、2009年6月。
6) 大江清一「昭和50年代を中心とした銀行検査の考察——昭和40年代から60年代に至る銀行検査の内容変化と銀行検査行政——」『社会科学論集』第129号、埼玉大学経済学会、2010年3月。
7) ①大蔵省銀行局編集『第35回～第44回　銀行局金融年報』社団法人金融財政事情研究会、1986～95年。
　　②金融年報編集委員会編集『金融年報　1996年版～1997年版』社団法人金融財政事情研究会、1997～98年。
8) 大蔵省内金融制度研究会編（1991）『新しい金融制度について——金融制度調査会答申——』金融財政事情研究会、322-324頁。
9) 同上書。
10) ①大蔵省銀行局編集『第41回～第44回　銀行局金融年報』社団法人金融財政事情研究会、1992～95年。
　　②金融年報編集委員会編集（1998）『金融年報　1997年度版』社団法人金融財政

事情研究会。
11) 金融監督庁編（1999）。
12) 金融庁編（2001）、6頁。
13) 金融監督庁編（1999）、537-541頁。
14) 金融庁編（2005）。
15) 金融庁編（2008）。
16) 金融庁編（2009）。
17) 大江清一「戦後占領期における銀行検査導入過程の考察——GHQ/SCAPによる銀行検査導入と大蔵省の対応——」『社会科学論集』第126号、埼玉大学経済学会、2009年3月。

## 参考文献

大月高監修（1985）:『実録戦後金融行政史』金融財政事情研究会
大蔵省銀行局編（1986-95）:『第35回～第44回　銀行局金融年報』社団法人金融財政事情研究会
金融年報編集委員会編（1997-98）:『金融年報　1996年版～1997年版』社団法人金融財政事情研究会
大蔵省内金融制度研究会編（1991）:『新しい金融制度について——金融制度調査会答申——』金融財政事情研究会
大蔵省銀行局編（1992-95）:『第41回～第44回　銀行局金融年報』社団法人金融財政事情研究会
金融年報編集委員会編集（1998）:『金融年報　1997年度版』社団法人金融財政事情研究会
金融監督庁編（1999）:『金融監督庁の1年』金融監督庁
金融庁編（2001）:『金融庁の1年（2000年度版）』財務省印刷局
　——（2005）:『金融庁の1年（2004年度版）』財務省印刷局、資料22-2
　——（2008）:『金融庁の1年（2007年度版）』財務省印刷局
　——（2009）:『金融庁の1年（2008年度版）』財務省印刷局

# 第8章　日米バブル後の日本の銀行行動と融資先企業

緑川　清春

## はじめに

　バブルの発生・崩壊を最初に確認できるのは、17世紀のオランダの「チューリップバブル」である。それ以来、世界を見渡せば幾度となくバブルの発生とその後の崩壊が繰り返されている。そのたび、日本経済は多かれ少なかれ影響を受けている。

　特に、日本経済は1980年代後半から約20年の間に起こった2つの「バブル」に大きな影響を受けた。

　1つは「1980年後半～1990年初めまでの日本のバブル」（以下、「日本バブル」と略記）であり、もう1つは「サブプライムローンに端を発した米国の住宅バブル」（以下、「米国バブル」と略記）の崩壊による影響である。日本バブルと米国バブルの崩壊後の日本経済への影響では、前者は「失われた15年」と言われるように長期経済の停滞をもたらし、後者は全米第4位のリーマン・ブラザーズ破綻後の世界的金融危機により日本のGDPも戦後最大の低下をもたらした。

　両バブルの発生・崩壊は主に金融緩和策と不動産価格の上昇があって、それに乗じた経済行為が立ち行かなくなったために起こっている。しかし、両バブルの崩壊後では、日本と米国は経済の復活過程をそれぞれの経済システムや金融システムの特徴に準じて対応している。その結果は次のように言える。日本

では、間接金融優位であり、経済的ダメージが徐々に浸透したために政策対応が遅れ、その後の諸施策により主に銀行と企業との間で不良債権を処理し、長期間の低迷を経て輸出企業主導により景気を回復させた。米国では、直接金融優位であり、リスクが分散されているがゆえに直ちに世界的金融危機へ突入し、痛んだ金融、証券、保険など幅広い部門への救済策を施し、一部明るさが見えつつあるものの本格的景気回復には至っていない状況である。日本への影響は日本バブルにせよ、米国バブルにせよ、歴史的にみて注目に値するほどの大きさであると言えよう。

今後、日本国内で起こるバブル、あるいは外国が基点となって起こるバブルの発生・崩壊において、日本では、銀行部門と企業部門との結びつきが相対的に強いので、それらの経済主体がどういう行動をとったか、また銀行と融資先企業との関係はどうであったかを検証しておくことは意義があると考える。

そこで、本章では、第1節で日米モニタリング問題と日本における政府対応、第2節で日米バブル前後の日本の銀行行動、第3節で日米バブル前後の日本の企業行動、第4節で銀行と融資先企業の基本的関係について分析し、日本バブルと米国バブル（以下、日本国内問題として扱う場合は「近時金融危機」と呼ぶ）の日本における銀行と融資先企業の関係を考察する。

## 1　バブル：日米モニタリング問題と日本における政府対応

銀行行動と融資先企業をみる前にバブル時の日米モニタリングの違いを明確にしておこう。また、日本バブルと近時金融危機を解消するための政府関与についてもみておこう。このことは、その後の銀行と融資先企業との関係に影響があったかどうかのヒントを与えてくれるであろう。

### (1)　モニタリングの違いとその評価

「日本バブル」、「米国バブル」ともに、発生して崩壊するという現象は基本的に類似性がある。しかし、日本と米国との間では、金融システムの違いが存

在する。金融システムの違いは①間接金融中心か直接金融中心かという問題、②銀行監視が中心か、市場監視が中心かというモニタリング問題に行きつく。この問題は絶対的なものではなく、あくまで相対的問題である。一言でいえば、日本は間接金融主体であり、米国は資本市場が発達した底が深い直接金融主体である。すると、企業へのモニタリングでは、日本は相対的に銀行による監視が中心、米国は市場による監視が中心となる。

日米の違いの背景は次のようである。日本は高度成長期に企業側の低ストックを充実させるため、資金不足企業に対し金融機関が資金供給を行ってきた経緯がある。一方、米国は1980年代に「投資家」の台頭があって間接金融が縮小し、資本市場による金融技術革新(信用リスク解析、証券化の拡大、ポートフォリオ理論)が進展したことによるものである。こうした金融システムを背景に日本バブルや米国バブルが発生・崩壊したとすれば、融資先企業あるいは低所得者へのローンに対するモニタリングが有効であったかどうかをどう解釈するかの問題に直面する。

モニタリング問題を解釈する場合、広く受け入れられている通説は青木昌彦氏の事前・中間・事後に分類した3段階モニタリングである[1]。日本では、モニタリングを3段階に分類した場合、間接金融主体で銀行業への参入規制があるにもかかわらず、その補完的な役割を担う主体が存在しない、もしくは存在しても明確に機能していない。したがって、銀行と融資先企業との間で最も密接な関係にある銀行、いわゆるメインバンク[2]がその3段階のモニタリングを統合した形での役割を担っている。

一方、米国では、有効的、かつ最先端のモニタリング構造で3段階に分割され、各段階ごと得意な分野の組織がある。事前では、大企業は投資銀行、中小企業は一般商業銀行、新規創業企業はベンチャーキャピタル、起債・証券化商品は格付機関が担っている。中間では、当該企業の取締役会である。事後では、倒産法と資本市場の存在である。

近時、約20年の間、日米バブルをもたらしたモニタリングでは、日本は銀行部門の過大な与信行為と企業部門の過大な受信行為をメインバンクがチェック

できなかったことが問題、米国は事前モニタリングで金融部門の与信行為に加え家計部門の受信行為の責任の希薄化と証券化による責任の不明確化、中間モニタリングのチェック機能不全が問題と言える。バブル崩壊後日米では、日本は金融機関が不良債権処理に多くの費用を負担、米国は証券化商品への投資先・保証先に加え家計部門が大きな負担を強いられた。

その際、日米のモニタリングがそれぞれのバブルに対して機能したか否かである。日本では、金融機関がバブルの膨張を阻止できなかったし、米国では、3段階モニタリングとも有効に機能せず多くの問題点を浮き彫りにした。そうであれば、バブル時はどういうモニタリング形式でも有効に機能させることがかなり難しいと言える。

(2) 日米バブル後の日本における政府・日銀の対応方針

まず、日本バブル崩壊後の対応からみよう。日本バブル崩壊後は銀行の不良債権処理が中心である。1990年代前半の不良債権に対する政府対応は、不良債権を認識していたものの、今日の金融機関の基礎的諸条件は過去と比較して強固となっているとの判断で、計画的にかつ徐々に処理すれば対応可能とする考えが基本であった。当然、当初の国内経済対策はそれほど強烈なものではない。主な対応は①「金融行政の当面の運営方針」、②「金融機関の不良資産問題についての行政上の指針」、③「金融システム安定化のための諸施策」であった。①は、不良債権は金融機関の十分な体力を評価して不良債権の早期解決を促すものではなく、計画的・段階的に処理可能とみている。②は、融資先企業のうち、経営困難先への対応は幾つかのレベルがあって、同一視してすべてに償却等の処理を求めるのは適当ではなく、含み益など内部蓄積を考慮しながら不良債権を処理せよとの方針である。③では、1995年12月に金融制度調査会から提出された諸施策は新しい金融システムが自己責任原則を基本として透明性の高いものとなるよう不良債権の情報開示と早期是正措置の導入を提案した。こうして、大蔵省は銀行に対し1998年4月から早期是正措置の実施を求めた。早期是正措置はBIS規制を前提とした「自己資本比率」が指標となるため、銀行

が行う自己査定が重要となる。銀行は自己査定によって不良債権を明確にし、その処理によっては自己資本比率が一定の基準より下回れば監督官庁の指導を受けることになる。その結果、監督官庁は常に銀行に対し強い強制力を持って管理・監督を行うようになった。

さらに、政府は不良債権の具体的処理方法の選択肢が少ないとの認識で、多様な選択肢を金融機関に与えた。選択肢は私的整理や法的整理にもとづく不良債権処理への対応策「緊急経済対策（抄）」において公表された。それによると、私的整理の制度整備では、従来の償却に加え、CCPC、バルク、DES、債権放棄、私的整理のガイドライン、産業再生機構、特定調停法などの手段を提供した。法的整理の制度整備では、和議法に代えて2000年4月より民事再生法を施行、2003年4月に会社更生法の大幅改正を行い、使い勝手を良くし、不良債権処理に貢献した。私的整理にせよ、法的整理にせよ、企業再生に力点があり、メインバンクを中心とした対応となったため、銀行と融資先企業との関係はそう大きく変化したとはいえない状況である。

次に、近時金融危機の政府対応をみよう。その前に、米国バブルには次のような特徴があった。第1に、証券化商品によって不良債権が早い段階で世界に伝播したこと、第2に、リーマン・ショック後の金融危機が世界的な広まりをみせ、各国とも早急に経済対策や金融政策を実施する必要性に迫られたこと、第3に、しかし不良債権への対応は、複雑な証券化により分析に時間を要し、早期に的確な対策が困難であったこと、第4に、各国で国内企業への政府関与が多くみられたことである。

政府・日銀は近時金融危機の影響を受け次のような対応を行った。金融庁の対応では、①2008年11月、「中小企業向け融資の貸出条件緩和が円滑に行われるための措置」を実施[3]、②2008年11月、「主要行等向けの総合的な監督指針」を発出、③同月、「中小・地域金融機関向けの総合的な監督指針」を発出して中小企業などの経営悪化企業への対応策を緩和、④2008年11月の措置や方針に則り、検査マニュアルを改定した。

財務省では、①2008年12月に「生活対策」（2008年10月30日に策定）を受け、

株式会社日本政策金融公庫法による「国際的な金融秩序の混乱に関する事案」である旨認定し、指定金融機関を通じて貸付等の危機対応を実施[4]、②2009年1月に新たにCP買取と損害担保契約等の業務を付加、③2009年4月に「経済危機対策」として中堅・大企業の資金繰りの支援策を実施した[5]。

政府対応では、中小企業金融円滑化法を適用し中小企業金融対策を実施した[6]。また、日本銀行の対応では、①実体経済の悪化を食い止めるため無担保コール翌日物を0.1％前後に誘導、②流動性の供給を継続実施、③2009年12月、新型オペを含み長めの資金供給の実施、である。このように、政府・日銀は近時金融危機に対し諸々の対策を打った。その結果、近時金融危機は2009年3月末をボトムに収まりつつあるが本格的回復には至っていない。これらの対策は銀行が融資先企業への支援を行いやすくする内容である。

日本では、日本バブル後に行った不良債権処理過程で金融部門や企業部門への救済措置、破綻処理措置の制度整備や改正によりおおよそ近時金融危機への対応が整備されていたのではないかと推察する。私的整理や法的整理の制度整備がなされており、それを改定・追加する行動ではなく、世界的金融危機であるがゆえに各国とも政府あるいは監督官庁が前面に出て対策を打ち、日本もそれに準じた形での対応となっている。

## 2　日米バブル前後の日本における銀行行動

### (1)　日本バブル時の銀行行動

銀行の融資行動は基本的には次のようである。日本バブルの発生時には、銀行は融資先企業の取引拡大、あるいは従来取引がない企業への融資行動を積極的に行った。これが大きな意味をもつ。その背景は、銀行が融資先企業の多面的な事業展開（たとえばグローバル化、証券化）に関わっていきたくとも業務規制上何もできない状態であった。銀行は規制改革がなかなか進まないので融資先企業のグローバル化、証券化に取り組めず、対応ができなかった。逆に金

融規制改革が進展していれば、銀行は融資先企業のグローバル化・証券化など多面的な事業展開に対して多様な対応が可能であったと思われる。

一方では、家計部門の資金は資本市場ではなく銀行へ集中しており、この点で変化は起きていない。銀行は家計部門から預金を預かり、大企業の資金調達が資本市場へとシフトしていく過程をみながら、その穴埋め先として巨額な資金を必要とする不動産・建設・ノンバンク（以下、「3業種」と略記）へと融資先を変化させた。資金が銀行に集中する限り、銀行は預金増と融資拡大を重視する従来型の銀行業務に特化せざるをえなかったのである。

日本バブル当時、日本経済は好調であり、経済各主体・個々人が一種独特の雰囲気の中で株式・不動産などの資産価格に対し異常な期待をもち、いわゆる「期待の強気化」[7]がみられた。企業の不動産保有の税制の歪み、加えて1980年代からの金融の自由化、プラザ合意後の急激な円高対策による金融緩和政策など、銀行は融資量を伸ばすための金融的な土壌を有していた。

このような背景のもと、銀行行動は金融自由化の影響で貸出競争を激化させ、①主な地方銀行の東京進出、②大手銀行の首都圏地区への店舗展開、③不動産価格の上昇が予想された関西圏、中部圏など主要地区への店舗展開を主とした融資拡大策を行うことになる。金融機関は融資先を求め奔走した。

もう1つ重要なのは、大手銀行間の「横並び意識」[8]が存在していたことである。岡崎・星（2002）は1975～95年度を5年ごとに分け、全国銀行に占める都市銀行11行の貸出金シェアの相関係数を算出している。そこでは「1970年代後半および1980年代前半の相関係数は0.99以上と驚くほど高く、都銀各行の貸出シェアがこの10年間ほとんど変化しなかったことを示す。住友銀行による平和相互銀行の吸収、三井銀行と太陽神戸銀行の合併があった次の5年間は、これらの変化を反映して相関係数が0.88に落ちるもののそれでも比較的高い値を保っている。1990～1995年度の5年間は協和銀行と埼玉銀行の合併があったにもかかわらず、シェアの相関係数は0.96と相変わらず高い」と分析している。このように、銀行は基本的に横並び意識が強く、3業種向け融資も他行追随の姿勢が浮き彫りとなる。また、横並び意識の存在で銀行と融資先企業との間に

はどうしても取引序列（後掲の図表8-8を参照）の存在が浮かび上がってくる。

　銀行の積極的融資拡大方針のもとでは、新規開拓の積極化と既存取引先への融資拡大を主に提案融資で行っている。そうであれば、銀行は不良債権問題に道義的責任問題が浮上しても不思議ではない。

　では、企業規模別にどのような特徴があるかをみよう。

　まず大企業である。日本経済が好調であり、銀行行動は大企業に対して融資額を上昇させるべく積極的に対応した。それでも、大企業は銀行との間で株式持ち合いを行ったり、その比率を上昇させたりでもしなければ融資額を増加させる理由がない。株式持ち合い比率の上昇は企業側・銀行側ともそう簡単にいかないことは明白である。そこで不動産融資がでてくる。不動産が絡んだ案件では、当該融資先への融資額が主力行を超えて上位に行く場合もあった。その場合、案件を持ち込んだ銀行（たとえば、信託銀行や地方銀行、あるいは下位取引銀行）は融資残高が主力行を超えたとしても、当該企業の主力行とはならない。または当該企業の主力行に了承を取る形で実行していたケースもある。ある意味で異常な金融取引である。不動産融資は金額が大きく銀行が比較的早く利益に結びつけられるメリットがあった。その反面、銀行は不動産融資のリスクが大きいことも承知していた。しかし銀行は大企業の資金調達の変更により、融資残高の減少に危機感を持っていたので、その拡大が見込まれる不動産融資を強化した。振り返れば、不動産価格がどこまで上昇するかを気にしながら多様な方法で融資額を上昇させようとしていたのが実情であろう。バブルが崩壊すると、金融環境も激変したので、次のような特異なケースもあった。資本市場から資金調達を行っていた企業が業績悪化に陥った場合、主力行は償還資金の融資対応も行ったのである。企業は資本市場調達1本やりではなかったということである。

　次に中小企業である。銀行は、家計部門が資金を銀行に集中している限り、大企業が融資減少となれば、中小企業への融資を増加させるか、余剰資金を運用するかとなる。逆に大企業が借入れを増加させれば、中小企業の融資を減少させるか、運用資金を取り崩すかである。中小企業に対する銀行融資は大企業

との相関関係にあるといってもよい。大手銀行は大企業が資本市場調達にシフトし、銀行離れ現象があったからこそ、融資先を中小企業へ積極的にシフトした。産業別にみれば、製造業ではなく、非製造業を中心に底の浅い、かつ資金需要を発掘できる3業種への融資を増加させたのである。

**貸出の有担原則**

　以上のように、銀行はバブル期に法人企業（大企業・中小企業）へ融資攻勢を行った。3業種への融資が中心であった。ただし、金融機関は中小企業に対して業績の不透明性から担保を徴収する場合が多い。当時の融資方針は、1970年代後半から社債市場の自由化に伴い有担原則が崩れつつあるものの、リスクをミニマイズするため同原則を維持していた。担保には2つの意味が存在する。1つは融資先のモラルハザードを防止させること、もう1つは融資先の与信リスクの補完である。

　銀行はバブル期に中小企業融資を増加させたが、土地神話が存在していた時期でもあり有担原則を基本としていた。具体的な数字を示そう。不動産担保比率は、1992年度は28.4％と高く（ピーク）、以後低下傾向となり、10年後の2002年度は20.2％（1992年度比▲8.2％）、2008年度は16.1％（1992年度比▲12.3％）と低下の一途を辿っている。一方、無担保比率は1991年度に31.4％と低く、その後上昇する。無担保比率は1997～99年度まで大手銀行の破綻の影響で低下したものの2000年度以降（2003年度を除く）再び上昇している。年度別では、特に2002年度は36.0％（対前年度比＋2.4％）、2005年度は39.9％（同3.0％）、2008年度は44.8％（同2.1％）である。不動産価格の特徴として上昇と下落がともに長期間持続する傾向がある。近時金融危機は不動産担保比率が低下、無担保比率が上昇するという状況で起こっているので、担保処分問題が前面にでてきていない。日本バブル時とは違って銀行の審査が不動産によるのではなく（不動産価格の低下も影響）、通常の審査体制の中で行われたといってよい。

## 銀行の倒産企業への対応

　バブル崩壊の1つの要因は1990年3月に発出した不動産融資総量規制（以下、「総量規制」と略記）であった。もちろん、総量規制を行わなくても何らかの時点で不動産価格の下落が起きる。この総量規制は1年9カ月後に解除されるが、大蔵省は「土地関連融資についての一連の措置」を公表して不動産融資に関する管理・監督を継続した。日本では土地本位制[9]が基本とも考えられていた。バブル崩壊はその後の地価の長期下落傾向をみると土地本位制そのものを崩壊させたと言える。

　地価下落による担保不足に対する銀行の融資先企業への対応は、多くは不動産に担保余力がないことを承知の上で後順位担保[10]の徴収か、取引序列が下位であればメインバンクなどへの肩代わりの要請である。不良債権への取組みは、償却か、貸倒引当金を積むか、CCPCへの譲渡であった。

　本章では、経営危機企業への対応は、メインバンクが救済するという見解をとっている。では、バブル崩壊後のように倒産企業が多く発生した場合をどう解釈するかである。メインバンクの救済理論では、融資先企業の状態が「再建困難」、「債務超過」、「明確なメインバンクがないケース」は救済が難しいと解釈している。そのため、再建困難先や債務超過先への対応として、銀行が単独で行う救済策以外に私的整理と法的整理が使いやすいかどうかという問題に直面する。日本バブル以前では、私的・法的整理の制度整備が不十分であった。政府は日本バブルの不良債権処理過程で私的整理・法的整理の制度拡充策をほぼ完了した。政府のこうした対応は銀行と融資先企業との関係に大きな影響を与えるようなものではなく、むしろメインバンクを含む金融機関を中心に据えた対応策がとられた。この結果、銀行と融資先企業との関係には大きな変化がなく、経営危機企業に対してもメインバンクが「公平の劣後（Equitable Subordination）」[11]をふまえ対応した。

　次に、融資先企業が倒産に追い込まれた際のメインバンクの対応をみよう。緑川（2008）は1990～2004年3月までの日本バブル後に倒産した東京証券取引所一部上場企業38社を2つに分け分析している。1つ目は1990年から10年間の

倒産企業17社[12]である。2つ目は倒産法制が整った後の2000年からの倒産企業21社[13]である。要約すると次のようになる。分析の前提は、メインバンク関係において「貸出関係」「株式保有」「人材派遣」（以下、この3項目を「基本3要件」と呼ぶ）を重要な要素として捉えている。倒産企業の倒産直前期にメインバンクが基本3要件についてどう対応したかをみる。基本3要件の充足割合は①「貸出シェア」を増加させたかどうか、②「株式保有」をしていたかどうか、③「人材派遣」を行っていたかどうか、で算出した。前期の17社に対するメインバンクの対応は、基本3要件とも充足割合は約84％と高い。後期の21社に対するメインバンクの対応は、基本3要件の充足割合は約79％とやはり高い。

一方、融資先企業の状態は再建が困難、債務超過で救済することが困難と判断される場合が多い。金融機関の融資先企業への対応は、倒産直前期まで基本3要件において銀行と融資先企業との結びつきが強いものだったのである。要するに、銀行と融資先企業との関係では、銀行による救済機能が維持されており、そこに銀行の積極的な融資攻勢が何らかの影響を与えていたと解釈することができよう。

(2) 近時金融危機時の銀行行動

サブプライムローンに端を発した米国バブルは2006年秋頃弾けた。その結果、多くの国々を巻き込んだ世界的金融危機をもたらした。しかし日本の銀行は、金融技術への取組みの遅れから証券化商品の取扱いが少なく、経済的損失は少なくてすんだ。当初の銀行への影響は軽微であったものの、2002年から輸出主導でなだらかな経済成長を遂げていたので、輸出産業である輸送用機械、電機、精密機械などが大きなダメージを受けた。輸出企業、特に大企業の急激な業績悪化に伴い、時間の経過とともにあらゆる産業が大きく落ち込む悪循環となった。大企業、中小企業とも生産性が大きく低下し、資金繰り難に陥った企業も増加した。銀行は資本市場の機能低下も相まって、大企業・中小企業の資金供給を担った。時間が経つにつれ、銀行は株価や不動産価格の低下による自己資本への影響が大きな足枷となり、貸出余力も低下傾向を示した。さらに、銀行

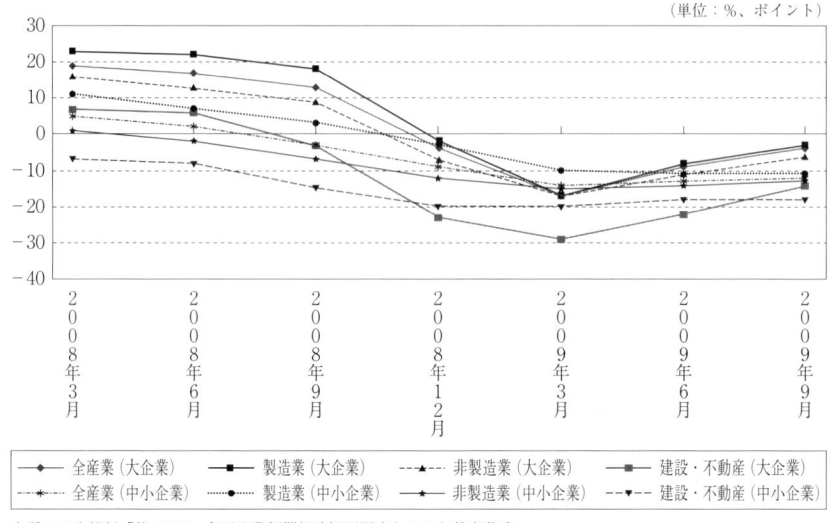

図表 8-1　金融機関の貸出態度（「緩い」-「厳しい」）

（単位：％、ポイント）

凡例：全産業（大企業）、製造業（大企業）、非製造業（大企業）、建設・不動産（大企業）、全産業（中小企業）、製造業（中小企業）、非製造業（中小企業）、建設・不動産（中小企業）

横軸：2008年3月、2008年6月、2008年9月、2008年12月、2009年3月、2009年6月、2009年9月

出所：日本銀行「第142回　全国企業短期経済観測調査」により筆者作成。

は大企業貸出に対応したため中小企業への貸出が困難化した。大企業と中小企業に対する金融機関の貸出態度を図表8-1によりみよう。

　金融機関の貸出態度では次の点が指摘できる。①大企業と中小企業との比較では、相対的に大企業の方が緩い。②大企業では、リーマン・ショック以降、2008年12月～2009年3月にかけて急激に厳しくなり2009年3月を底に2009年6月、2009年9月と緩やかに転じているが依然として厳しい。③大企業・中小企業とも建設・不動産業に対する態度は製造業や非製造業より厳しい。不動産業に対する貸出は経済危機・金融危機の際には常に厳しくなる傾向がある。④2009年3月に金融機関の貸出態度はすべての産業に対して最も厳しい状態だった。しかし、中小企業に対しては建設・不動産を除き大企業の全産業、製造業、非製造業より相対的に緩い。⑤2009年の最も厳しい時期に大企業の建設・不動産がとりわけ厳しかった。

　近時金融危機は資金面で依然として厳しいものがある。しかし金融機関の貸出態度は2009年6月、9月と上向きつつある。世界的金融緩和策の影響は当然

として、政府による「中小企業向け融資の貸出条件緩和が円滑に行われるための措置」、「中堅・大企業の資金繰り支援等」や「中小企業金融円滑化法」などの経済危機対策も評価できよう。特に、金融危機に陥った場合、中小企業にはなかなか資金が行き渡らない傾向がある。そこで政府は中小企業に対し、中小企業金融円滑化法の利用を促している。

　2009年12月末時点の同法にもとづく条件変更・返済猶予の申込みと銀行（6大銀行）による応諾は次の通りである。申込みは、件数1万5,429件、金額は8,009億円である。銀行による応諾は、件数3,103件、金額は2,677億円である（『日本経済新聞』2010年2月16日朝刊3面）。応諾比率は、件数では20.1％、金額では33.4％である。これを低いとみるかどうかは一概にいえない。中小企業の財務内容が不明だからである。このような政府による積極的な政策の後押しにより、銀行行動は融資先企業に対して許容範囲内で積極的に対応していたと考えられよう。

　次に、私的整理がどう充実されたかをみよう。私的整理の充実は、銀行が融資先企業の経営悪化に対し、どう対応するかの選択肢として重要な意味をもつ。近時金融危機に対応すべく私的整理として充実されたものには、事業再生ADR（Alternative Dispute Resolution）[14]と企業再生支援機構[15]がある。これらの対策は成立後、日が浅く適用事例も少ないが、事業再生ADRにおいて消費者金融のアイフルの例を示すことができる。アイフルは住友信託銀行がメインバンクである。メインバンクは2009年9月18日付「取引先の事業再生ADR手続利用の準備について」を公表した。それによると、同日、同行の取引先のアイフル株式会社、同子会社株式会社ライフが事業再生ADR手続利用の申請準備を開始し、事業再生実務家協会の仮受理を発表した。その中でメインバンクは事前に次のように述べている。「当社は、当該申請が同協会によって正式に受理される場合には、同社の事業再生計画を検証の上で、必要なご協力について前向きに検討していく方針です」。メインバンクの対応する金額は、アイフル株式会社が貸出金610億円、株式会社ライフが貸出金298億円である。メインバンクによる同時公表は、自行保身と融資先企業の救済という二律背反を同時に満

たすためであろう。

　その後、日本経済新聞に以下の内容を公表している。アイフルはメインバンクに150億円の融資枠設定を依頼した。これに対し、メインバンクはADR手続成立を条件に前向き対応との考えを示している[16]。アイフルとメインバンクは支援体制が確立していることを強調している。このように、メインバンクはアイフルに深く関与し、シグナル効果を発揮しながら事業再生ADRによる対応をとっている。

**倒産企業への対応**

　日本では、2000年代初めの私的整理と法的整理の制度整備に伴い、銀行・融資先企業は債務超過および再建困難の際には法的整理を適用して再建を図っている。特に、会社更生法より使い勝手のよい民事再生法の適用が多い。

　銀行は2000年過ぎに不良債権処理から企業再生へと軸足を変更している。すると、ゾンビ企業を存続させるとし、資金配分の問題から経済発展を損なうとの意見もでてきた。しかし、経済・金融環境が悪化し、多数の企業が倒産に陥っている経済状態の時に新規事業が沢山でてくる可能性があるとは考えられない。その意味で企業再生の経済的価値は高い。近時金融危機の財務悪化企業への対応は日本バブル時の対応の延長線上にあるのではないだろうか。そこで、近時金融危機におけるメインバンクの倒産企業への対応を図表8-2によってみよう。

　分析対象は東京証券取引所一部上場企業である。期間は近時金融危機が日本に影響したと思われる2008年4月から帝国データバンクが最新の倒産企業を公表した2009年9月までとする。その結果、対象先は15社[17]となる。業種の内訳では、不動産・建設業が15社のうち13社であり、その割合は8割強（日本バブルの2000年以降で倒産した同業種は2割）と高いのが特徴である。倒産の原因は①不動産市況の悪化による再建困難、②不動産に投資していたファンドの資金流失、③不動産業のビジネスモデルが堅固ではない、が主なものである。

　倒産企業に対してメインバンクが基本3要件についてどう対応したかは次の

図表8-2　メインバンクの倒産企業への対応

| No | 倒産企業 | 倒産形態 | 年商(億円) | 負債総額(億円) | 倒産原因 | メインバンク関係　倒産直前期 | | | 倒産のキーワード |
|---|---|---|---|---|---|---|---|---|---|
| | | | | | | 貸出シェア | 株保有 | 人材派遣 | |
| | | | | | | ○⇒上昇、保有　×⇒下降、　―⇒維持 | | | |
| 1 | ゼファー | 民事再生法 | 811 | 949 | 不動産市況の悪化、子会社の不良債権問題 | ○ | × | ○ | 再建困難 |
| 2 | 真柄建設 | 民事再生法 | 536 | 348 | 不正会計処理、取引先倒産による不良債権問題 | N.A | ○ | ○ | 再建困難 |
| 3 | アーバンコーポレーション | 民事再生法 | 1,325 | 2,558 | 米国住宅バブル崩壊後の不動産市況の悪化 | × | × | ○ | 金融機関が担保権行使、再建困難 |
| 4 | 創建ホームズ | 民事再生法 | 403 | 339 | 米国住宅バブル崩壊後の不動産市況の悪化 | ○ | × | × | 再建困難 |
| 5 | シーズクリエイト | 民事再生法 | 198 | 114 | 不動産市況の悪化、不動産流動化の失敗 | × | × | ○ | 再建困難 |
| 6 | 新井組 | 民事再生法 | 354 | 427 | 米国住宅バブル崩壊後のマンション市況の悪化 | ○ | ○ | × | 三井住友はよく支援、先行業績不透明、再建困難 |
| 7 | オリエンタル白石 | 会社更生法 | 859 | 605 | 橋梁工事の市場規模縮小 | N.A | ○ | ○ | 三井住友これ以上支援無理、再建困難 |
| 8 | クリード | 会社更生法 | 332 | 651 | 不動産市況の悪化 | × | × | ○ | 再建困難 |
| 9 | SFCG | 破産 | 840 | 5,500 | 商工ローンを取り巻く環境悪化 | ○ | × | ○ | 社会問題化、再建困難 |
| 10 | 日本総合地所 | 会社更生法 | 974 | 1,975 | 米国住宅バブル崩壊後のマンション市況の悪化 | × | ○ | × | 2009年3月期305億円の損失、再建困難 |
| 11 | あおみ建設 | 会社更生法 | 359 | 396 | 多額の損失、取引先倒産による33億円の不良債権 | ○ | × | ○ | 再建困難 |
| 12 | パシフィックホールディングス | 会社更生法 | 87 | 1,636 | 米国住宅バブル崩壊後の急激な市況悪化 | N.A | ○ | × | 債務超過 |
| 13 | アゼル | 破産 | 329 | 443 | マンション販売不振 | × | ○ | × | 再建困難 |
| 14 | ジョイント・コーポレーション | 会社更生法 | 997 | 1,476 | 業績悪化により大幅赤字 | × | × | ○ | 再建困難 |
| 15 | シルバーオックス | 破産 | 134 | 57 | 2000年以降の消費低迷 | × | ○ | × | 再建困難 |

出所：帝国データバンク『全国企業倒産集計2009年9月報』53-54頁、「日経テレコン21」(『日本経済新聞』)、各社有価証券報告書にもとづき筆者作成。

通りである。貸出シェアでは、15社のうち5社で上昇がみられ、その割合は33.3%である。株式保有では、15社のうち7社で保有され、その割合は46.7%

である。人材派遣では、15社のうち7社に派遣されており、その割合は46.7%である。基本3要件の平均は42.2%である。日本バブルと近時金融危機との比較では、前者は1990年から1999までは84.3%、2000年から2004年3月までは79.4%、後者は42.2%、であり後者が大幅に低下している。これをどう解釈するかである。近時金融危機の倒産企業は新興不動産業が多い。そこで銀行と新興不動産業との取引関係をみよう。不動産会社は財務危機に陥った際に再建の可能性があるか、ないかが比較的早くわかるのがポイントである。たとえば、不動産会社（デベロッパー）は銀行（ファンドでもよい）から土地・建築物の融資を受ける。次に、建築物を完成させ販売して代金を回収する。回収資金で融資を受けた元利金を支払い、余れば利益、不足であれば損失である。不動産会社は土地と建築資金によって販売計画を立てて事業を展開し、計画通りの価格で販売が行われてはじめてこの事業の収益が見込める。しかし、収益が不安定なのは、地価の変動、建築資材の高騰、供給過剰、消費者ニーズの変化など市場環境によるところが大きい。近時金融危機時では、不動産価格が低下したので、販売価格を低下させないと完売できない状態（在庫の増加）になった。結果は赤字事業となり、債務膨張がみられ再建が困難となるのである。こうみると、近時金融危機におけるメインバンクの基本3要件の大幅低下は①銀行は新興不動産業に対し収益の不安定性、長期取引の観点より「株式保有」、「人材派遣」を行い難い状況であること、②サンプルに新興不動産業が多く偏りがあること、の影響が大きいと考える。

　それは、倒産形態にも現れている。15社の倒産形態別では、民事再生法は6社で40%、会社更生法は6社で40%、破産は3社で20%の割合である。日本バブル（民事再生法適用以降）と近時金融危機との比較では、後者は民事再生法の適用が▲21.9%、会社更生法の適用が＋11.4%、破産法の適用が＋10.5%となっている。つまり、近時金融危機の倒産企業は民事再生法より厳しい会社更生法適用と破産法適用が多いのである。

　近時金融危機では、銀行にも非がなく、融資先企業にも非がないのが特徴である。そうであれば、倒産企業への銀行の対応において救済するか、しないか

は、やはり再建可能性が重要な判断基準であり、また、そう対応したと言える。

## 3　日米バブル前後の日本における企業行動

### (1)　日本バブル時の企業行動

　バブル期の大企業の行動の中心は、資本市場や銀行借入などで資金を調達し、その資金を金融資産および不動産に充当し運用する、いわゆる両建取引が積極化したことである。これが可能な前提は潤沢な資金供給を行う経済的環境と、金利水準における調達と運用の逆転現象があったからである。金利差の逆転現象が生じていれば、運用と調達の金利差によって利益が取れるし、企業における評価も得られるのである。資金調達では、金融の自由化、国際化の流れのもと国内外から可能となり、期間も長期から短期まで多様な選択肢があった。具体的には、ワラント債、CB、社債、銀行借入（長期）、銀行借入（短期）、CPなどである。一方、運用は大口定期預金と不動産が多数を占めている。

　銀行は1987年12月にBIS規制の発表を受けて、1992年度までに自己資本比率（最低水準）を達成することになった。その後、借入金利の上昇、総量規制のもと資産価格の下落が始まり、融資先企業は運用・調達の両建取引が不可能となり、バランスシートの調整に長期間費す事態に陥った。

　中小企業の行動では、銀行からの借入による投資が目立った。大企業と中小企業の投資先の違いでは、中小企業は不動産投資であり、大企業は大口定期預金、ファンドトラスト、特定金銭信託が中心である。これらの投資環境は良好であった。期待の強気化に加え、大企業の銀行離れから、銀行は積極的に中小企業へ融資攻勢をかけている。中小企業では、銀行が行う提案融資を受け入れる、もしくは不動産など資産価格が上昇しているものに投資するという風潮であった。一方、銀行は中小企業に対し、本社用地、物流センター、その他不動産取得に対し融資とセットで取引を行っている。中小企業においても業績は好調であり、その時点では、各経済主体・監督官庁とも不動産価格が将来大幅に

低下するという問題意識が薄かったと言える。

こうして、中小企業は株式投資や設備投資を行ったものの不動産投資が中心であり、不動産価格の低下によりバブルの影響を大きく受けた。

バブル崩壊後、中小企業への融資取引は大企業に比べてなだらかな減少であった。つまり、中小企業は大企業ほど取引拡大が顕著ではなかったのである。しかし、中小企業は業績の不安定性から資金調達の制約を受けやすい。いったんバブルが崩壊し調整局面に入った場合、資金調達は中小企業の方が大企業より苦しくなる。これは、大企業から下請け企業へと仕事が流れていく日本の産業構造上の問題が影響している。今後、金融機関による資金供給は「金融ショック」が大きければ大きいほど、大企業が有利となり、中小企業が不利というしわ寄せ問題が顕在化していくであろう。

**企業倒産と負債額**

日本バブル時の上場企業の倒産と負債額について図表8－3でみよう。

1990年代～2004年3月まで、銀行の抱えた問題は企業倒産による不良債権処理である。日本バブル後の上場企業の倒産状況をまとめると次のようになる。1990年代では、倒産件数は年平均5.2社、1社の平均負債は1,383億円である。2000年代前半では、倒産件数は年平均18.8社、1社の平均負債は1,036億円である。日本バブル前とどのくらい違うかみよう。1970年代では、倒産件数は年平均3.2社、1社の平均負債は220億円である。1980年代では、倒産件数は年平均1.6社、1社の平均負債は607億円である[18]。このように日本バブル崩壊の前後をみると明らかに違う。日本バブルの前後（1980年代と1990年代）の比較では、負債総額は後者の方が2.3倍多く、倒産件数は後者の方が約3.3倍多い。日本バブル崩壊後は多くの企業が倒産に追い込まれている。

(2) 近時金融危機時の企業行動

米国バブルの間、日本企業では、円安と米国をはじめ諸外国への輸出が伸長した。その結果、日本企業の収益は2007年には過去最高水準を達成している。

図表 8-3　全国上場企業の倒産と負債総額〈日本バブル〉

(単位：百万円)

| 時　期 | 倒産件数 | 負債総額（累計） | 1社当たり平均負債額 |
|---|---|---|---|
| 1990年代 | 52 | 7,190,503 | 138,279 |
| 2000～04年3月 | 80 | 8,284,933 | 103,562 |

出所：『全国企業倒産集計』2004年9月、60-64頁にもとづき作成。

　結局、米国バブルは資産価格の下落によって崩壊した。当初、日本では、米国バブルの崩壊に関して「蜂に刺された程度」（当時の与謝野財務大臣の発言）であり影響は軽微であるとの認識であった。しかし、リーマン・ブラザーズの破綻以降、金融機能の麻痺、企業業績の急激な悪化を引き起こし、世界的金融危機を招くに至った。日本への影響は国際競争力を持っている日本の基幹産業が打撃を受けてから大きくなった。

　近時金融危機は、日本バブル後の日本経済の成長を牽引した輸出産業に対する円高、輸出の減少、海外生産の減少、ファンド資金の海外流失をもたらした。こうして景気後退と海外投資家から資金を引き上げられた不動産業は、大きな影響を受け業績悪化を余儀なくされた。

　日本市場では、リーマン・ブラザーズ破綻以降、決定的にカウンターパーティリスクを意識したため金利上昇を招き市場が機能不全に陥った。すると、資本市場から資金調達を行っていた大企業は銀行借入へ回帰せざるをえなかった。一方、中小企業は相対的に銀行借入が困難化した。企業部門は急激に経済が冷え込む中、守りの経営に徹せざるをえない状況となったのである。

　では、どのくらい大企業と中小企業の資金繰りに影響したかを図表 8-4 によって比較してみよう。大企業と中小企業の資金繰りでは、相対的に大企業が楽である。企業規模にかかわらず、資金繰りは2009年3月が一番苦しい。業種別では、大企業・中小企業とも製造業が苦しい。資金繰りの推移では、大企業は2008年6月から低下、中小企業は2008年3月より低下して早くから影響を受けている。2009年6月、2009年9月は資金繰りが回復しているが、大企業の改善が早く、中小企業が弱い。つまり、銀行と融資先企業とでは、大企業に資金

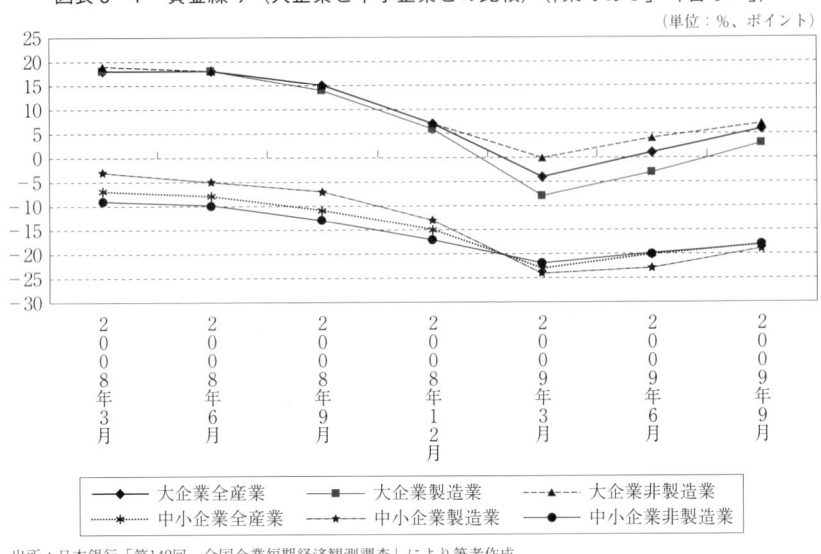

図表 8-4　資金繰り（大企業と中小企業との比較）（「楽である」－「苦しい」）

(単位：%、ポイント)

凡例：
- 大企業全産業
- 大企業製造業
- 大企業非製造業
- 中小企業全産業
- 中小企業製造業
- 中小企業非製造業

出所：日本銀行「第142回　全国企業短期経済観測調査」により筆者作成。

がまわれば中小企業が苦しくなるという関係である。このように、中小企業は金融危機になると厳しい資金繰り状況におかれる。なぜなら、中小企業は主力銀行があるものの密接な関係にはなり難い面を有しているからである。

次に、大企業と中小企業との業況判断を図表 8-5 によってみよう。要点は4つある。①近時金融危機の直接的に影響がない2008年3月～2008年9月までの間では、大企業と中小企業との比較において、相対的に大企業の方がよい。傾向としては、大企業・中小企業とも緩やかな悪化を示した。②近時金融危機が直接影響した2008年9月以降では、大企業は急激な悪化、中小企業は緩やかな悪化と分かれる。③最も悪い業況判断は2009年3月であり、すべての業種で底、大企業製造業が最も悪く、以下中小企業製造業、中小企業非製造業、大企業非製造業の順となる。もっとも、2009年3月は大企業・中小企業とも資金繰りが一番苦しい時期であった。④2009年6月、2009年9月は回復基調にある。

業況判断は景気がよい時には中小企業より大企業の方が相対的によい傾向がある。2009年3月のような業況判断が大きく悪化すると中小企業、大企業とも

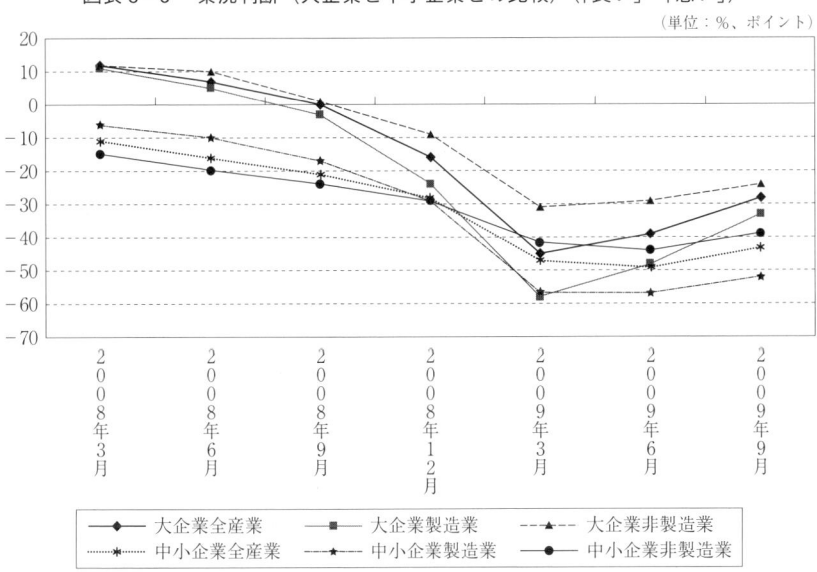

図表8-5　業況判断（大企業と中小企業との比較）（「良い」-「悪い」）

（単位：％、ポイント）

［折れ線グラフ：横軸は2008年3月、2008年6月、2008年9月、2008年12月、2009年3月、2009年6月、2009年9月。系列：大企業全産業、大企業製造業、大企業非製造業、中小企業全産業、中小企業製造業、中小企業非製造業］

出所：日本銀行「第142回　全国企業短期経済観測調査」により筆者作成。

入り乱れた状態になるが、景気が上向けば大企業と中小企業とでは明確に差がでる。大企業の業況判断は資金繰り、受注動向が早く回復していくためによくなっている。

　逆に、中小企業は大企業より資金繰りも業況判断も相対的に悪くなる。その理由は2つある。1つは、中小企業の脆弱性である。中小企業はメインバンクが存在しても基本3要件をはじめ密接な関係が弱い。また、銀行は、金融危機時に中小企業業績の先行き不透明性から融資を躊躇せざるをえない状況に陥るからである。2つ目は日本における中小企業の位置づけである。中小企業の中にも財務基盤が良好で日本バブルや近時金融危機下でも何ら問題ない企業もあるが、一般的に、中小企業の多くは大企業依存の体質が多かれ少なかれみられるからである。

　一方、日本経済への影響では、大企業は企業数が少ないものの売上高に占める割合が約40％、設備投資に占める割合が約55～60％、従業員に占める割合が

約18％程度あり、大きい。それに比べ中小企業は企業数が多いものの影響度が相対的に小さい。

　近時金融危機時において、企業行動が特別であったかどうかも重要である。問われるのは、日本バブルのように金融環境に迷わされ企業に借り手責任、銀行に貸し手責任（道義的）に類する問題があったかどうかである。結論は否である。日本は日本バブルからの復活過程でむしろ企業行動が慎重であった。慎重であったところに近時金融危機が起こった。近時金融危機では、銀行は株式の下落、企業倒産による収益の低下で苦しんだものの企業部門を支えた。その前提は各国の政府部門が積極的に企業支援を行ったことである。日本では、大企業・中堅企業に対する支援、中小企業に対する支援を政府系金融機関、民間銀行、信用保証協会[19]を通じて実施したのが特徴と言える。

　企業は事業戦略が成功していれば業績が向上し、失敗すれば市場から撤退を余儀なくされる。経営者は自社との対比で競争優位にある企業を目標とする傾向があり、企業間の競争が常に行われる。経営が失敗したり競争に負けたりすると銀行に対して資金需要が発生する。企業部門は常にそうした事態に備え対応していく必要がある。近時金融危機では、企業は業績が悪化し、資金繰りに窮している（図表8-4を参照）。そうであれば、中小企業は銀行との関係を明確化した方がいざという時に頼りになる可能性がある。大企業では、日本バブル、近時金融危機でも従来からの銀行との密接な関係を維持しながら資本市場から資金調達を行っていたのである。

　図表8-1のように、現在では企業金融も比較的落ち着きを取り戻し、2009年3月期から9月にかけて短期借入金を減少させ、長期借入金、社債、第三者割当増資、公募増資を実施し、借入金を圧縮しながら長期借入金比率を上昇させている。企業行動パターンは市場と銀行を見据えて財務基盤の強化を図っているのが窺える。

　近時金融危機の企業行動では、企業が経営上どのような点に注目していたかを、内閣府が公表している「2008年度企業行動に関するアンケート調査報告書」によりみよう。

図表 8-6　全国上場企業の倒産と負債総額〈近時金融危機〉

(単位：百万円)

| 時　期 | 倒産件数 | 負債総額（累計） | 1社当たり平均負債額 |
|---|---|---|---|
| 2004年4月〜2008年3月 | 25 | 673,333 | 26,933 |
| 2008年4月〜2009年9月 | 50 | 2,745,189 | 54,903 |

出所：『全国企業倒産集計』2009年9月、52-54頁にもとづき作成。

　以下の点が注目される。1つは企業側が2009年度において、今後3年間、今後5年間の経済見通しを悲観的にみていることである。たとえば、2009年度の実質成長率を▲1.5％、2009〜11年度を0.2％、2009〜13年度を1.0％とみており、過去最低と同水準である。もう1つは徹底した効率化を図る方針である。主な取組方針では、設備投資は今後3年間で調査開始以来初のマイナス予想で▲1.2％、雇用者数は今後3年間で▲0.2％、利益確保の方策は「生産工程・作業工程の見直し」や「原材料・燃料・商品等の調達先の見直し」を中心に実施する方針である。近時金融危機は急激に企業行動を効率化に向かわせたと言える。

**倒産企業と負債額**

　図表8-6は日本経済の回復過程である2004年4月から2008年3月までの4年間（以下、「回復過程」と略記）と近時金融危機前後である2008年4月から2009年9月までの1年半（以下、「危機過程」と略記）における倒産件数と負債総額である。回復過程では、倒産件数は年平均6.3社、1社の平均負債は269億円である。危機過程では、倒産件数は年平均33.3社、1社の平均負債は549億円である。前者と後者との比較では、後者は前者より、1社の平均負債が280億円多く、倒産件数が年平均27社多い。

　日本バブルと近時金融危機との1社の平均負債の比較では、前者は1,036億円から1,383億円、後者は549億円であり、前者が1.9倍から2.5倍多い。倒産件数では、前者は5.2社から18.8社、後者は33.3社であり、後者が1.8倍から6.4倍多い。この結果、企業倒産では、日本バブルは1社の平均負債に現れているように大企業の倒産が多く影響も大きく、近時金融危機は1社の平均負債が日

本バブル時の半分程度であるが短期間に集中したのが特徴である。

## 4 銀行と融資先企業との関係

### (1) 銀行の取引契約書と取引序列

　銀行と企業との基本的な取引形態を確認しておこう。まず契約関係である。

　銀行と融資先企業との間では、明示的契約と黙示的契約が存在している。明示的契約は銀行との融資取引にあたって取り交わす契約書（たとえば「銀行取引約定書」など）である。この契約書は融資取引をする際、すべての企業が取引項目に応じて差し入れるものである。一方、黙示的契約は企業への救済融資、人材派遣、株式保有、などである。ただし、近年では、明示的契約が多くなった。たとえば、コミットメントラインやシンジケートローン取引である。

　では、コミットメントラインはどのように推移しているかを図表8-7によりみよう。図表8-7は2001年3月から2009年9月までのコミットメントラインの契約額と利用率である。特徴は次の3点である。1つ目は、契約額が年々増加傾向を示していることである。2つ目は、契約額と利用額の差が著しいことである。3つ目は、近時金融危機時に利用率が上昇したことである。利用率では、次のような経緯を辿る。2001年は約19%、2004年は11%台、2008年は18～19%、2009年は過去最高の20%、2009年9月は14.1%である。しかし、融資先企業は2009年9月のように資金調達環境が落ち着いてくるとコミットメントライン枠の利用を控える傾向がある。このように利用されたコミットメントラインは主力行、いわゆるメインバンクにおいて契約するケースが多く、「密接な関係」や「力関係」が作用しての枠設定となっている。

　次にシンジケートローンをみよう。緑川（2008）は2005年度に三井住友銀行のシンジケートローンの取引事例（東証一部上場企業94社）でメインバンクの役割を検証した。それによれば、シンジケートローン導入企業では、メインバンクは84%をアレンジ、準メインバンクは14%をアレンジした。メインバンク、

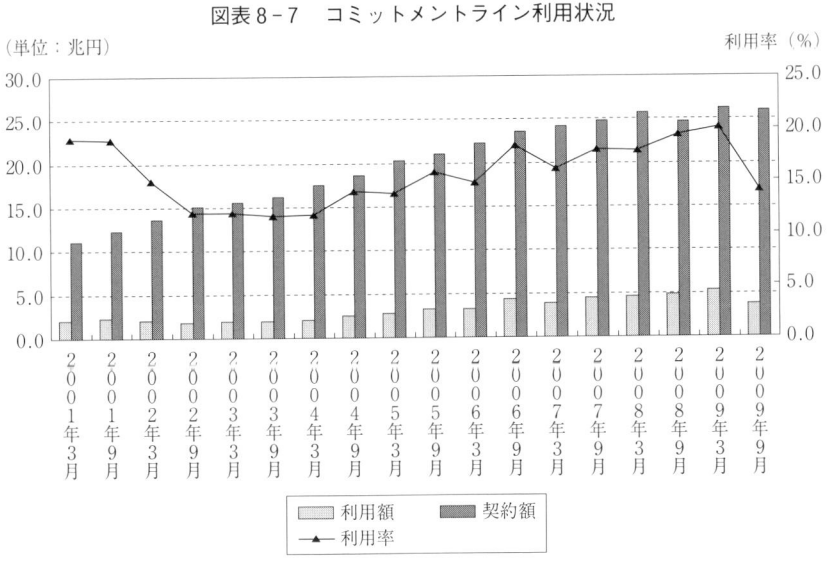

図表8-7　コミットメントライン利用状況

(単位：兆円)　　　　　　　　　　　　　　　　　　　　　　利用率（％）

凡例：利用額　契約額　利用率

出所：日本銀行「コミットメントライン契約額・利用額」により筆者作成。

準メインバンクの主力行は98％をアレンジしており、それ以外の銀行ではアレンジが不可能と言える。融資先企業では、銀行にFeeをもたらすものは取引序列を考慮して行うのが一般的である。主力行が1つ1つの取引の中でどの位置にあるのかが重要な要素であり、その結果をふまえシンジケートローンは主力行に設定するのが通常であり、また分析結果もそうなっている。近時金融危機にシンジケートローンを利用したかどうかはデータの制約上不明であるが、分析から年月があまり経っていないうえ政策的変化がなかったことから、主力行中心のアレンジ形態であったと考えても間違いではなかろう。

このようにみてくると、コミットメントラインやシンジケートローンは年々増加しているものの銀行と融資先企業との関係が決定的に変化した取引とは考えられないのである。

銀行と融資先企業との取引では、メインバンク[20]、準メインバンクと呼ばれる主力行とそれ以外の非主力行があり、その関係は取引序列にもとづいている。

図表 8-8　銀行と融資先企業との取引序列

| | A社 | B社 | C社 |
|---|---|---|---|
| メインバンク | ◎ | ◎ | ○ |
| 準メインバンク | ○ | ○ | × |
| 3位銀行 | ○ | △ | × |
| 中位取引銀行 | △ | × | × |
| 他の銀行 | × | × | × |

◎　強いレント　○　弱いレント　△　個別案件ごと対応
×　レントなし、あるいは取引なし
出所：緑川（2008)、37頁を加筆修正。

取引序列は図表 8-8 のように解釈される。図表 8-8 は A 社、B 社、C 社の 3 社をモデルにした取引序列である。A 社は大企業で銀行取引を幅広く行っている。取引銀行の中でも、主力行は取引の拡大が見込まれ多くのレント配分[21]を受けとれるし、またそうなっている。A 社はメインバンク、準メインバンク、3 位銀行、中位銀行という取引序列である。中位取引銀行以下の銀行は取引の拡大が見込めないといってよい。それに対し、どう取り組んでいくかが銀行と融資先企業の課題である。B 社はメインバンク、準メインバンク、3 位銀行という取引序列である。C 社は中小企業を想定すればよい。取引銀行数および取引量は少ない。つまり、メインバンクは C 社との取引において、レントを十分に受け取れないというのが一般的である。このような取引序列は日本バブルや近時金融危機のように金融が逼迫すると重要な意味を持つ。なぜなら、企業の資金需要時にメインバンクと密接な関係を日頃より築いていれば、困難がある程度緩和されることが期待されているからである。取引序列は明示的契約ではなく、黙示的契約であり厳密には変化する。

　中小企業では、明示的契約は締結するものの黙示的契約が弱い。黙示的契約は銀行が行う中小企業への経営危機時の救済行動に現れる。救済する場合もあれば救済しない場合もある。金融取引はこうした契約にもとづき銀行と融資先企業との間で行われている。

　では、銀行と融資先企業は業績悪化時についてどのような契約をしているであろうか。暗黙の保険契約である[22]。それを裏づけるのが「取引序列」、「株式保有」、「融資の特殊性」[23]であり、現在も株式保有で低下しているものの存在が確認できる。黙示的契約であるので、銀行の対応はその危機をもたらした要因にも影響を受ける。

銀行と融資先企業の平時の関係と経営危機時の関係はどう違うのであろうか。平時の関係では、お互いに何ら問題なく取引ができる。その際、銀行収益は銀行と融資先企業との取引序列の位置によって大きく異なる。取引序列の高い主力行は1つ1つの取引の積み重ねにおいて情報生産を行い、情報の非対称性が緩和され、取引が深くなる。これが銀行の大きな役割であり、銀行の収益の源である。

　経営危機時の関係では、取引序列の中で一番重要な立場の銀行がメインバンクで、メインバンクは融資先企業の経営危機時に主体的に対応する。どの取引序列まで対応するかは、当該企業と銀行の間で暗黙的に決められよう。

　日本バブル以前は銀行と融資先企業との関係が密接であった。バブル後の不良債権処理過程においても密接な関係は維持された。では近時金融危機ではどうか。次の点から、大きく変化していないのではないかと考えられる。第1点は日本バブル以降、家計部門の資金運用は銀行から変化していないこと、第2点は政府による諸対策において銀行と融資先企業との間で何ら変化の起きる対応がなされなかったこと、第3点は日本バブルの不良債権処理過程で企業への対策はほぼ出揃い、近時金融危機もその中での対応となったこと、第4点は大型案件（たとえば日本航空問題）の処理を米国バブルの米国の対応に倣ったと看做せること、である。こう考えれば、近時金融危機においても、制度的変化が起こったとはいえず、銀行と融資先企業の関係は大きく変化していないのではないだろうか。

(2) **銀行と融資先企業との幾つかの問題点**

　ここでは、銀行と企業の取引にあたって、大企業、中小企業、メインバンク関係に関する問題点をみていこう。

　まず大企業からみよう。金融機関も融資先企業も巨大化しつつある。近時金融危機時においても大企業同士の合併や企業再編に大きく動いている。このように融資先企業は巨大化の方向にあるので、銀行と融資先企業の関係について次の点を考慮する必要があろう。第1点は自国あるいは他国でバブル崩壊時に

資本市場が機能不全に陥るリスクがあり、その際に資金調達をどうするかである。第2点は企業が巨大化しすぎた場合に国の関与が必然化すると考えられることである。バブルは金融政策によって対応すべきと考えるが、グローバル化した経済のもと、一国だけの規制では効果的ではない。金融規制は先進国・新興国のすべてで同調する必要があるためなかなか進まない可能性もある。その際、日本特有の銀行と融資先企業の関係を維持しながら市場調達を行っていく方がよいとも考えられる。バブルを防ぐ有力な方法がなかなか見つからない現状を考えると、企業が銀行との関係をすべて断ち切って市場調達化を進めるのは得策とは思えない。企業は巨大化しても、経済環境は常に変化するので、悪化時の保険機能を考慮の上、一時的にせよ長期的にせよ行動するのも企業行動の選択肢である。

次に中小企業をみよう。中小企業は日本バブルにせよ近時金融危機にせよ、景況感や資金繰りが大企業との対比では苦しい結果であった。近時金融危機においては大企業の資金調達の市場から銀行への回帰現象があった。中小企業は、大企業の市場調達が進めば進むほど、バブル崩壊時や金融危機時に大企業が銀行調達へと回帰することの反動で資金調達が難しくなることを意味する。

中小企業は大多数が金融機関との融資取引にならざるをえない。そうであれば、中小企業は近時金融危機を教訓に金融機関との関係をどう構築していくべきかを再考する必要があろう。近時金融危機では、政府が中小企業金融円滑化法などで対応したが、常にそう対応するとは限らないからである。

最後に、メインバンクの直近の救済行動の研究をみよう。企業救済に否定的見解と肯定的見解があり、定まっていないように思える。否定的見解では、宮島（2009）は1997年の銀行危機以降企業救済ができなくなったとしている。ただし、新興企業と伝統的企業に対して、銀行は条件付きで重要な役割を担う可能性を指摘している。その条件とは、①銀行の審査部の充実、②企業価値を新たに創出する力を担うコンサルタント会社とのCo-Workの必要性である。肯定的見解では、広田（2009）はメインバンク関係が資金調達リスクと倒産リスクに対する保険（暗黙）機能を有するとし、またそれが維持されるかどうかは

銀行を取り巻く環境に依存するとしている。ただし、メインバンクの救済・支援は収益性の低い企業には実施し難く選別的に実施する可能性を導き出している。本章の見解は後者の立場に近いということができる。

　日本では、日本バブル崩壊後および近時金融危機後、銀行と融資先企業との関係に大きな変化があったとは考えられない。だとすると、銀行は景気が回復すれば、融資先企業に対し積極的に融資拡大するか、融資先企業の株式を保有し続けるか、価格変動が大きい株式投資・債券投資をしていくか、金融リスク資産で運用するか、家計部門から預かる預金を他行へシフトするか、国債・地方債を買い続けるかである。金融機関・家計部門が本来の役割を果たさない限り、現在の金融環境つまり間接金融主体の金融から逃れられないであろう。当面間接金融主体であれば、銀行と企業の間では取引序列が存在する可能性が高い。取引序列の存在は取引先企業への適用金利にも影響し、取引関係を縛ってしまう恐れがある。銀行は融資先企業に対しリスクに応じた適切な金利を適用する必要がある。現在までリスクに応じた金利適用に着手できないのは、銀行と融資先企業との取引序列の影響が大きい。仮に取引序列が存在しないのであれば、リスクに応じた金利を適用することが可能だからである。

　リスクをとって業を成すのが銀行である。日本の銀行はあまりにリスクをとらなすぎる傾向がある。融資先企業への適用金利はリスクのある先、ない先とも大きな隔たりがない。銀行は、融資先企業に対し十分リスクを見極めリスクにあった金利を適用することを願ってやまない。

## おわりに

　日本バブルが崩壊して20年が経過した。そして今度は近時金融危機が発生した。日本バブルでは、銀行行動も企業行動も正にバブルであり、長期間不良債権処理に追われた。政府は1990年代後半より積極的に処理する方針とし、多様な処理策を捻出した。

　銀行の不良債権への対応は政府が策定した処理策によって実施された。その

処理策は銀行と融資先企業との関係が大きく変化するようなものではなく、メインバンクを中心とする対応となった。倒産企業への対応においても、メインバンクは倒産直前期まで救済行動をとることがしばしばみられた。

近時金融危機では、銀行行動や融資先企業に非がなく、むしろ慎重な経営を行っていた。企業の資金繰りや業況判断も一般的なデータとして適正に解釈できる。大企業と中小企業の関係は、銀行との結びつきの強さという問題にも直面した。近時金融危機では、大企業の資本市場からの調達が困難化したため中小企業の調達環境が負の影響を受けた。近時金融危機時の大企業の倒産は新興不動産業が中心というデータの偏りもあって、メインバンクの基本3要件も日本バブル時に比べ大幅に低下したものの、不動産業の特殊性と再建困難の状況から判断して、救済行動の存在にはあたらないのではないかと思う。

近時金融危機は日本の銀行にとっても融資先企業にとっても不可抗力であった。政府の積極的な支援策はこの現れであろう。銀行と融資先企業の関係では、メインバンクの経営危機企業への従来の対応をとりつつ、一方で政府主導の企業支援策に対する対応を行ったと言える。さらにそれは、銀行と融資先企業の関係を大きく変化させるような政策対応ではなかった。

企業の資金調達は大企業において市場化へと進んでおり、これが避けられない現象であることは間違いない。一方では、政府・監督官庁は銀行中心型の金融システムから市場中心型の金融システムへの変化を促す対応をしていない。また、家計部門は預金から債券や株式への変化を求めていないのである。総合すると、銀行と融資先企業との関係は大きく変化しない、あるいはできない状態が続くであろう。

1) 青木（1995）、122-126頁を参照した。
2) メインバンクは大企業と中小企業では基本的に違いが存在する。大企業の場合は「定型化された事実」―(高い融資、株式保有、人材派遣、長期固定的取引、救済)等が明確に確認できる。一方、中小企業はもっぱら融資額が重要である。
3) 昨今の世界的景気後退に伴い中小企業への貸出条件を緩和したとしても抜本的再建計画があれば貸出条件緩和債権に計上しなくてもよいとする方針である。

4） 対象となるものは「国際的な金融秩序の混乱により、一時的に業況又は資金繰りの悪化を来たしている中堅企業等で、中期的には、その業況が回復し、かつ、発展することが見込まれるもの又はその資金繰りが改善し、経営が安定することが見込まれるもの」である。本件は2008年12月11日付（別紙）財務省「国際的な金融秩序の混乱に関する事案を危機と認定しました」を参照した。
5） 日本政策投資銀行に加え商工中金から長期資金貸付枠を拡大する対応をとっている。また、実施するにあたっては、多様な経路を活用するよう民間金融機関との協働融資、コミットメントラインの活用、大企業への融資を通じ関連企業（中堅・中小企業）への資金供給などである。
6） 中小企業金融円滑法は金融機関が中小企業への資金供給や返済猶予等について誠意を持って対処するよう定めたもの。
7） 杉田茂之「日本のバブルとマスメディア」（松村・奥野編［2002a］所収）、272頁を参照した。
8） 岡崎・星（2002）は横並び意識を助長する行政として、①配当政策、②日銀の窓口指導を上げている。
9） 西村（1999）はわが国の金融システムの拠り所は「土地本位制」にあったと述べている。
10） 実務では、担保価値がなくても担保解除時に費用の一部の還元を前提としている。
11） 「公平の劣後」とは、米国において、銀行が経営危機企業に対し介入した場合は破産手続きの際に他の債権者より劣後させられることをいう。
12） 倒産会社は有価証券報告書でデータがとれる17社である。
　　にっかつ、京樽、東海興業、多田建設、大都工業、ヤオハン・ジャパン、三洋証券、東食、大同コンクリート工業、大倉商事、日本国土開発、佐々木硝子、山一證券、長崎屋、エルカクエイ、ライフ、第一ホテルである。
13） 倒産会社は有価証券報告書でデータがとれる21社である。
　　そごう、藤井、池貝、富士車輌、冨士工、大倉電気、新潟鐵工所、日本重化学工業、佐藤工業、日産建設、第一家庭電器、段谷産業、宝幸水産、日本加工製紙、テザック、日立精機、ニッセキハウス工業、神戸生絲、セザール、福助、大木建設である。
14） 近時金融危機では、法的整理の対応は従来の会社更生法と和議法に代わる民事再生法における対応で変化がない。私的整理として2008年11月から本格的適用された。適用する企業規模は、中堅・大企業が対象となる。中小企業は対象外である。2009年に事業再生ADRを申請した企業は「日本アジア投資」（3月）、「コスモスイニシア」（4月）、「日本エスコン」（6月）、「ラディアホールディングス」（6月）、

「さいか屋」(8月)、「アイフル」(9月)、「ウイルコム」(9月)などである。
15) 企業再生支援機構は2009年10月16日より業務を開始した。機構は支援の主体が政府であり、経営危機企業の再建が目的である。機構の特徴は経営危機企業の債権の買取り、融資、出資、人材派遣を行い、金融機関に債権放棄を求めるなどで対応する方針である。
16) 2009年11月26日付『日本経済新聞』朝刊7面を参照した。
17) 有価証券報告書でデータがとれた15社である。
18) 帝国データバンク『全国企業倒産集計』2004年9月、60-64頁にもとづき表示した。
19) 信用保証協会の保証債務残高は2007年3月が29兆2,700億円、2008年3月が29兆3,700億円、2009年3月が33兆9,000億円、2009年9月が35兆4,000億円と上昇の一途を辿っている。
20) 帝国データバンク2009年11月26日付「特別企画:全国メーンバンク調査」では、125万社の企業がメーンバンクと認識した銀行を公表した。メガバンクのメインバンクに就任している比率は圧倒的に多い。1位が三菱東京UFJ銀行で9万5,062社(7.6%)、2位が三井住友銀行で7万5,996社(6.1%)、3位がみずほ銀行で5万7,840社(4.6%)、4位がりそな銀行で2万8,212社(2.3%)の順である。
21) 銀行全体が政府の政策によって受ける超過利潤と銀行が融資先企業との間で受ける超過利潤とがあるが、ここでは後者を指している。
22) 保険契約を学術研究で指摘したのは、池尾(1985)、Osano and Tsutsui (1985)、広田(1990)、緑川(2008)などがある。
23) 「融資の特殊性」とは、融資先企業が経営危機に陥った際、銀行は外部者より的確な情報を有しているから必ず企業を処理する過程に巻き込まれることをいう。

## 参考文献

青木昌彦(1995):『経済システムの進化と多元性』東洋経済新報社
池尾和人(1985):『日本の金融市場と組織』東洋経済新報社
岡崎・星(2002):「1980年代の銀行経営」(松村・奥野(2002a))
奥村洋彦(1999):『現代日本経済論』東洋経済新報社
香西泰・白川方明・翁邦雄編(2001):『バブルと金融政策』日本経済新聞社
小林正広・大類勇司(2008):『世界金融危機はなぜ起こったか』東洋経済新報社
小峰隆夫他著(2009):『データで斬る世界不況』日経BP社
櫻川昌哉(2009):『経済を動かす単純な論理』光文社
鈴木淑夫(2009):『日本の経済針路』岩波書店

高田創・柴崎健・石原哲夫（2009）：『金融社会主義』東洋経済新報社
帝国データバンク編（2009）：『全国企業倒産集計』帝国データバンク
内閣府（2009）：「2008年度企業行動に関するアンケート調査報告書」内閣府
西村吉正（1999）：『金融行政の敗因』文藝春秋
日本銀行（2009）：『通貨及び金融の調節に関する報告書』日本銀行
日本不動産研究所（2009）：『市街地価格指数　全国木造建築費指数　平成21年9月末現在』日本不動産研究所
広田真一（1990）：「日本におけるメイン・バンクの保険提供機能について──実証分析──」『経済学論叢』（同志社大学）
────（2009）：「日本のメインバンク関係：その現状と機能」日本金融学会報告論文
松村岐夫・奥野正寛編（2002a）：『平成バブルの研究　上──バブルの発生とその背景構造──』東洋経済新報社
────（2002a）：『平成バブルの研究　下──崩壊後の不況と不良債権処理──』東洋経済新報社
緑川清春（2008）：『メインバンク関係と企業救済』税務経理協会
宮島英昭（2009）：「状態依存型ガバナンスの進化」『特集メインバンクの将来』金融財政事情研究会
吉野直行・矢野誠・樋口美雄（2009）：『論争！　経済危機の本質を問う』慶應義塾大学出版会
リチャード・クー＆村山昇作（2009）：『世界同時バランスシート不況』徳間書店
渡部和孝（2009）：『ダブル・クラッシュ』日本経済新聞出版社
Hoshi, T., Kashyap A and Sharfstein D. (1991) : "The Corporate Structure, Liquidity and Investment: Evidence from Japanese Industrial", *Quarterly Journal of Economics*, Vol. 106
Osano, H. and Y. Tsutsui (1985) : "Implicit Contract in the Japanese Bank Loan Market", *Journal of Financial and Quantitative Analysis*, 20, 211-229
Sheard, P., "Main Banks and Internal Capital Market in Japan"『証券経済』（日本証券経済研究所）157号、1986年9月、255-285頁
各社『有価証券報告書』
「日経テレコン21」による『日本経済新聞』（朝・夕刊）、『日経産業新聞』、『日経流通新聞』、『日経金融新聞』の各新聞記事

【執筆者紹介】
〈埼玉大学金融研究室〉

中井浩之（なかい・ひろゆき）
　　1967年生まれ
　　埼玉大学大学院経済科学研究科修了、博士（経済学）
　　現在、国際金融エコノミスト

小笠原　悟（おがさわら・さとる）
　　1962年生まれ
　　埼玉大学大学院経済科学研究科博士課程修了、博士（経済学）
　　現在、クレディ・スイス証券会社経済調査部勤務

黄　月華（こう・げっか）
　　1983年、中国吉林省生まれ
　　現在、埼玉大学大学院経済科学研究科在学中

神津多可思（こうづ・たかし）
　　1956年生まれ
　　埼玉大学大学院経済科学研究科修了、博士（経済学）
　　現在、埼玉大学客員教授、関西大学客員研究員

德丸　浩（とくまる・ひろし）
　　1955年生まれ
　　国際大学大学院国際関係学研究科修士課程修了
　　IMF、世界銀行等を経て現在、日本銀行金融機構局

岩崎美智和（いわさき・みちかず）
　　1964年生まれ
　　埼玉大学大学院経済科学研究科博士課程修了、博士（経済学）
　　現在、金融機関勤務

大江清一（おおえ・せいいち）
　　1952年生まれ
　　埼玉大学大学院経済科学研究科修了、博士（経済学）
　　第一勧業銀行（現みずほフィナンシャルグループ）等を経て
　　現在、いすゞ自動車㈱監査部長。神奈川大学経済学部非常勤講師

緑川清春（みどりかわ・きよはる）
　　1949年生まれ
　　埼玉大学大学院経済科学研究科博士課程修了、博士（経済学）
　　現在、埼玉大学・神奈川大学経済学部非常勤講師
　　主な業績：『メインバンク関係と企業救済』（税務経理協会、2008年）

【編者紹介】

伊藤　修（いとう・おさむ）

1956年生まれ
東京大学大学院経済学研究科修了、博士（経済学）
現在、埼玉大学経済学部教授、経済学部長
主な業績：『日本型金融の歴史的構造』（東京大学出版会、1995年、第36回エコノミスト賞受賞）、*Economic History of Japan 1914-1955*（共著、Oxford University Press、2003年）、『日本の経済』（中公新書、2007年）

---

バブルと金融危機の論点

2010年8月31日　　第1刷発行　　　　定価（本体3700円＋税）

編　者　　伊　藤　　　修
　　　　　埼玉大学金融研究室
発行者　　栗　原　哲　也

発行所　　株式会社　日本経済評論社
〒101-0051　東京都千代田区神田神保町3-2
電話　03-3230-1661　FAX　03-3265-2993
info@nikkeihyo.co.jp
URL：http://www.nikkeihyo.co.jp
装幀＊渡辺美知子　　印刷＊文昇堂・製本＊高地製本所

乱丁・落丁本はお取替えいたします。　　Printed in Japan
Ⓒ Iтoн Osamu etc., 2010　　ISBN978-4-8188-2116-3

・本書の複製権・翻訳権・上映権・譲渡権・公衆送信権（送信可能化権を含む）は、㈱日本経済評論社が保有します。
・JCOPY 〈㈳出版者著作権管理機構　委託出版物〉
本書の無断複写は著作権法上での例外を除き禁じられています。複写される場合は、そのつど事前に、㈳出版者著作権管理機構（電話03-3513-6969、FAX03-3513-d

## 斉藤 叫編 世界金融危機の歴史的位相

四六判 三五〇〇円

一九二〇年恐慌との比較など長期的視点、一九八〇年代以降の「新自由主義」政策からの転換など中期的視点、国際金融システムをも視野に入れ、世界史に位置づける。

## R・ポーリン著/佐藤良一・芳賀健一訳 失墜するアメリカ経済
―ネオリベラル政策とその代替案―

四六判 三四〇〇円

サブプライム危機に揺らぐ米国経済。ニューエコノミーは株式や住宅バブルによる空虚な好況であった。途上国をも巻き込むネオリベラリズム。丹念な実証に基づき代替案を提示。

## W・ゼムラー著/浅田統一郎訳 金融不安定性と景気循環

A5判 四六〇〇円

「失われた一五年」をどうみるか。金融不安定性と景気循環をめぐる本書の理論モデルは、一九八〇年代〜二〇〇〇年代の日本経済の分析に多くの示唆を与える。

## H・ミンスキー著/岩佐代市訳 投資と金融
―資本主義経済の不安定性―
（オンデマンド版）

A5判 六八〇〇円

「金融的不安定性仮説」を提起した初期の代表的論文を中心に構成。金融自由化で不確実性が高まりつつある今、市場経済における金融過程の本質を考察するのに格好の書である。

## 服部茂幸著 貨幣と銀行
―貨幣理論の再検討―

A5判 四二〇〇円

二〇〇一年に日銀は量的緩和政策の採用を決定したがマネーサプライの増加には至らず結局解除となった。量的緩和論のどこが誤っていたか。各国の金融政策も踏まえて検討。

（価格は税抜）　日本経済評論社